C. H. BECK
STUDIUM

Günter Stemberger

Einführung in die Judaistik

Verlag C.H. Beck

Mit 7 Abbildungen im Text

Die Deutsche Bibliothek – CIP-Einheitsaufnahme
Stemberger, Günter: Einführung in die Judaistik / Günter Stemberger. –
München : Beck, 2002 (C.H.Beck Studium) ISBN 3 406 49333 5

ISBN: 3 406 49333 5
Umschlagentwurf: Bruno Schachtner, Dachau
© Verlag C.H.Beck oHG, München 2002
Satz: Fotosatz Janß, Pfungstadt
Druck und Bindung: Nomos Verlagsgesellschaft, Sinzheim
Gedruckt auf säurefreiem, alterungsbeständigem Papier
(hergestellt aus chlorfrei gebleichtem Zellstoff)
Printed in Germany

www.beck.de

Inhalt

Vorwort 7

I. **Einleitung: Was ist Judaistik? Zum Werden des Fachs** 9
1. Entstehung und Geschichte einer Disziplin 9
2. Judaistik heute 15

II. **Sprachliche Voraussetzungen** 22
1. Hebräisch und Aramäisch 22
2. Jiddisch und sonstige jüdische Sprachen 28
3. Handschriftenkunde: Paläographie und Kodikologie . 29

III. **Erster Hauptteil: Die Zeit des Zweiten Tempels** . . . 35
1. Geschichte 35
2. Die Bibel als Grundtext der jüdischen Religion und Kultur 44
3. Die Gemeinde von Qumran 50
4. Die Apokalyptik 57
5. Diaspora und jüdisch-hellenistische Literatur 62

IV. **Zweiter Hauptteil: Die Zeit der Rabbinen** 71
1. Geschichte Palästinas 71
2. Geschichte Babyloniens 77
3. Mischna und Tosefta 82
4. Die beiden Talmude 89
5. Midrasch 97
6. Literatur der Geonim 102

V. **Dritter Hauptteil: Mittelalter** 107
1. Geschichte 107
2. Die Auseinandersetzung mit dem Christentum 119
3. Bibel- und Talmudauslegung 129
4. Philosophie 136
5. Hekhalotmystik und Kabbala 144

VI. **Vierter Hauptteil: Neuzeit** 154
1. Geschichte. 154
2. Sabbatianismus, Frankismus, Chasidismus 165
3. Aufklärung, Reform, Neo-Orthodoxie. 171
4. Philosophie und Theologie 177

VII. **Anhang** 185
1. Wichtige Adressen 185
2. Literatur. 189
3. Glossar 198
4. Register 200
(Sachregister 200, Büchertitel 201, Eigennamen 203)

Vorwort

Diese Einführung versucht, so knapp wie möglich die Judaistik vorzustellen. Historische Voraussetzungen und heutige Gestaltung des Fachs an deutschsprachigen Universitäten kommen zur Sprache, ebenso das philologische Rüstzeug, das jede Judaistik im klassischen Verständnis voraussetzt. Im Mittelpunkt der Darstellung steht ein Überblick über die großen Perioden des nachbiblischen Judentums bis heute.

Geschichtliche Entwicklungen und die wesentlichen geistigen Strömungen der jeweiligen Zeit mit ihrer Literatur werden vorgestellt, dabei werden auch die Fragestellungen, die heutige Forschung auf den einzelnen Gebieten bestimmen, hervorgehoben.

Der begrenzte Raum zwang dazu, gewisse Bereiche wie etwa die hebräische Dichtung, die jiddische Literatur, jüdische Kunst oder das Judentum in der islamischen Welt fast völlig zu übergehen, alles andere sehr kurz darzustellen und sich dabei auf die Entwicklungen in bestimmten Ländern, vor allem im deutschsprachigen Raum zu konzentrieren. Die hier gesetzten Akzente kennzeichnen die Lehre und Studienpläne der Judaistik in Deutschland und Österreich, auch wenn einzelne Studienorte zum Teil andere Schwerpunkte setzen und der Neuzeit in ihrer Vielfalt mehr Raum gewähren als es hier möglich war. Die hier gewählte Perspektive ist bewusst konservativ, in der Überzeugung, dass die älteren Perioden jüdischer Kultur die Grundlage für jede weitere Entwicklung bilden und zugleich der Bereich sind, in dem das spezifische Fachwissen des Judaisten besonders gefragt ist.

Das Buch wendet sich vor allem an Leser, die sich über das Fach näher informieren wollen oder es schon studieren; es will aber darüber hinaus allen Interessenten einen knappen Überblick über jüdische Geschichte, Religion und Literatur und deren heute besonders diskutierte Themen bieten.

Mein Dank gilt dem Verlag C.H.Beck, der das Buch angeregt und über Jahre die Hoffnung nicht aufgegeben hat, vor allem dem Lektor Dr. Stefan von der Lahr, dessen geduldiges Mahnen und Drängen schließlich von Erfolg gekrönt war; ihm danke ich auch für die sorgfältige Betreuung des Bandes und vielfältige Anregung zu seiner Gestaltung.

Wien, im März 2002 *Günter Stemberger*

I. Einleitung: Was ist Judaistik? Zum Werden des Fachs

Judaistik ist die wissenschaftliche Beschäftigung mit Geschichte, Kultur und Religion des Judentums von seinen biblischen Anfängen bis zur Gegenwart. Diese abstrakte Definition wird konkreter, wenn man die Schwerpunkte bedenkt, die das Fach in seiner realen Verwirklichung bestimmen, die Verbindungen zu anderen Fächern und auch die nicht direkt «wissenschaftlichen» Voraussetzungen in den Blick nimmt. Vor allem jedoch ist es wesentlich, die Vorgeschichte des Fachs zu kennen. Schwerpunkte

1. Entstehung und Geschichte einer Disziplin

Judaistik als selbständige akademische Disziplin ist ein recht junges Fach, hat aber eine lange Vorgeschichte. Kritische Beschäftigung mit der jüdischen Tradition sowie mit der hebräischen Sprache und ihrer Grammatik geht zumindest in das 10. Jh. zurück und wurzelt in der Auseinandersetzung jüdischer Gelehrter in der arabischen Welt mit der dominanten Kultur des Islam, mit seiner Religionsphilosophie und Beschäftigung mit der arabischen Sprache. Innerjüdisch kam dazu die Herausforderung der damals aufblühenden Bewegung der Karäer, die sich traditionskritisch von rabbinischen Auffassungen absetzten und viel aus der arabischen Umwelt übernahmen. Vorgeschichte

Mit Renaissance und Humanismus begannen vereinzelt auch in Europa jüdische Gelehrte sich kritisch mit ihrer Tradition zu befassen. So verließ sich in Italien Azaria dei Rossi (ca. 1511–78) in seiner Schrift *Me'or 'Enajjim* für die Geschichte der jüdischen Traditionsliteratur nicht mehr allein auf rabbinische Texte, sondern zog hellenistisch-jüdische Literatur ebenso wie klassische Autoren, Neues Testament und Kirchenväter heran und erkannte den bis dahin meist als Werk des Josephus Flavius angesehenen Josippon als mittelalterliche Schrift. Renaissance und Humanismus

Christliche Hebraisten

Auch christliche Hebraisten begannen in dieser Zeit, sich umfassender mit jüdischen Traditionen zu befassen. Schon im 13. Jh. hatte der Dominikaner Raymund Martini sich große Kenntnisse der rabbinischen Literatur erworben, die er für Judenmission und antijüdische Polemik einsetzte. Nunmehr studierten christliche Gelehrte zunehmend rabbinische Texte, um damit das Neue Testament und seine Umwelt besser zu verstehen; einen ersten Höhepunkt erreichte dieses Bemühen im rabbinischen Kommentar zum Neuen Testament von John B. Lightfoot (1602–1675). Schon früher fanden die Schriften der Kabbala größtes Interesse christlicher Humanisten, vor allem bei dem Philosophen Pico della Mirandola (1463–1494) und dem Juristen und Theologen Johannes Reuchlin (1455–1522). Studien zur Überlieferung des Bibeltextes und seiner Übersetzungen mündeten in der Herausgabe mehrsprachiger Bibeleditionen, unter denen die von Arias Montano (1527–1598) edierte Antwerpener Polyglotte erwähnt sei. Voraussetzung all dieser Studien waren entsprechende Kenntnisse der hebräischen Sprache, Grammatik und Lexikographie, wozu besonders die beiden Basler Gelehrten Johannes Buxtorf der Ältere (1569–1629) und der Jüngere (1599–1664) beitrugen. Bibliographien zur jüdischen Literatur erstellten Giulio Bartolucci (1613–1687) mit seiner *Bibliotheca Magna Rabbinica* und Johann Chr. Wolf (1683–1739) mit seiner *Biblioteca Hebraea*.

Moses Mendelssohn

Jüdische Studien im neueren Sinn lässt man gewöhnlich mit Moses Mendelssohn (1729–1786) beginnen, der wesentlich dazu beitrug, das Judentum der aufklärerischen Kultur seiner Zeit zu öffnen und mit dieser in einen fruchtbaren Dialog zu treten. Die von ihm ausgehenden Impulse führten im frühen 19. Jh. dazu, eine systematische Erforschung der gesamten Geschichte und Literatur des Judentums zu fordern. Grundlegend dafür war die Gründung des «Vereins für Cultur und Wissenschaft der Juden» (1819) durch eine kleine Gruppe junger Juden in Berlin. Die im Auftrag des Vereins von Leopold Zunz (1794–1886) herausgegebene *Zeitschrift für die Wissenschaft des Judenthums* erlebte nur einen Jahrgang (1822–23); der Verein selbst löste sich schon 1824 auf, nachdem sich sein Vorsitzender Eduard Gans, ein Rechtshistoriker, und andere Mitglieder wie Heinrich Heine hatten taufen lassen, um ihre beruflichen Chancen zu wahren.

Wissenschaft des Judentums

Als Aufgabe der neuen Wissenschaft nannte Immanuel Wolf im einleitenden Aufsatz der Zeitschrift die «gesammten Verhältnisse,

Eigenthümlichkeiten und Leistungen der Juden, in Beziehung auf Religion, Philosophie, Geschichte, Rechtswesen, Litteratur überhaupt, Bürgerleben und alle menschlichen Angelegenheiten» (1). Dieser umfassende Ansatz konnte natürlich nur ein Langzeitprogramm sein; auch strebte man keine zweckfreie Wissenschaft an, sondern sah die Wissenschaft von Anfang an im Dienst der jüdischen Emanzipation und der inneren Reform der jüdischen Gemeinden.

Nur zwei der Gründungsmitglieder des Vereins hielten an dessen Zielsetzung langfristig fest: Isaak Markus Jost (1793–1860), der eine *Geschichte der Israeliten* verfasste (9 Bände, 1820–1828), und vor allem Leopold Zunz. Schon 1818 veröffentlichte er die kleine Schrift *Etwas über die rabbinische Literatur*, worunter er «die ganze Literatur der Juden, in ihrem größten Umfange» verstand, die man ohne Rücksicht auf ihre Anerkennung in der jüdischen Tradition erforschen müsse. Ein erster Schritt in der Verwirklichung des darin vorgelegten Programms war sein Buch *Die gottesdienstlichen Vorträge der Juden* (1832), eine Geschichte der jüdischen Bibelauslegung, vor allem im Bereich der Midraschliteratur eine große Pionierleistung, die eine Fülle von Informationen aus Handschriften und frühen Drucken erstmals zu einem Gesamtbild fügte; umfangreiche Studien zu Geschichte und Literatur der Juden im Mittelalter sowie zur synagogalen Poesie folgten und wurden zu bis heute viel benutzten Klassikern.

Studien zu Geschichte und Literatur

In vergleichsweise traditionellerem Rahmen, daher in hebräischer Sprache, setzten sich für die neue Wissenschaft Nachman Krochmal (1785–1840) und der von ihm beeinflusste Salomo Jehuda Rapaport ein (1790–1865, ab 1840 Oberrabbiner in Prag). Krochmal, der sich in Galizien als Autodidakt mit den geistigen Strömungen der Zeit auseinandersetzte, verfasste ein geschichts- und religionsphilosophisches Werk, das der jüdischen Jugend seiner Zeit helfen sollte, den Glauben an die Tora über der kritischen Wissenschaft nicht zu verlieren, sondern zu reinigen. Mit dem Titel *More Nebukhe ha-Zeman* («Führer der Verwirrten der Zeit») stellte er sein Werk (1851 posthum von Zunz herausgegeben) in die Nachfolge von Maimonides' *More Nebukhim* («Führer der Verwirrten»). Der aus Lemberg stammende Rapaport, von Zunz schon 1832 in den *Gottesdienstlichen Vorträgen* rühmend hervorgehoben und einmal als der eigentliche Vater der Wissenschaft des Judentums bezeichnet, befasste sich v. a. mit Leben und Werk rab-

Traditioneller Rahmen

binischer Gelehrter des 10. und 11. Jhs. und begann ein talmudisches Lexikon (*Erekh Millin*). Ebenfalls in traditionellem Rahmen bewegte sich der wichtigste Vertreter der neuen jüdischen Wissenschaft in Italien, Samuel David Luzzatto (1800–1865), der seit 1829 am neugegründeten Collegio Rabbinico in Padua unterrichtete und neben Bibel und hebräischer Grammatik v. a. jüdische Liturgie und Poesie des Mittelalters erforschte.

Zentrum in Deutschland

Eigentliches Zentrum der Wissenschaft des Judentums blieb aber nach wie vor Deutschland; dort wurde sie auch viel stärker als anderswo in den Dienst der Reform, oft gar der radikalen Kritik am traditionellen Judentum gestellt. Hier ist v. a. Abraham Geiger (1810–1874) zu nennen, der seit 1837 auf einer Reihe von Reformsynoden eine entscheidende Rolle spielte und, nach Jahren im Gemeinderabbinat, seit 1872 an der Berliner «Hochschule für die Wissenschaft des Judentums» lehrte. Geiger hatte in Bonn über jüdische Einflüsse auf Mohammed dissertiert (1833). Seine Geschichte der jüdischen Bibeltradition, *Urschrift und Uebersetzungen der Bibel in ihrer Abhängigkeit von der inneren Entwicklung des Judenthums* (1857) war in ihrer Analyse der historischen Bedingtheit der diversen Textformen der Bibel eine bis heute lesenswerte Pionierleistung. Studien zu Pharisäern und Sadduzäern führen diese Arbeit weiter, knüpfen aber auch an seine stete Befassung mit den Anfängen des Christentums an; damit begab sich Geiger auf das Gebiet christlicher Lehre, damals für einen Juden noch ein gewisses Wagnis. Mit der *Wissenschaftlichen Zeitschrift für jüdische Theologie* (1835–1847) und der *Jüdischen Zeitschrift für Wissenschaft und Leben* (1862–1875), die er herausgab und weithin auch selbst schrieb, bestimmte Geiger zeitlebens die Diskussion um Erforschung und Entwicklung des Judentums wesentlich mit.

Keine jüdische Fakultät

In der Frühzeit der Wissenschaft des Judentums herrschte noch die Hoffnung, diese Wissenschaft an den Universitäten etablieren zu können. Johann Georg Diefenbach schrieb in diesem Sinn *Jüdischer Professor der Theologie auf christlicher Universität* (1821 bis 1823); Abraham Geiger forderte eine jüdische Fakultät (1836), was Ludwig Philippson in seiner *Allgemeinen Zeitschrift des Judentums* ab 1837 eifrig propagierte; Leopold Zunz beantragte 1847 ein Ordinariat für jüdische Geschichte und Literatur in der philosophischen Fakultät der Universität Berlin. Doch blieben alle diese Bemühungen erfolglos.

I. ENTSTEHUNG UND GESCHICHTE EINER DISZIPLIN

Die einzige Möglichkeit, jüdische Studien zu institutionalisieren, war somit die Gründung eigener jüdischer Einrichtungen. Ein Vorläufer war das schon genannte Collegio Rabbinico in Padua (1829–1871), das eine geordnete Ausbildung von Rabbinern nicht nur für Italien, sondern auch für Galizien sicherte; mindestens ebenso stark vom geistigen Umfeld Mendelssohns wie von der langen Tradition eines für die Wissenschaft offenen italienischen Rabbinats geprägt, war Padua viel traditioneller als die späteren deutschen Einrichtungen. Doch auch in Deutschland musste die Wissenschaft des Judentums Kompromisse mit der Tradition schließen, wenn sie institutionell erfolgreich sein wollte. Zunz lehnte es ab, sich von solchen Interessen einschränken zu lassen; aber auch Moritz Steinschneider (1816–1907), der Vater der hebräischen Bibliographie, der 1852–1860 einen umfassenden Katalog der hebräischen Druckschriften der Bodleiana in Oxford herausgab und 1893 sein großes Werk *Die hebräischen Übersetzungen des Mittelalters und die Juden als Dolmetscher* publizierte, lehnte eine Professur an den neuen Seminaren ab, um seine Unabhängigkeit zu wahren.

Jüdische Einrichtungen

1854 wurde das «Jüdisch-Theologische Seminar» in Breslau gegründet, dessen Leitung Zacharias Frankel (1801–1875) übernahm. Im Rahmen der Rabbinerausbildung, die zu den Hauptaufgaben des Seminars gehörte, waren Talmudstudien natürlich ein zentraler Gegenstand. Selbstverständlich wurde der babylonische Talmud unterrichtet; doch war dieser noch Domäne der Tradition und der Jeschiwot, der Talmudschulen alten Stils, mit denen man unnötige Konflikte vermeiden wollte, so dass die Forschung sich lange eher auf andere Werke des rabbinischen Schrifttums konzentrierte. So veröffentlichte Frankel in Hebräisch Einleitungswerke in die Mischna (1859) und in den palästinischen Talmud (1870), Pionierwerke, die bis heute nachgedruckt werden. Neu für die Rabbinerausbildung war die Bedeutung, die man der Geschichte zumaß. Diese lehrte in Breslau Heinrich Graetz (1817–1891), der Verfasser der *Geschichte der Juden von den ältesten Zeiten bis zur Gegenwart* (11 Bände, 1853–1876), die mehrfach neu bearbeitet und nachgedruckt wurde und in gekürzter Fassung auch das breite Publikum erreichte.

Breslauer Seminar

1872 wurde in Berlin die «Hochschule für die Wissenschaft des Judentums» eröffnet, die auch Frauen und Nichtjuden offen stand und auf die Forschung besonderen Wert legte; 1873 gründete Esriel Hildesheimer (1820–99), der zuvor in Eisenstadt eine gemäßigt orthodoxe Jeschiwa geleitet hatte, in Berlin das «Rabbinerse-

Hochschule für die Wissenschaft des Judentums

minar für das orthodoxe Judentum», das den Hauptakzent auf rabbinische Studien legte, die aber durch profane Fächer an der Universität ergänzt werden sollten; hier lehrte u. a. David Hoffmann (1843–1921), ein Pionier in der Erforschung des frühen Midrasch. Eher dem Vorbild Breslaus folgten das «Landesrabbinerseminar» in Budapest (1877) und die «Israelitisch-theologische Lehranstalt» in Wien (1893). In Budapest lehrten u. a. der Erforscher der rabbinischen Tradition Wilhelm Bacher (1850–1913), David Kaufmann (1852–99), der sich der jüdischen Literatur des Mittelalters widmete und hebräische Handschriften sammelte, sowie der bekannte Orientalist Ignaz Goldziher (1850–1921); von den Wiener Lehrern sind Eisik Hirsch Weiss (1815–1905) und Meir Friedmann (1831–1908) hervorzuheben, beide verdienstvolle Herausgeber von Midraschtexten, sowie Samuel Krauss (1866 bis 1948), dessen *Griechische und lateinische Lehnwörter im Talmud, Midrasch und Targum* (2 Bände, 1898–9) weithin noch nicht ersetzt sind.

Rabbinerausbildung in London und Paris

Schon 1852 wurde in London das Jews' College gegründet, das sich jedoch erst sehr spät der Wissenschaft zuwandte. Auch das Séminaire Israélite de France (1859) widmete sich primär der Rabbinerausbildung. Der bekannteste frühe Vertreter der jüdischen Wissenschaft war hier der aus Schlesien kommende Salomon Munk (1803–67), der an der Nationalbibliothek in Paris tätig war und später an das Collège de France berufen wurde; sein Hauptwerk ist die arabisch-französische Edition von Maimonides' Führer der Verwirrten (3 Bände, 1856–66).

Vereinigte Staaten

Die neue Wissenschaft des Judentums strahlte auch auf die USA aus. Schon 1875 gründete der aus Böhmen stammende Isaac Mayer Wise (1819–1900) in Cincinnati das Hebrew Union College zur Ausbildung von Reformrabbinern; ihren wissenschaftlichen Rang von heute gewann die Institution aber erst viel später. Für die konservative Richtung entstand 1886 das Jewish Theological Seminary in New York; Salomon Schechter (1847–1915), der nach Studien in Wien und Berlin in Cambridge rabbinische Literatur lehrte und 1896–97 einen Großteil der Handschriften der Kairoer Geniza nach Cambridge brachte, wurde 1902 berufen, das Seminar neu zu begründen. Unter ihm entwickelte es sich zu einem Zentrum jüdischer Forschung, das es bis heute geblieben ist.

Germania Judaica

In Berlin war inzwischen eine «Gesellschaft zur Förderung der Wissenschaft des Judentums» (1902) gegründet worden; von ihrem Großprojekt *Germania Judaica*, einem Ortslexikon jüdischer Geschichte, konnte nur ein Band in zwei Teilen (1917 · 1934) publiziert werden; erst nach dem Krieg wurde die Arbeit wieder aufgenommen und fortgeführt. Unvollendet blieb auch der große *Grundriss der Gesamtwissenschaft des Judentums*, der ab 1906 in Leipzig erschien. Die 1919 gegründete «Akademie für die Wissenschaft des Judentums» sollte langfristige Forschungsprojekte ermöglichen und jüdischen Gelehrten auch außerhalb der Rabbinerseminare Arbeitsmöglichkeiten bieten. In den wenigen Jahren bis zu ihrer Auflösung 1934 wurden hier kritische Ausgaben klassischer Texte des Judentums wie auch umfassende Darstellungen der jüdischen Geschichte in Preußen und Spanien erarbeitet, dazu eine kritische Ausgabe der Werke Moses Mendelssohns begonnen. Unabhängig davon kam ab 1928 die große *Encyclopaedia Judaica* heraus, die mit Band 10 (bis Lyra) 1934 ebenfalls ihr Erscheinen einstellen musste.

So manche Vertreter der jüdischen Wissenschaft wurden Opfer der NS-Verbrechen. Andere waren schon in den Jahren nach dem ersten Weltkrieg nach England, in die USA und nach Israel ausgewandert, einigen gelang noch spät die Flucht. Von ihnen gingen entscheidende Impulse für Lehre und Forschung an ihren neuen Wirkungsstätten aus, v. a. auch an der 1925 eröffneten Hebräischen Universität in Jerusalem. In Deutschland und Österreich bedeutete die NS-Zeit das Ende einer langen Wissenschaftstradition.

Exil

2. Judaistik heute

Nach 1945 war es unmöglich, direkt an die Tradition der «Wissenschaft des Judentums» anzuknüpfen. Die alten Institutionen waren mit den jüdischen Gemeinden zugrunde gegangen; jüdische Gelehrte, bisher die fast alleinigen Träger dieser Wissenschaft, gab es im deutschen Sprachraum praktisch nicht mehr. An den Universitäten, die dieses Fach nie aufgenommen hatten (eine Ausnahme war die Professur, die Martin Buber 1930–1933 in Frankfurt bekleidete), war das Studium jüdischer Traditionsliteratur schon seit dem 19. Jh. an *Instituta Judaica* evangelisch-theologischer Fakultäten üblich gewesen – anfangs im Dienst der Judenmission, später v. a. für eine bessere Kenntnis der Welt des Neuen Testaments. Manche christliche Kenner rabbinischer Literatur ließen sich und

Schwieriger Neuanfang

ihre Institute für die NS-Propaganda missbrauchen (so etwa Johannes Hempel in Berlin), andere Einrichtungen mussten ihre Arbeit einstellen. Nach dem Krieg bald wieder neu begründet (als erstes 1948 in Münster), bemühten sich diese Institute neben der Arbeit an antiken jüdischen Texten (neben Rabbinica in Münster und Tübingen v. a. Flavius Josephus) intensiv darum, jungen Theologen Verständnis für das Judentum der eigenen Zeit zu vermitteln. Die alte «Wissenschaft des Judentums» aber konnten sie natürlich nie ersetzen; schon der konfessionelle Rahmen und der zeitlich enge Ausschnitt des Judentums, mit dem man sich hier befasste, sprachen dagegen.

Judaistik nach 1945

Unter diesen denkbar ungünstigen Umständen entstand das Fach Judaistik an philosophischen Fakultäten einzelner Universitäten. Schon im Sommersemester 1945 gab es im Rahmen des Instituts für Orientalistik der Universität Wien hebraistische Vorlesungen. Das Angebot weitete sich im Lauf der Jahre aus und es kam zur Gründung der ersten Institute für Judaistik (1964 Freie Universität Berlin; 1966 Köln und Wien, wo es schon seit 1959 ein Extraordinariat im Rahmen der Orientalistik gab; 1970 Frankfurt a. M.).

Geisteswissenschaftliche Disziplin

Im Rahmen philosophischer Fakultäten definiert sich die Judaistik als geisteswissenschaftliche Disziplin, weder von jüdischen Gemeinden und ihren Bedürfnissen noch von den Interessen der Theologie bestimmt. Darauf verweist schon der analog zur Bezeichnung anderer Fächer (wie Orientalistik oder Arabistik) gebildete Name der Disziplin, ebenso der Anspruch, sämtliche Aspekte des Judentums in Geschichte und Gegenwart zu umfassen, so wenig dies auch in der Praxis von Lehre und Forschung schon aus personellen und zeitlichen Gründen realisierbar ist. Doch anders als in fast allen anderen universitären Einrichtungen Europas und der USA, an denen man Bereiche jüdischer Tradition studieren kann, anders auch als in Israel, wo schon wegen der Tiefe der Spezialisierung und der Fülle der Angebote der Studierende gewöhnlich nur Ausschnitte aus dem Gesamtbereich jüdischen Wissens wahrnehmen kann, sieht im deutschen Sprachraum das Studium des Faches zumindest in der Lehre den Überblick über das Ganze vor, wie lückenhaft auch immer der Überblick bleiben muss.

Sprachkenntnis

Wesentliche Voraussetzung jeder Judaistik ist die Kenntnis der Sprachen, die im Lauf der Geschichte Träger jüdischer Kultur waren, vor allem des Hebräischen in seinen verschiedenen historischen Ausprägungen. Damit ist Judaistik eine betont philologische Disziplin. Anders als etwa in den romanischen Ländern geht die Sprachausbildung im deutschen Sprachraum nicht vom Hebräisch der Bibel, sondern vom Modernhebräischen aus; denn während in der Frühzeit der Wissenschaft des Judentums die Fachliteratur zum großen Teil deutsch war, ist heute neben Englisch Hebräisch die beherrschende und unabdingbare Fachsprache geworden. Das heute gesprochene Hebräisch ist Basis für den Zugang zu den älteren Sprachformen.

Ein traditioneller Schwerpunkt im Studium ist die Antike – Geschichte und Literatur der Zeit des Zweiten Tempels und der Rabbinen. Zum Teil ist dies in der Geschichte des Fachs begründet: Das geschichtlich-kulturelle Umfeld, aus dem das Christentum entstand, war nicht nur für Theologen, sondern auch für Historiker immer schon von besonderem Interesse; dazu kommt die rabbinische Tradition nicht nur als Basis der Rabbinerausbildung, sondern auch im Vergleich mit dem parallel sich entwickelnden Christentum. Dieser Schwerpunkt ist aber auch sachlich begründet: In der so stark traditionell bestimmten Religion und Kultur des Judentums ist die Kenntnis dieser grundlegenden Periode und ihrer Literatur wesentliche Voraussetzung für das Verständnis aller weiteren Entwicklung bis heute, nicht nur im religiösen Bereich, auch in der politischen Szene Israels oder in der modernen jüdischen Literatur. Die Basistexte im Original zu lesen, sich auf ihre Eigenart einzulassen und sie im Rahmen ihrer tausendjährigen Auslegung zu verstehen, erfordert einen entsprechenden zeitlichen Aufwand und ist im Selbstunterricht kaum anzueignen.
Studium der Antike

Ähnliches gilt für das Mittelalter, in dem sich die jüdischen Gemeinden des christlichen Europa wie auch der islamischen Länder ausformten. Es sind Jahrhunderte, in denen ererbte rabbinische Tradition den neuen Verhältnissen angepasst wurde. Zugleich musste man sich mit den beherrschenden Kulturen teils in Abwehr, teils durch Übernahme befassen. In dieser Zeit entstanden die großen halakhischen Kompendien, die wichtigsten Bibelkommentare, die Klassiker der jüdischen Religionsphilosophie ebenso wie jene der Kabbala und vieles sonst an Literatur, die über das Mittelalter hinaus im Judentum bedeutsam geblieben ist.
Mittelalterliche Tradition

Im Vergleich weniger zur Geltung kommen traditionell die neuere Geschichte und Tradition des Judentums, auch wenn die Reformbewegungen des 19. Jhs., mehr noch aber die Geschichte
Neuere Geschichte weniger zentral

der jüdischen Emanzipation, die Entwicklung des Antisemitismus bis zum Holocaust sowie Zionismus und Staat Israel ihren Platz im Curriculum haben. Mangel an Zeit, alles gleichermaßen zu behandeln, spricht ebenso für diese Gewichtung wie auch die Tatsache, dass viele Entwicklungen ab etwa 1800 auch ohne hebräische Sprachkenntnisse erforscht werden können und von anderen Fächern wahrgenommen werden, von der Neueren Geschichte und Zeitgeschichte, der Politologie und Soziologie, der Germanistik und Philosophie. So sehr etwa auch für das Verständnis der Philosophie von Franz Rosenzweig oder Emmanuel Lévinas, des Judentumsbildes in der deutschen Literatur oder noch mehr der Bildsprache Paul Celans judaistische Kenntnisse hilfreich, ja wesentlich sein können, werden solche Themen meist anderen Fächern überlassen.

Kritik an Judaistik

Dieser betont philologische Zugang der Judaistik mit ihren besonderen Schwerpunkten in Antike und Mittelalter wurde in den letzten Jahren wiederholt angegriffen: Er sei antiquarisch und zu wenig dem heutigen Judentum in seiner Vielfalt verpflichtet; er beruhe auf veralteten religiösen Wertungen und halte durch die Sprachbarriere von einer intensiven Beschäftigung möglichst vieler mit dem Judentum ab. Die Judaistik habe sich damit selbst im Ghetto eines Orchideenfaches eingesperrt und sei gesellschaftlich nicht relevant.

Interdisziplinärer Zugang

So möchte man seit einiger Zeit die Judaistik durch einen sachgemäßeren Zugang zum Judentum ersetzen. Unter dem Sammelbegriff «Jüdische Studien» bemühen sich ihre Verfechter, interdisziplinär die Beiträge zu bündeln, die verschiedene Fächer wie Geschichte, Germanistik, Soziologie, Politologie usw. zum Verständnis des Judentums und seiner Kultur bieten können, ohne notwendigerweise den Weg über das Hebräische zu nehmen. Der Ansatz ist dem vergleichbar, der an vielen amerikanischen Universitäten als «Program of Jewish Studies» angeboten wird; auch darin fasst man aus den verschiedensten Studienrichtungen alle Angebote zusammen, die irgendwie mit Jüdischem zu tun haben.

Potsdam

Dieser Zugang ist am konsequentesten an der Universität Potsdam verwirklicht, wo seit 1992 die «Jüdischen Studien» um zwei Professuren in den Bereichen Neuere Geschichte und Religionswissenschaft gruppiert eine Vielzahl von Vorlesungen und Seminaren bündeln, die zu einem Studienabschluss «Jüdische Studien» verwertet werden können; das Angebot wird durch das der Universität angegliederte Moses Mendelssohn Zentrum für europäisch-jüdische Studien ergänzt. Gegenüber den Anfängen scheint man nun aber doch der sprachlichen Seite stärkeres Gewicht zu geben. Andere neuere Institute wie die der Universitäten Düsseldorf und Halle führen zwar die Bezeichnung «Jüdische Studien», unterscheiden sich aber in Anforderungen und Angebot wenig von traditionelleren Instituten für Judaistik. Dies gilt weithin auch für die 1979 gegründete «Hochschule für Jüdische Studien» in Heidelberg, die als einzige Institution im deutschen Sprachraum in jüdischer Trägerschaft ist (Zentralrat der Juden in Deutschland), zugleich aber der Universität angeschlossen ist und auch Promotionsrecht besitzt. Trotz der innerjüdischen Zielrichtung ist ein Großteil der Studierenden nichtjüdisch; das Lehrangebot ist durch die größere Zahl von Lehrenden breiter als allgemein möglich.

Die Frage «Judaistik oder jüdische Studien?» scheint müßig. Beide Zugänge haben ihre Berechtigung, Vor- und Nachteile. In welcher Form ein Studiengang verwirklicht wird, hängt von den jeweiligen Möglichkeiten ab. Ein Verzicht auf Hebräisch ist unmöglich, solange das Fach sich ernst nimmt. Doch gibt es Bereiche des Judentums, die sehr wohl auch ohne den «philologischen Ballast» studiert werden können. Auf die Zusammenarbeit mit allen Fächern, die sich irgendwie mit jüdischen Themen befassen, und auf deren spezifische Kompetenzen ist die Judaistik stets angewiesen; doch sollte sie sich des spezifischen Beitrags, den sie leistet, bewusst bleiben und darauf nicht im Interesse größerer Breitenwirkung verzichten. <small>*Judaistik oder jüdische Studien?*</small>

Ist Judaistik also «reine Wissenschaft» ohne fremde Voraussetzungen? Nichts wäre verfehlter als eine solche Auffassung. So sehr ein Judaist wie jeder andere ernsthafte Wissenschafter allein objektiven Kriterien, der Suche nach der Wahrheit verpflichtet sein muss, gilt doch: Man kann und darf nicht von den historischen Zusammenhängen absehen, die dazu geführt haben, dass diese Wissenschaft doch noch ihren Platz an deutschsprachigen Universitäten gefunden hat. Ohne den Holocaust wäre es kaum dazu gekommen. <small>*Bedeutung der Geschichte*</small>

Judaistik kann es, vor allem im deutschen Sprachraum, ohne das ständige Bewusstsein der Verbrechen, die als Folge jahrhundertelanger Judenfeindschaft und des Antisemitismus hier geschehen sind, nicht geben. Eine rein historische «Aufarbeitung» dieser Vergangenheit greift zu kurz. Die Erforschung des Geschehenen <small>*Jüdische Tradition verstehen*</small>

und seiner Hintergründe ist v. a. Sache der Zeitgeschichte. Judaistik muss sich deren Ergebnisse bewusst halten, ist selbst aber weniger an den Judenfeinden als am Judentum selbst interessiert, an der Vielfalt seiner historischen, kulturellen und religiösen Entwicklung, an seinen Werten und Leistungen. Jüdische Tradition von innen her zu verstehen sollte auch gegen jede Form von Antisemitismus immun machen.

Jüdische und christliche Überlieferung

In Europa kann man nicht Judaistik studieren, ohne die christliche Tradition zu beachten, die unsere Fragen an Geschichte und Tradition weithin bestimmt. Über das Neue Testament tradierte Wertungen und Urteile, deren Herkunft vielen gar nicht mehr bewusst ist, bestimmen vielfach das Verständnis des Judentums zur Zeit Jesu, der Bedeutung des religiösen Gesetzes und anderer zentraler Aspekte. Das Bemühen um ein Verstehen rabbinischer Texte von innen heraus ist oft schon zugleich eine Antwort auf viele Vorurteile. Die christlich-jüdischen Disputationen, der Kampf gegen den Talmud und die religiös begründete soziale Ausgrenzung der Juden in der christlichen Welt des Mittelalters zeigen nicht nur wesentliche Etappen auf dem Weg zur Katastrophe des 20. Jhs., sie machen auch viele andere Aspekte jüdischer Geschichte neuerer Zeit verständlich. Antijudaismus ist nicht das eigentliche Thema, schwingt im Hintergrund jedoch stets ebenso mit wie die Frage nach dem, was eigentlich Religion ausmacht. Ohne den religiösen Aspekt bleibt jüdische Geschichte letztlich unverständlich.

Kontext des Zionismus

Schließlich ist Judaistik auch nicht ohne den Kontext des Zionismus und des Staates Israel möglich. Nicht nur, dass die wichtigsten Zentren jüdischer Studien heute in Israel sind und auch die Schätze der Bibliotheken Jerusalems zum Forschungsaufenthalt locken. Vielmehr ist es der Staat an sich, der dem Verständnis jüdischer Geschichte, ob aus religiöser Tradition oder profan betrachtet, neue Perspektiven verleiht. Dass es ohne den Holocaust auch den Staat Israel nicht so schnell gegeben hätte, ist klar.

Kampf gegen Ausgrenzung

Bei aller Wissenschaftlichkeit und Objektivität ist Judaistik eine zutiefst humanistische Disziplin, dem Kampf gegen Vorurteil und Ausgrenzung von Minderheiten aller Art verpflichtet. Insofern ist das Judentum nur ein wichtiger Prototyp, dessen Studium auf andere Bereiche übertragbar ist. Es mag heute naiv klingen, noch immer an eine Verbesserung der Welt durch Wissen zu glauben. Vom Ansatz her sollte sich aber gerade auch die Judaistik dazu eignen, durch Wissen auch Haltungen zu bestimmen.

Zuletzt eine praktische Frage: Was kann man mit einem Studienabschluss in Judaistik bzw. Jüdischen Studien beruflich machen? Das wesentliche Betätigungsfeld von Absolventen liegt im universitären und musealen Bereich sowie in Bibliotheken; dazu kommen, je nach Fach, mit dem das Studium der Judaistik kombiniert wird, Möglichkeiten im Bereich der Erwachsenenbildung und der Medien, im Kulturbereich oder auch im diplomatischen Dienst. Für jüdische Absolventen der Hochschule in Heidelberg, weniger von anderen Instituten, gibt es auch die Möglichkeit einer Anstellung in den jüdischen Gemeinden, vor allem als Religionslehrer. Als Ausbildung zum Rabbiner ist das Studium nicht gedacht, auch wenn es eine wertvolle Ergänzung zu speziellen Rabbinatsstudien sein kann. Der größte Teil der Studierenden wählt Judaistik bzw. Jüdische Studien oder auch nur einzelne Teile daraus als Zweitfach, um das erste Studienfach sinnvoll zu ergänzen, das dann auch für die Berufswahl bestimmend ist. Schließlich ist Judaistik von Anfang an als Zweitstudium ohne konkrete Berufsabsicht sowie bei Seniorenstudenten eine beliebte Wahl.

Berufswahl

II. Sprachliche Voraussetzungen

Sprachen als Voraussetzung
Wesentlicher Bestandteil jedes Judaistikstudiums ist der Spracherwerb: Grundlegend sind Hebräischkenntnisse. Dazu kommen je nach Ort und Schwerpunkt des Studiums Aramäisch, Arabisch, Jiddisch oder Ladino. Umfangreiche Quellentexte der frühen Zeit sind in Griechisch geschrieben (Philo, Josephus, jüdische Inschriften); Latein bleibt unabdingbar, wenn man sich mit Spätantike und Mittelalter befasst. Nicht die Philologie ist die Hauptsache; nicht Hebraistik ist das Fach: die Sprachen sind vielmehr Voraussetzung für den Umgang mit den Texten und der Fachliteratur.

1. Hebräisch und Aramäisch

Hebräisch
Die hebräische Sprache hat eine Geschichte von über dreitausend Jahren. Ihre älteste Form, nach ihrem Hauptzeugen als Bibelhebräisch bezeichnet, gehört zusammen mit Sprachen wie dem Ugaritischen, dem Phönikischen und dem Aramäischen zum Nordwestsemitischen. Geschrieben wird Hebräisch in einer Alphabetschrift von 22 Konsonanten, von denen einzelne auch Vokale andeuten können, von rechts nach links (eine volle Vokalisierung kommt erst sehr viel später auf, zuerst für die Bibel, bis heute auch in Gedichten). Ältester Beleg der Schrift ist der «Bauernkalender» von Gezer (10. Jh.); die «althebräischen» Formen wurden ab etwa dem 5. Jh. zunehmend durch die «Quadratschrift» des Aramäischen ersetzt, die bis heute verwendet wird. In biblischen Texten ist von der «Sprache Kanaans» (Jes 19,18) oder «Jüdisch» (z. B. Neh 13,24) die Rede; der Name «Hebräisch» findet sich zuerst um 130 v. Chr. im Vorwort zur griechischen Fassung des Buches Jesus Sirach.

Sprachstufen
Die Bezeichnung «Bibelhebräisch» fasst in Wirklichkeit eine Reihe von Sprachstufen zusammen, deren Entwicklung sich vom 10. bis zum 3. Jh. erstreckt. Frühe poetische Texte, in der Prosa der Prophet Hosea, sind noch klar von der Nähe zu nördlichen Nachbarsprachen geprägt; andere Prosatexte der Königszeit spiegeln

dagegen eher die Sprache des Südens. Der wesentliche Einschnitt in der Entwicklung der Sprache ist das babylonische Exil des 6. Jhs., seit dem sich immer mehr das verwandte Aramäisch v. a. im Norden, in Galiläa und Samaria, als Umgangssprache durchsetzte. Als Sprache des Alltags konnte sich Hebräisch nur im Süden, v. a. um Jerusalem, bis in die frühe rabbinische Zeit halten. Das Hebräisch später Bibeltexte ist i. A. Literatur- und nicht Umgangssprache.

Späte Texte wie Esra, Nehemia und die Chronik sind somit schon stark aramäisch beeinflusst; Bücher wie das Hohelied, das die gesprochene Sprache auch in poetischer Form einsetzt, Kohelet und Ester (3. Jh.) belegen schon frühe Stufen des Übergangs zur späteren Sprache der Rabbinen. Nicht nur Lehnwörter aus dem Persischen und Aramäischen, vereinzelt auch schon aus dem Griechischen, machen dies deutlich. Dazu kommen Verschiebungen in Syntax und Formenbildung und in der Verwendung der Verbalstämme. Am auffälligsten jedoch ist der Wandel im Zeitensystem. Das klassische Bibelhebräisch kennt eine Suffixkonjugation («Perfekt») für abgeschlossene und eine Präfixkonjugation («Imperfekt») für unvollendete Handlungen. Nunmehr werden diese Konjugationen immer mehr für ein klares Zeitensystem verwendet, bezeichnen eindeutig Vergangenheit und Zukunft, während die Gegenwart durch das Partizip wiedergegeben wird. Der Einfluss des Griechischen sollte diese Tendenz später noch verstärken. Einflüsse

Die seit 1947 entdeckten Handschriften von Qumran am Toten Meer belegen die Entwicklung der Sprache von der Spätzeit der Bibel bis zum Aufstand gegen Rom (66–70). Die Texte stammen aus etwa drei Jahrhunderten; verschiedene Herkunft und literarisches Genus tragen ebenfalls dazu bei, dass ihre Sprache nicht einheitlich ist. Anfangs dachten manche eher an eine rein literarische Verwendung der Sprache der Bibel in Qumran aus ideologischen Gründen. Archaische Formen gibt es sehr wohl; viel stärker aber ist der Einfluss der im Alltag verwendeten Umgangssprache. Deutlich zeigt das die Rechtschreibung, die viel stärker als früher auch Vokale angibt und Veränderungen in der Aussprache (z. B. bei Gutturalen) erkennen lässt; v. a. aber Vokabular (etwa Begriffe wie Midrasch und Talmud) und Syntax (Zeitensystem) zeigen den Übergang zum rabbinischen Hebräisch, dem die Sprache der Kupferrolle von Qumran besonders nahe steht. Qumran
Übergang zum
rabbinischen
Hebräisch

Die um 200 n. Chr. redigierte Mischna ist das früheste Doku- Mischna ment der rabbinischen Literatur, deren Sprache man daher *Mischnahebräisch* nennt. Früher hat man darin eine rein literarische Kunstsprache der frühen Rabbinen gesehen; spätestens die Funde von Qumran, verschiedener Urkunden und der Briefe Bar Kokhbas aus dem frühen 2. Jh. haben dagegen jenen Recht gegeben, die darin eine lebendige Entwicklung des biblischen Hebräisch sahen, eine Sprachstufe, die man in Judäa bis mindestens ins 3. Jh. n. Chr. im Alltag verwendete. Darüber dürfen zahlreiche Abstracta im Dienst rabbinischer Begriffsbildung nicht hinweg täuschen. Das Dreizeitensystem ist nun völlig gefestigt; Relativsätze werden häufiger, das Verbalsystem wird einfacher. Viele Wörter sind jetzt erstmals belegt: Zum Teil ist dies wohl zufällig, gerade bei Realien des Alltags; zum Teil aber sind es sicher Neubildungen. Zahlreiche Wörter werden aus dem Aramäischen hebraisiert, dazu kommt eine Fülle von Lehnwörtern aus dem Griechischen, der nunmehr auch in Palästina dominanten Sprache in Verwaltung und Handel, weniger aus dem Lateinischen.

Übergang zum Aramäischen

Nach Niederschlagung des Bar Kokhba-Aufstandes (132–135) und der damit verbundenen enormen Schwächung jüdischer Siedlung in Judäa wurde Galiläa das Zentrum des palästinischen Judentums und auch des Rabbinats. Hier wurde schon lange Aramäisch gesprochen. Für gewisse Bereiche ihrer Literatur verwendeten die Rabbinen zwar weiter Hebräisch, nun aber tatsächlich als tote Gelehrtensprache. Für die weitere Entwicklung der Sprache bedeutete dies einen verstärkten Einfluss des im Alltag verwendeten Aramäisch, zugleich aber auch eine Rückorientierung an der Sprache der Bibel und der Wiederbelebung mancher ihrer Formen. In Babylonien als dem zweiten Zentrum des Rabbinats war, da hier Hebräisch nie gesprochen wurde, der Einfluss des biblischen Vorbilds noch stärker, eine Tendenz, die spätere Abschreiber und frühe Drucke rabbinischer Texte in Europa weiterführten. Dazu kommt die bewusste Imitation biblischer Sprache, wenn auch in sehr vereinfachter Form, in späten mit vielen Legenden aufgefüllten Nacherzählungen biblischer Texte (8. bis 11. Jh., vereinzelt noch später); die Sprachform soll dem Erzählten angemessen sein, zugleich auch dessen Glaubwürdigkeit nahe legen.

Verbreitung des Aramäischen

Zumindest kurz ist hier auf Aramäisch einzugehen, in der Zeit von 700 bis 200 v. Chr. die im Orient verbreitetste Verkehrssprache («Reichsaramäisch»). In Israel war die Sprache schon früh der

Oberschicht geläufig (siehe Jes 36,11); im Exil wird sie die Umgangssprache breiter Schichten und setzt sich dann im Norden Palästinas durch. Die Urkunden der jüdischen Kolonie von Elephantine bei Assuan (5. Jh.) sind aramäisch geschrieben, in der Bibel Teile der Bücher Esra und Daniel («Bibelaramäisch»). Die Phase des «Mittelaramäischen» (etwa 200 v.–200 n. Chr.)ist nun durch die aramäischen Texte aus Qumran, etwa das Genesis-Apokryphon und zahlreiche Schriften, die biblische Stoffe weiterführen, gut belegt; auch aramäische Bibelübersetzungen (Targum) sind hier erstmals bezeugt. Dazu kommen verschiedene Urkunden, das Formular der Ketubba (Eheurkunde) und die rabbinisch überlieferte Fastenrolle.

Ein großer Teil der rabbinischen Texte ab dem 3. Jh. ist ebenfalls aramäisch: Der im palästinischen Talmud und einer Reihe von Midraschim vertretene Sprachzweig wird oft als «galiläisches» Aramäisch bezeichnet, war aber wohl in ganz Palästina verbreitet und ist daher besser «palästinisches» Aramäisch zu nennen. In der Textüberlieferung wurde dieser Dialekt durch den Einfluss des besser bekannten babylonischen Aramäisch zum Teil stark verfälscht; erst die Entdeckung zahlreicher aramäischer Inschriften Palästinas bot in den letzten Jahrzehnten die Basis für eine genauere Erforschung der Sprache, zu deren westlichem Zweig auch das samaritanische Aramäisch gehört. Der im babylonischen Talmud gebotene Dialekt bildet mit dem Mandäischen und dem Syrischen den östlichen Zweig; auch die Sprache der Zauberschalen von Nippur ist eng verwandt. Die Grammatik der Sprache ist noch relativ schlecht erforscht, die Abgrenzung von der späteren babylonischen Form, dem gaonäischen Aramäisch (etwa 8.–11. Jh.) noch nicht sehr klar. Das führt zu Problemen, wenn man rabbinische Schriften nach sprachlichen Kriterien datieren möchte.

Aramäische Dialekte

Ähnliche Probleme stellen sich bei den Targumim, den aramäischen Übersetzungen der Bibel. Targum Onqelos zur Tora, der lange fast offizielle Geltung hatte, ist sprachlich Texten wie dem Genesis-Apokryphon verwandt und wird somit in seinem Grundtext als Mittelaramäisch angesehen; daher setzt man seine früheste Form in Palästina im 1. oder 2. Jh. an. Doch wurde der Text später in Babylonien revidiert und weist damit auch deutlich östliche Züge auf. Targum Neofiti ist wie der Targum Pseudo-Jonathan (beide zum Pentateuch) klar palästinisch, doch über längere Zeit

Datierungsprobleme

Hebräisch im Mittelalter

gewachsen und daher sprachlich nicht einheitlich. Datierungen der Targumim nach sprachlichen Kriterien sind somit insgesamt problematisch und bis heute umstritten.

Im Mittelalter beginnt man, arabischen Vorbildern folgend, sich mit der hebräischen Sprache und ihrer Grammatik zu befassen (so im 10. Jh. Saadja in Bagdad, wenig später Menachem ben Saruq in Andalusien), Hebräisch damit auch bewusster zu verwenden. Die Sprache wird nur noch vereinzelt, etwa im Kontakt mit Juden aus fremden Ländern, gesprochen, bleibt aber als Gebetssprache und in der Literatur lebendig. Verstärkt greift man wieder auf die Sprache der Bibel zurück. Besonders gilt dies von der liturgischen Dichtung (Pijjut), die seit den Anfängen (4.–5. Jh.) stark biblisch geprägt war, auf dieser Grundlage aber auch viele neue Formen und Wörter bildete und schon bald als schwer verständlich galt, so dass der Ruf zurück zu einer reinen, einfacheren Bibelsprache immer wieder laut wurde. In der profanen Dichtung, die v. a. in Andalusien blühte, wirkte das arabische Vorbild sich nicht nur auf Metrum und Reim aus, auch Wortgebrauch und Wortfolge wurde stark vom Arabischen beeinflusst. Da große jüdische Gelehrte wie Saadja oder Maimonides viele Werke, v. a. in Philosophie und Wissenschaft, aber auch Kommentare zu Bibel und Mischna, arabisch schrieben, entstand der Bedarf nach hebräischen Übersetzungen, deren Sprache jedoch in vielen Punkten das arabische Vorbild verriet. Besonders Jehuda Ibn Tibbon (12. Jh.) und andere Angehörige seiner Familie machten als Übersetzer Schule, so dass man direkt von einem «tibbonidischen Hebräisch» spricht, das dann auch original hebräische Werke beeinflusste. Besonders für viele philosophische Begriffe, die es hebräisch nicht gab, mussten neue Wörter gebildet werden, sei es in Hebraisierung arabischer Wörter, sei es durch Umprägung bestehender Worte. Das gilt ebenso für den Bereich der Wissenschaften (Mathematik, Astronomie, Medizin usw.), aber auch im religiösen Bereich (v. a. der Mystik). Weniger auffällig, doch ebenfalls vorhanden, sind analoge Entwicklungen in der christlichen Umwelt, wo z. B. Französisch gelegentlich auf die Sprache des großen Bibel- und Talmudkommentators Raschi (11. Jh.) abfärbt. In der reichen Kommentarliteratur zum Talmud, ebenso im Bereich des Religionsgesetzes dominierte natürlich das rabbinische Hebräisch, durchsetzt von zahlreichen aramäischen Wendungen, aber auch hier nie ganz frei von sprachlichen Einflüssen der Umwelt.

Das mittelalterliche Hebräisch lässt man meist wie das jüdische Mittelalter insgesamt bis in das 18. Jh. währen. Das Modernhebräische als Schriftsprache, später auch gesprochene Sprache des Alltags wurzelt in der jüdischen Aufklärung des 19. Jhs., der Haskala. Anfangs versuchte man, Bibelhebräisch für alle Bereiche der Literatur, auch biblische Dramen, Poesie und Erzählung, einzusetzen, erkannte aber bald die Grenzen dieser Bemühungen. So zog es Mendele Mokher Sefarim (1835–1917) nach einigen Jahren doch wieder vor, auf Jiddisch zu schreiben. Erst ab 1886 schrieb er seine Erzählungen wieder auf Hebräisch, nun aber in einer Mischung der verschiedensten Sprachstufen und mit zahlreichen selbst geprägten Wörtern, um die Sprache zu einem brauchbaren Instrument moderner Literatur zu formen. Damit wurde Mendele zum wichtigsten Initiator des modernhebräischen Stils. Dass Hebräisch aber zur gesprochenen Umgangssprache des Alltags wurde, geht auf die Initiative von Elieser Ben-Jehuda (1857–1922) zurück. 1881 nach Palästina eingewandert, kämpfte er unermüdlich dafür, Hebräisch als jüdische Nationalsprache durchzusetzen. Erste Erfolge gab es im Schulwesen, und 1922 erkannte die britische Mandatsverwaltung neben Arabisch und Englisch Hebräisch als dritte offizielle Landessprache an. Durch die Gründung des Staates Israel hat sich Hebräisch endgültig als lebende Sprache in allen Bereichen durchgesetzt.

Erneuerung des Hebräischen

Das heutige Hebräisch, auch als israelisches Hebräisch oder Ivrit bezeichnet, schöpft aus dem Reichtum aller Epochen der Sprache. Basis bleibt das Hebräisch der Bibel (Verbalsystem!), in wesentlichen Punkten (wie dem Dreizeitensystem) durch das Mischnahebräisch abgewandelt. Als Aussprache hat sich, zumindest für die Vokale, die orientalisch-sefardische Tradition durchgesetzt. Syntax, Wortstellung und Wortschatz sind dagegen deutlich durch europäische Sprachen beeinflusst, nicht nur durch Fremd- und Lehnwörter, sondern auch durch Lehnübersetzungen. Dazu kommt zunehmend eine Fülle an Wörtern, die aus dem Arabischen angepasst übernommen wurden. Jede neue Einwanderungswelle wirkt sich auf die weitere Entwicklung der Sprache aus, das Militär ist ein wichtiger Schmelztiegel. Zwar bemüht sich die Hebräische Sprachakademie seit 1953 – wie zuvor schon das Hebräische Sprachkomitee – die Entwicklung der Sprache zu steuern, doch setzt sich vielfach die spontane Entwicklung dagegen durch. Als Sammelbecken aller früheren Sprachstufen erweist sich das heuti-

Ivrit

ge Hebräisch auch als der beste Zugang zu den früheren Formen der Sprache und hat sich so auch in der Lehre als Ausgangspunkt fast allgemein durchgesetzt.

2. Jiddisch und sonstige jüdische Sprachen

<small>Aufnahme anderer Sprachen</small>

Im Lauf einer wechselreichen Geschichte haben jüdische Gemeinden manche Sprachen ihrer Heimatländer auf eigene Weise weiterentwickelt. Bei manchen lässt sich diskutieren, wieweit dies wirklich eigene Sprachen geworden oder einfach mit Wörtern aus dem religiösen Bereich v. a. aus dem Hebräischen angereichert worden sind. Das Griechisch der Septuaginta, Philos oder des Neuen Testaments ist zwar in je verschiedenem Maß semitisch beeinflusst, gehört aber doch in das größere Spektrum der griechischen «Gemein»-Sprache (Koiné), so dass man kaum von einem eigenen jüdischen Griechisch sprechen kann. Anders ist es im Arabischen, wo Grammatik und Wortschatz eine so starke Eigenheit entwickeln, dass es eigene Grammatiken und Lexika des Jüdisch-Arabischen und seiner regionalen Varianten gibt. Ladino, auch Judenspanisch oder Judezmo genannt, entwickelte sich als jüdische Eigensprache erst nach der Vertreibung aus Spanien 1492, da die Sprache in neuer Umgebung, v. a. in der Türkei und auf dem Balkan, die sprachlichen Entwicklungen der Heimat nicht mitmachte, dafür aber neben den wohl schon immer vorhandenen hebräischen Begriffen im religiösen Bereich verstärkt Einflüsse aus der neuen Umwelt aufnahm. Eine reiche Literatur in Ladino umfasst nicht nur die Bibel und Kommentare dazu sowie religiöses Schrifttum, sondern auch Poesie und Balladen (Romancero) und sonstiges profanes Schrifttum.

<small>Jiddisch</small>

Ähnlich ist die Entwicklung im Jiddischen, der im Rahmen der Judaistik neben Hebräisch am häufigsten unterrichteten Sprache (1990 wurde in Trier der erste deutsche Jiddischlehrstuhl im Rahmen der Germanistik eingerichtet; Schwerpunkt der Forschung ist hier die ältere Sprachgeschichte. Seit 1996 ist Jiddisch in Düsseldorf ein selbständiges Studienfach). Anfangs eine Form des Alt- und Mittelhochdeutschen, wenn auch im religiösen Bereich mit vielen hebräisch-aramäischen Anleihen, machte die Sprache, bedingt durch die hohe Mobilität der Juden, nicht alle regionalen und historischen Verschiebungen mit und entwickelte so ihr eigenes Gepräge. Durch die mit den Kreuzzügen beginnende, im 14. Jh. noch zunehmende Ostwanderung großer Teile der jüdischen Bevölkerung wurde die Sprache in eine nicht deutschsprachige Umgebung übertragen, in der sie die geschichtliche Entwicklung des Deutschen nur sehr begrenzt mitmachte, dagegen viele slawische Einflüsse aufnahm und sich im Lauf der Zeit in regionale Dialekte aufteilte. Früher verlegte man meist die Entstehung des Jiddischen als einer eigenen Sprache nach Osteuropa; seine Vorstufen im deutschen Raum wären demnach nur ein Ideolekt gewesen (Judendeutsch), die besondere Färbung der deutschen Sprache im Gebrauch einer Gruppe. Heute betrachtet man dagegen schon das Westjiddische der früheren Jahrhunderte als eigene Sprache.

Wie Jüdisch-Arabisch und Ladino schrieb man auch Jiddisch stets in hebräischer Schrift. Die frühesten Belege sind Glossen in hebräischen Bibeltexten (ab 12. Jh.); bald gab es auch gereimte Bibelerzählungen, dazu Nachdichtungen deutscher Rittersagen. Jiddische Gebetbücher, v. a. für Frauen bestimmt, sind seit dem 16. Jh. verbreitet, ebenso volkstümliche ethische Literatur, dann auch Purim-Spiele. Seit dem 19. Jh. entstand in Osteuropa eine umfangreiche Unterhaltungsliteratur, deren Klassiker der schon genannte Mendele Mokher Sefarim werden sollte. Aber auch Werke aus allen Wissensgebieten wurden in Jiddisch geschrieben oder übersetzt. Diese Kultur ging im Holocaust weithin unter, auch wenn Jiddisch als Umgangs- und Literatursprache in gewissem Ausmaß in Amerika und Israel weiterlebt. Im Unterricht werden meist die Klassiker des 19. und frühen 20. Jhs. gelesen. Die Forschung ist dagegen stärker an den frühen Stufen der Sprache interessiert, ihren regionalen Ausdifferenzierungen und ihrer Literatur v. a. als Zeugnis der Sozial- und Geistesgeschichte des osteuropäischen Judentums. *Jiddische Literatur*

3. Handschriftenkunde: Paläographie und Kodikologie

Die Handschriftenkunde spielt im Unterricht zwar kaum eine Rolle; als Basis für die historische Einordnung fast der gesamten älteren jüdischen Literatur ist sie jedoch von entscheidender Bedeutung. Gilt für alle Texte aus der Zeit vor dem Buchdruck, dass die Qualität der handschriftlichen Überlieferung bei der Auswertung *Bedeutung handschriftlicher Überlieferung* von Texten wesentlich ist, so ist das bei den i. A. anonymen Schriften der rabbinischen Tradition oder fiktiv frühen Autoritäten zugeschriebenen Werken der Apokalyptik oder der Mystik ganz besonders der Fall.

<small>Kriterien der Datierung</small>

Kriterien für die Datierung solcher Texte sind vielfältig. Ab welcher Zeit sind z. B. ihre Inhalte bekannt, werden sie in sicher datierbaren Schriften schon zitiert? Kann man ihre Sprache zeitlich einordnen? Doch trotz aller Fortschritte in der Erforschung der Geschichte des Hebräischen und Aramäischen sind sprachliche Kriterien bei traditionellen Inhalten oft noch äußerst unsicher. So wird etwa die so genannte Weisheitsschrift aus der Geniza von Kairo von manchen Autoren im 1. Jh., von anderen wieder ein Jahrtausend später angesetzt. Bei Schriften aus Qumran vertraten anfangs auch manche Kenner hebräischer Tradition und Literatur eine Entstehung im Mittelalter. Ähnlich klaffen bei vielen anderen Texten sprachlich/inhaltliche Datierungen oft noch Jahrhunderte auseinander. Somit sind die erhaltenen Handschriften – oft auch nur kleine Fragmente – der bestimmende Ansatzpunkt für die Entscheidung, wann spätestens ein Text existiert haben muss.

<small>Entwicklung der Schrift</small>

Die Entwicklung der hebräischen Schrift in ihren verschiedenen regionalen Ausprägungen ist daher schon lange Gegenstand der Forschung. Datierte Texte wie Inschriften und Urkunden oder auch der archäologische Kontext, in dem eine Schrift gefunden wurde, bieten dafür wesentliche Ansatzpunkte. Aus gewissen Perioden gibt es eine Fülle von Material und damit die Möglichkeit, den Zeitraum bis auf ein halbes Jahrhundert einzuschränken (so etwa bei den Texten aus Qumran). Dann aber fehlen für mehrere Jahrhunderte Belege fast völlig, bis ab etwa 800 das Material aus der Geniza von Kairo einsetzt und in der Folgezeit die Belege immer reicher werden. Kann man bei Texten aus der Geniza oft nur annähernd das Jahrhundert nennen, wird bei späteren Handschriften die Datierung viel genauer.

<small>Material der Handschrift</small>

Die Datierung und geographische Zuordnung durch die Form der Schrift wird zunehmend durch die Untersuchung des Materials (Art des Pergaments, des Papiers oder der Tinte) und der technischen Aspekte einer Handschrift ergänzt: Schriftrolle oder Codex (also Buchform), Art der Linierung, der Aufteilung des Schreibraums, Format der Seiten, wie werden die Blätter zu Bögen (Lagen) und ganzen Manuskripten gebunden usw.? Damit ist in der Handschriftenkunde die Kodikologie unverzichtbare Ergänzung der Paläographie, der Erforschung der Schriftformen und ihrer Entwicklung, geworden. Die Ergebnisse der Untersuchung der Handschriften können natürlich nur der Ausgangspunkt der weiteren Forschung sein, wenn es gilt, einen Text geistesgeschichtlich einzuordnen und zu bewerten oder ihn wo möglich für eine kritische Textausgabe aufzubereiten. Als Ausgangspunkt sind sie aber unverzichtbar.

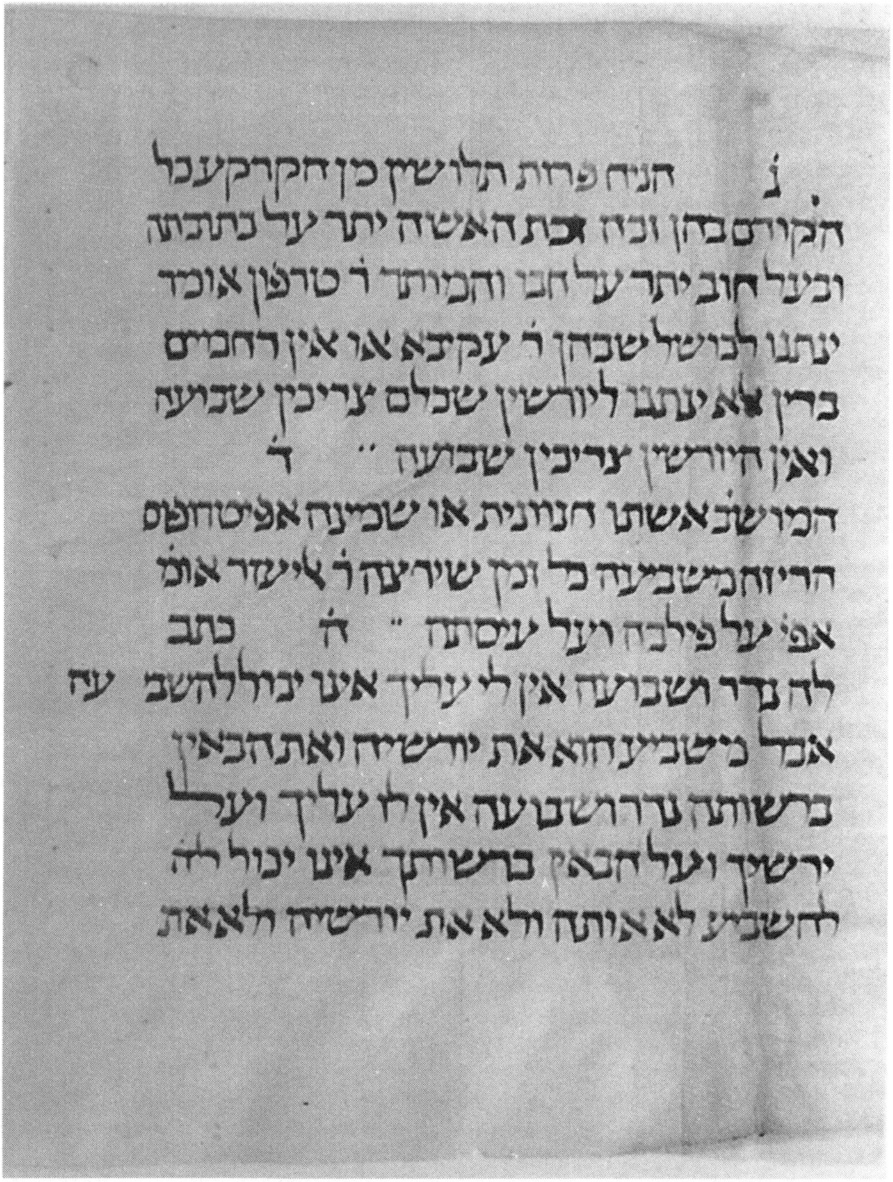

א הניח פרות תלושין כן חקרקע כו
הקודם בהן זכה כתב האשה יתר על כתבתה
ובעל חוב יתר על חוב והמותר ר' טרפון אומר
יתנו לכושל שבהן ר' עקיבא או אין רחמים
בדין אלא יתנו ליורשין שכלם צריכין שבועה
ואין היורשין צריכין שבועה " ד
המושב אשתו חנונית או שכינה אפיטרופס
הרי זה משביעה כל זמן שירצה ר' אליעזר אומ'
אפי' על פילכה ועל עיסתה " ה כתב
לה נדר ושבועה אין לי עליך איכו יכול להשבע עם
אבל כי שביע הוא את יורשיה ואת הבאין
ברשותה ע"ד ושבועה אין לו עליך ועל
יורשיך ועל הבאין ברשותך אינו יכול להשביעה
לא שביע לא אותה ולא יורשיה ולא את

Abb. 1: Mischna Ketubbot 9,3-5. Blatt einer spanischen Handschrift (sefardische Quadratschrift, 12. Jh.), 1561 im Einband eines Notariatsregisters wiederverwertet (Staatsarchiv Modena, Hebr. Fragment 122). Die Handschrift kam wohl nach der Ausweisung der Juden aus Spanien (1492) nach Italien und wurde vielleicht durch die Inquisition beschlagnahmt: 1553 befahl Papst Julius III. Konfiskation und Vernichtung der Handschriften des Talmud.

Abb. 2: Eine Seite der eizigen vollständigen Handschrift des babylonischen Talmund (Megilla 19a-21b), des Cod. Hebr. 95 der Bayerischen Staatsbibliothek München. Aschkenasische Schrift, 1342 in Paris entstanden. Rechts (d. h. am Innenrand) groß geschrieben der Text der Mischna, in kleinerer Schrift die Gemara – im unteren Viertel groß die Standardformel für den Abschluss eines Kapitels; am linken Rand zahlreiche Glossen.

Abb. 3: Anfang der Psalmen in einer aschkenasischen Bibelhandschrift des 13.–14. Jhs. Staatsarchiv Bologna, Hebr. Fragment 44. Im Feld mit dem ersten Wort von Ps 1 wurde der Text der Masora zu Tiergestalten und anderen ornamentalen Motiven geformt; auch sonst ist die Seite ein schönes Beispiel der Mikrographie – Text wird zu Bild. (Abdruck mit freundlicher Genehmigung des Ministero per i Beni e le Attività Culturali)

III. Erster Hauptteil: Die Zeit des Zweiten Tempels

1. Geschichte

Von «jüdischer» Geschichte und Religion im eigentlichen Sinn spricht man erst ab Zerstörung des davidischen Tempels und dem Ende des Staates Israel 587 v. Chr.; für die Zeit zuvor, als Staat, Volk und Religion weitgehend eins waren, verwendet man die Begriffe «Israel – Israeliten – israelitische Religion». Im babylonischen Exil entstand etwas völlig Neues – ein Volk und eine Religion, die ihre Identität nicht von einem Land und einem Staat ableiten, sondern von Normen wie Beschneidung, Sabbat und Speisegesetzen und einer gemeinsamen religiösen Tradition, die überall gelebt werden kann. Dafür stehen die neuen Begriffe «Jude, jüdisch, Judentum». *Vorgeschichte*

538 erhielten die in Babylonien exilierten Juden vom Perserkönig Kyros die Erlaubnis, nach Jerusalem zu gehen und den Tempel wieder aufzubauen. 516 wurde der Tempel eingeweiht. Nach ihm bezeichnet man die erste große Periode jüdischer Geschichte, die bis zur Zerstörung dieses Zweiten Tempels 70 n. Chr. durch die Römer reicht. Da die Zeit bis etwa 400 mit der Festigung des jüdischen Gemeinwesens unter Nehemia und Esra noch in biblischen Texten geschildert wird, setzt man jedoch meist erst nach 400 ein. *Erste Geschichtsperiode*

Das jüdische Gemeinwesen umfasste damals nicht viel mehr als Jerusalem und dessen weitere Umgebung. An seiner Spitze stand der Hohepriester; ein Statthalter vertrat die Interessen des persischen Großreichs. Dieses erkannte die jüdische Religion auf der Basis der Tora an. Manche Autoren glauben, einzelne Quellenschriften des Pentateuch seien damals zur Vorlage am persischen Hof zu einem Kompromissdokument verarbeitet worden, und sprechen sogar von einer «persischen Reichsautorisation» der Tora, deren Nachklang man noch in Esr 7,12–26 erkenne. Was immer an der These richtig sein mag, wesentlicher für die Redaktion der Tora war die Suche nach einem inneren Kompromiss, der die Tora zum Grunddokument jüdischer Identität schlechthin wer- *Spannungen nach dem babylonischen Exil* den ließ. Tatsächlich drohte das Gemeinwesen an inneren Spannungen fast zu zerreissen: Heimkehrer aus dem Exil standen gegen die in diesen Jahrzehnten Zurückgebliebenen, noch mehr gegen die während dieser Zeit hier angesiedelten fremden Gruppen. Prophetische Traditionen standen gegen theokratisch-priesterliche Vorstellungen, im Exil entwickelte Ideen gegen beharrende Tendenzen in der Heimat. Esras radikales Vorgehen gegen Mischehen (Esr 9–10) und die Eingrenzung derer, die zum neuen Tempel Zutritt hatten oder hier als Priester dienen durften, hatte sicher nicht alle Spannungen ausgeräumt. Die Absonderung der Samaritaner war zwar ein langer Prozess, der sich über Jahrhunderte hinzog und nicht geradlinig war, hatte jedoch in den Entwicklungen des 5. und 4. Jhs. seine Basis, auch wenn ein eigener Tempel auf dem Garizim erst viel später entstand. Auch die jüdischen Religionsparteien, die offen erst viel später auftraten, haben wohl schon in dieser Zeit ihre Wurzeln. Eine sichere Rekonstruktion ist nicht möglich, da kaum jüdische Texte klar ins 4. Jh. datiert werden können. Die ältesten Fragmente von Qumran führen zwar vereinzelt in diese Zeit zurück, weithin aber ist man gezwungen, von Ereignissen und Texten des 2. Jhs. oder der Darstellung bei Flavius Josephus die Vorgeschichte zu erschließen. Äußere Ereignisse der Zeit sind kaum bekannt. Die mehrfachen Kriege zwischen Persien und Ägypten haben sicher auch Palästina betroffen – darauf können um etwa 380 datierte Zerstörungen von Ortschaften in der Küstenebene weisen –, Näheres ist jedoch nicht bekannt.

Ägyptische Herrschaft

Ein entscheidender Einschnitt ist die Eroberung der Region durch Alexander den Großen (332). Nach seinem Tod (323) und den Diadochenkriegen fiel Palästina um 300 an die Ptolemäer und blieb bis 200 unter der Herrschaft Ägyptens. Josephus erzählt, dass Ptolemaios I. Jerusalem einnahm und viele Gefangene in Ägypten ansiedelte. I. A. war das 3. Jh. für Judäa eine ruhige Zeit, auch wenn die wiederholten Kriege zwischen Ptolemäern und Seleukiden gewisse Auswirkungen hatten und die jüdische Führung in Loyalitätskonflikte stürzten. Die Ptolemäer waren effiziente Verwalter, v. a. an geregelter Steuererhebung interessiert (aufschlussreich sind die Zenonpapyri, Berichte eines hohen ägyptischen Steuerbeamten, der 259 Palästina und das südliche Syrien bereiste); sonst aber mischten sie sich nicht in die inneren Verhältnisse des Landes. Der von Josephus (AJ 12,157–236) verwertete «Tobiadenroman» gewährt einen Einblick in die späte Phase der Ptolemäerherrschaft: Als der Hohepriester Onias II. nicht mehr den Tribut an Ägypten zahlen wollte, erwirkte sein Neffe Joseph aus der reichen, stark an die nichtjüdische Umwelt assimilierten Tobiadenfamilie von den Ptolemäern die *prostasia*, die Vertretung der Juden, und garantierte die Steuerzahlungen der Region; der Palast der Tobiaden (manche würden eher von einem Tempel sprechen) wurde nahe Amman ausgegraben und belegt gewisse Züge der bei Josephus überlieferten Geschichte.

Eng damit verbunden ist ein Grundproblem für das Verständnis dieser Periode jüdischer Geschichte, die Frage nach *Judentum und Hellenismus* (so der Titel der klassischen Studie von Martin Hengel). Schon vor Alexander, seither aber verstärkt, wirkte auf verschiedenste Weise hellenistische Kultur auf Leben und Tradition der Juden ein. Hatte man lange das palästinische Judentum vom hellenisierten Diasporajudentum abgehoben, betonen Autoren wie Hengel, das gesamte Judentum der Zeit, also auch das Palästinas, sei schon früh grundlegend hellenisiert worden. Dies habe sich in der vom Fernhandel veränderten materiellen Kultur ebenso ausgewirkt wie in der griechisch geprägten Verwaltung der Provinz und vieler Städte in ihr. Mit der griechischen Sprache, die sich Oberschicht und Gebildete, aber auch Händler und Söldner in gewissem Maß aneigneten, sei auch griechische Bildung und Kultur in weiterem Sinn immer mehr verbreitet worden; Spuren davon seien in jüdischen Schriften der Zeit wie Kohelet oder Teilen des ersten Henochbuchs zu sehen. Andere Autoren, so v. a. Louis Feldman, sehen dagegen kaum Belege für eine tiefgreifende Hellenisierung schon in dieser Zeit; sie sei erst in einer späteren Phase wichtig geworden, ohne jedoch das palästinische Judentum in seinem Inneren stark zu prägen. [Judentum und Hellenismus]

Man könnte diese Diskussion als eine nicht zentrale Frage der Kulturgeschichte betrachten, wäre nicht für viele damit die Frage jüdischer Identität und Treue zur eigenen religiösen Tradition verbunden, die sich mit Synkretismus und williger Hellenisierung nicht vertrage. Das Thema ist auch für spätere Zeit relevant, wenn man die Trennung von Juden und Christen mit der Hellenisierung der Predigt Jesu durch Paulus verbindet, die semitischen Anfänge des Christentums in der Folge hellenistisch entfremdet sieht – eine Position, die sich kaum mit einem schon lange hellenisierten Palästina verträgt. Doch ist die Frage auch schon für das Verständnis der zentralen Ereignisse des 2. Jhs. wesentlich, die immer wieder [Jüdische Identität]

Seleukiden-herrschaft und Makkabäer-aufstand

auch als Deutungsmuster für manche spätere Entwicklungen jüdischer Geschichte dienten.

Im Jahr 200 unterlag das ptolemäische Heer in der Schlacht von Paneas an den Jordanquellen den Seleukiden, die damit die neuen Herren Palästinas wurden. Die Tobiaden hatten sich schon zuvor für die Seleukiden entschieden; auch der Hohepriester Simeon fand sich damit ab. Antiochus III. (223–187) bestätigte die Rechte der jüdischen Tempelprovinz, anerkannte schärfere Normen für die Heiligkeit Jerusalems und half sogar bei der Finanzierung des Tempelausbaus. Spannungen in der jüdischen Führung zwischen den Familien des Hohenpriesters und der Tobiaden, Parteigängern der Seleukiden und der Ptolemäer führten aber unter Antiochus IV. Epiphanes (175–164) zu einer unheilvollen Entwicklung. Simeons Sohn Onias wurde durch seinen Bruder Jason als Hoherpriester verdrängt; dieser erreichte vom König gegen entsprechende Zahlungen auch die Umwandlung Jerusalems in eine hellenistische Polis mit Gymnasium und Ephebie. Mit dieser Änderung der Verfassung war die Tora nicht mehr das staatlich anerkannte Grundgesetz. Wenig später erkaufte Menelaus, der nicht zur zadokidischen Familie gehörte, die traditionell das Hohepriesteramt innehatte, von Antiochus dieses Amt, wurde aber bald aus Jerusalem vertrieben. Antiochus rächte ihn, indem er auf einem Ägyptenfeldzug 169 Jerusalem einnahm und den Tempel plünderte. Die Lage eskalierte: Eine heidnische Truppe wurde in Jerusalem stationiert; bald wurde die freie Ausübung der jüdischen Religion verboten (2 Makk 6) und schließlich im Dezember 167 (168?) der Tempel dem Zeus Olympios gewidmet, als man «auf dem Brandopferaltar den unheilvollen Gräuel aufstellte» (1 Makk 1,54). Dagegen erhoben sich die Makkabäer (benannt nach dem Beinamen von Judas M., dem «Hammer»), die Ende 164 Jerusalem einnehmen und den Tempel neu weihen konnten (daran erinnert das Chanukkafest). Machtkämpfe unter den Seleukiden ausnützend, konnte schon der Makkabäer Jonatan erreichen, als Herr über Jerusalem, später auch als Hoherpriester anerkannt zu werden. Sein jüngerer Bruder Simeon wurde von einer Volksversammlung 140 als «Hoherpriester, Befehlshaber und Fürst der Juden» anerkannt, «bis ein wahrer Prophet auftrete» (1 Makk 14,41.47).

Gründe der Verfolgung?

So weit kurz die Ereignisse, deren Deutung bis heute umstritten ist. Die Verfolgung der jüdischen Religion ist ohne früheres Vorbild. Ging sie von Antiochus aus, der sein schwaches Reich durch die gemeinsame hellenistische Kultur einen wollte, dabei auch jüdische Anhänger hatte, es dann aber zu weit trieb, unter konservativeren Kreisen Widerstand fand und, als er sich nicht mehr anders helfen konnte, zum extremen Mittel des Verbots jüdischer Religionsausübung griff? Diese Erklärung ist (bei vielen Varianten im Detail) sehr verbreitet. Dagegen steht die These von Elias Bickermann (ihm folgt Martin Hengel): Die Schuldigen waren extreme jüdische Hellenisten, die versuchten, ein aufgeklärtes Reformjudentum ohne Beschneidung und Speisegesetze einzuführen. Intolerant gegen den Widerstand der Konservativen, hätten sie keine Gewalt gescheut, um sie zur neuen Glaubensform zu bekehren, und sich dazu auch auf die weltliche Macht der Seleukiden gestützt. «Die makkabäische Bewegung war vor allem ein Bürgerkrieg, ein Religionskampf zwischen Orthodoxen und Reformisten» (*Der Gott der Makkabäer* 137). Explizit vergleicht Bickermann damit die Reformbewegung des 19. Jhs., als im Bann der nichtjüdischen Umwelt Männer wie Abraham Geiger viele Gesetze aufheben oder für unverbindlich erklären wollten.

Der Vergleich birgt Sprengstoff und ist auch schief. Dagegen steht das traditionelle Bild, wonach sich (sieht man von einigen Aposताten ab) das jüdische Volk damals einig erhob, um treu für seine väterliche Religion zu kämpfen, ein Vorbild für alle kommenden Generationen. Dazu kommt die Tendenz der Quellen, die die Ereignisse natürlich nicht neutral, vielmehr die Position der Sieger wiedergeben. Das Verdienst von Bickermann ist es, die innerjüdischen Spannungen, die wesentlich zum Geschehen beitrugen, klar herausgearbeitet zu haben; doch erklären sie die Ereignisse nur zum Teil. Viel bleibt offen. Man versteht die Brisanz des Themas, damit verbunden aber auch die der Frage nach Judentum und Hellenismus.

Quellenkritik

Schon Simeon hatte sich bemüht, sein Territorium auszuweiten und die Einhaltung der jüdischen Religion durchzusetzen. Noch stärker zog sein Sohn Johannes Hyrkan (135/34–104) diese Linie durch. Er war der eigentliche Begründer der hasmonäischen Dynastie (benannt nach dem Stammvater Hasmonai), die erblich Fürstenwürde und Hohespriestertum verband, obwohl sie nicht zadokidischer Herkunft war. Anfangs hatte Hyrkan, von Antiochus VII. (138–129) in Jerusalem belagert, noch die seleukidische Herrschaft anerkennen und Antiochus sogar auf dessen Feldzug gegen die Parther 130/29 Gefolgschaft leisten müssen. Dann aber hatte er,

Hasmonäerdynastie und Bürgerkrieg

da die Seleukiden durch Thronstreitigkeiten gebunden waren, freie Hand. Er eroberte Samaria mit dem Garizim, zwang die Idumäer, die Beschneidung anzunehmen, und gewann auch Galiläa für sich. Zugleich war er um gute Beziehungen zu Rom bemüht. Sein Sohn Aristobul I. (104–103) nahm den Königstitel an; Aristobuls Bruder und Nachfolger Alexander Jannai (103–76) setzte die Expansionspolitik seines Vaters fort und eroberte große Gebiete östlich des Jordan sowie am Mittelmeer, wo er 96 sogar Gaza einnehmen konnte. Zugleich nahmen innere Spannungen immer mehr zu und entluden sich in einem Bürgerkrieg, der sechs Jahre dauerte; Jannai setzte Söldner gegen die Aufständischen ein, die ihrerseits ein syrisches Heer zu Hilfe riefen. Nach seinem Sieg ließ Jannai 800 Aufständische kreuzigen; doch vor seinem Tod riet er seiner Frau Salome Alexandra, die für die minderjährigen Söhne die Regierung übernahm (76–67), sich mit den Gegner auszusöhnen.

Pharisäer Die Wurzeln der Krise, die unter Jannai ausbrach, reichen bis zum Makkabäeraufstand zurück. Der Kampf gegen die Seleukiden hatte die inneren Spannungen nur kurz überdeckt. Die Hasidäer (1 Makk 2,42: Chasidim, «die Frommen»), die den Aufstand unterstützt hatten, gelten meist als religiöse Sammelbewegung, aus der die Pharisäer hervorgingen, vielleicht auch die Essener; diese hätten sich, unzufrieden über die weitere Entwicklung (dass etwa die Makkabäer, obwohl nicht Zadokiden, das Hohepriestertum übernahmen und religiös zu lax waren) abgespalten. Als dritte Richtung vertraten die Sadduzäer das traditionelle Priestertum. Anfangs stützten sich die Hasmonäer auf die Pharisäer, doch – die Quellen gehen hier auseinander – unter Johannes Hyrkan oder eher erst unter Alexander Jannai kam es zum Bruch und zur Verfolgung dieser populären Richtung, damit zum Bürgerkrieg. Die Aussöhnung unter Salome Alexandra brachte die Pharisäer an die Macht, ehe sie ab Herodes, aus der Politik gedrängt, sich wie auch die anderen Gruppen zu primär religiösen Bewegungen entwickelten.

Forschungsprobleme Weithin gesichert ist die Entwicklung ab Alexander Jannai. Die Vorgeschichte ist dagegen heute umstritten: Waren die Hasidäer wirklich eine organisierte Gemeinschaft, der Ursprung späterer Religionsparteien? Die Essener haben, wie man inzwischen durch Qumran weiß, eine viel längere Vorgeschichte; doch wie für die Pharisäer gibt es sichere Fakten erst ab dem späten 2. Jh. Die Pharisäer gelten als die Protagonisten vieler Ereignisse, wo die Quellen

(v. a. Josephus) dies nicht explizit sagen. Ihr Verhältnis zu den Essenern, etwa gemeinsame Anfänge, ist ebenso unsicher wie das der Essener zu den Sadduzäern, das durch die Qumrantexte wieder in Diskussion geraten ist. Auch die v. a. auf Josephus gestützte religiöse Darstellung der Gruppen erweist sich in vielen Punkten als problematisch und ist zu überdenken.

Inzwischen hatte Rom begonnen, aktiv in die Verhältnisse der Region einzugreifen. Als Pompejus, der mit seinen Truppen vor Damaskus stand, von den Söhnen Jannais zum Schiedsrichter ihres Thronstreits angerufen wurde, zögerte er nicht lange. Im Jahr 63 eroberte er Jerusalem und drang auch in den Tempel ein. Noch blieben die Hasmonäer an der Macht, doch unter Aufsicht des römischen Statthalters in Antiochien, und immer mehr unter der Kuratel des Idumäers Antipater, der in Jerusalem die Geschäfte führte, und dessen Sohn Herodes, gestützt von Rom, sich schließlich selbständig machte. Im Jahr 40 zum König ernannt, konnte er 37 wirklich die Herrschaft antreten (37–4 v. Chr.). Er heiratete die Hasmonäerin Mariamne und ließ der Familie das Amt des Hohenpriesters; bald aber übertrug er es anderen Priestern ohne Hausmacht und entfernte die noch einflussreichen Pharisäer aus politischen Positionen. {Römische Eroberung}

Herodes war ein fähiger Politiker mit besten Beziehungen zu Rom, zuerst zu Antonius, dann zu Augustus, der sein Reich um weitere Gebiete vergrößerte. Nach innen bemüht, jüdisches Gesetz einzuhalten (von Josephus dennoch «Halbjude» genannt: AJ 14,403), gab er sich nach außen als aufgeklärter Herrscher. Er ließ den Tempel in Jerusalem großzügig ausbauen, zugleich aber Caesarea und Sebaste (in Samaria) als pagane Städte mit Tempeln und Theatern gründen und trat auch im Ausland als Stifter auf; zur Sicherung seiner Macht baute bzw. erneuerte er zahlreiche Festungen, so etwa Herodion und Masada. Sein Bild in der Geschichte ist von vielen Bluttaten bestimmt, womit er die Hasmonäer ebenso wie vermeintliche Gegner in seiner eigenen Familie beseitigte. Sein diplomatisches Geschick, mit dem er das Land nach außen absicherte und im Inneren stabilisierte, und sein Beitrag zur wirtschaftlichen und kulturellen Entwicklung des Landes werden dagegen zu wenig beachtet. {Herodes}

Aus religiöser Sicht war die Trennung der Königswürde vom Amt des Hohenpriesters von größter Bedeutung. Damit war eine alte Forderung der Pharisäer erfüllt und auch für die Essener war {Königswürde und Hohepriesteramt} ein König Herodes ein geringerer Anstoß als ein Priesterkönig aus der falschen Familie. Ohne wirklichen politischen Einfluss, konnten sich die Strömungen im Judentum der Zeit verstärkt den eigentlich religiösen Fragen zuwenden und wurden so erst zu «Religionsparteien» im engeren Sinn. Der prachtvolle Ausbau des Tempels machte diesen noch mehr als bisher zum religiösen Zentrum und Inbegriff der Heiligkeit des Landes. Anders als in der Diaspora und in Galiläa konnten sich so Synagogen, die man als Konkurrenz zum Tempel hätte sehen können, in Judäa nicht durchsetzen (früheste Belege sind die Theodotos-Inschrift aus Jerusalem, die wohl zu einer Einrichtung v. a. für Diasporajuden gehörte, sowie die Festungen Herodion und Masada aus der Zeit des Aufstands gegen Rom). Was dies für die Entwicklung des religiösen Lebens bedeutete, ist schwer abzuschätzen; gewiss aber trug der erneuerte Tempel zur wachsenden Unduldsamkeit gegenüber Fremden im Land und damit wesentlich auch zur Radikalisierung der nächsten Jahrzehnte bei.

Zunehmende Spannungen mit Rom

Nach dem Tod des Herodes brachen Unruhen aus, die Varus, der Statthalter Syriens, niederschlug. Das Reich wurde auf die Söhne des Herodes verteilt. Der Nordosten (Gebiete im Bereich des heutigen Syrien) fiel an Philipp, Galiläa und Gebiete am Jordan an Herodes Antipas, in dessen Zeit das Wirken Johannes des Täufers und Jesu fielen. Archelaus erhielt Judäa, doch war das Volk mit ihm so unzufrieden, dass er 6 n. Chr. von Rom abgesetzt und nach Gallien verbannt wurde. Judäa wurde römische Provinz, mit Ausnahme der Jahre 41–44, als der mit Kaiser Claudius befreundete Herodesenkel Agrippa I. das Land beherrschte, von römischen Statthaltern verwaltet. Die meisten waren korrupt, ohne Verständnis für die jüdische Religion, und griffen bei Widerstand brutal militärisch durch. Dadurch eskalierte die Lage zusehends, bis es schließlich im Jahr 66 zum offenen Aufstand kam. Zuerst befehligte Vespasian die römischen Truppen, nach ihm sein Sohn Titus, unter dem im Sommer 70 Jerusalem und der Tempel zerstört wurden; die letzte Festung Masada fiel erst im Jahr 73 oder 74.

Bellum Judaicum Messianische Erwartung

Vorgeschichte und Verlauf des Aufstands hat Josephus in seinem *Bellum Judaicum* ausführlichst dokumentiert, Historiker haben sich immer wieder damit befasst. Dennoch (oder gerade deshalb?) bleiben viele Fragen offen. In den Unruhen des Jahres 6 n. Chr. gründete der Galiläer Judas mit dem Pharisäer Zadok eine «vierte Philosophie», die in allem wie die Pharisäer dachten, doch voll Freiheitsliebe allein Gott als Herrn anerkannten (Josephus, AJ 18,23), damit die römische Herrschaft total ablehnten. Martin Hengel sieht hier die Gründung der Zeloten («Eiferer»), auch wenn Josephus diese erst im Aufstand gegen Rom nennt, und betrachtet diese als einheitliche religiöse Bewegung, die über Jahrzehnte aktiven Widerstand gegen Rom leistete und dann den Aufstand wesentlich bestimmte. Andere Autoren trennen die Schule des Judas von unterschiedlich (sozial, politisch, kriminell) motivierten, da und dort immer wieder auftretenden Gruppen, die den Widerstand gegen Rom lebendig hielten; Zeloten im engen Sinn seien dann aber erst jene v. a. aus Galiläa stammenden Gruppen, die sich im Aufstand zusammen schlossen. Eine zweite Frage ist mit dieser eng verbunden und v. a. auch für das Verständnis Jesu bedeutsam: Wie verbreitet waren in dieser Zeit messianische Bewegungen? Prägte messianische Erwartung das religiöse Denken der Zeit, besonders in Galiläa, und wie weit war sie zelotisch politisch bestimmt? Oder waren eher soziale Spannungen die Wurzel ständiger Gärung und Unruhe und damit ein wesentlicher Grund des Aufstands? Diese Fragen sind untrennbar mit dem Verständnis des Wirkens Jesu verbunden, was eine Antwort nicht gerade erleichtert.

Wer war für den Krieg verantwortlich? Nur Räuberbanden, die das Volk ins Unheil zogen, wie Josephus sagt, oder doch (auch) führende Kreise aus Priestertum (die mit dem Abbruch der Opfer für den Kaiser das Signal dazu gaben) und Pharisäern, wie er dann wieder nahelegt? War die Zerstörung des Tempels von Titus beabsichtigt oder letztlich Schuld der Rebellen, die sich darin bis zuletzt verschanzt hatten? Josephus ist nicht objektiv; seine Darstellung ist zum Teil Propaganda (er schreibt ja im Auftrag Roms), zum Teil auch Rechtfertigung seiner eigenen Rolle im Krieg und seines Überlaufens zu Vespasian, weithin aber auch vom Streben bestimmt, das jüdische Volk als solches zu entlasten. Die Beurteilung des Josephus ist nach wie vor höchst umstritten: War er Verräter und Apostat oder ein treuer Jude, der für sein Volk nur das Beste wollte? Von der Antwort hängt auch ab, wie man seine Schriften liest und letztlich die Ereignisse dieser Jahre und Jahrzehnte versteht.

Josephus

2. Die Bibel als Grundtext der jüdischen Religion und Kultur

Bibelstudium   Kein Text bestimmt die gesamte jüdische Literatur und Religion so sehr wie die Bibel. Kritischer Zugang zu den biblischen Texten war deshalb von Anfang an ein wesentlicher Bestandteil jeder Wissenschaft des Judentums und ist es an israelischen Universitäten noch heute. In der akademischen Tradition Europas wird das Bibelstudium zwar dem Bereich der theologischen Fakultäten zugerechnet; dennoch sind Grundkenntnisse der Bibel für jeden Judaisten unabdingbar, ganz gleich in welcher Periode man sich spezialisiert. Die Geschichte Israels in biblischer Zeit sollte ebenso vertraut sein wie der Inhalt der biblischen Bücher und ihre historische Entwicklung aus der Sicht moderner Bibelwissenschaft. Doch im Mittelpunkt des Interesses stehen weniger die verschiedenen Quellenscheidungen im Pentateuch (einst fast allgemeiner Konsens, doch nun wieder sehr umstritten) oder die historische Entwicklung einzelner Prophetenschriften, sondern vielmehr die Wirkungsgeschichte der biblischen Bücher ab etwa 400 v. Chr., d. h. ab dem Zeitraum, da nach traditioneller Auffassung die fünf Bücher der Tora und auch der Großteil der Prophetentexte im Wesentlichen schon abgeschlossen waren und nur noch der dritte Teil der biblischen Sammlung, die Hagiographen (zu denen v. a. die Psalmen und die Weisheitsschriften gehören), weithin in Bewegung war.

Die Tora	Frühere Propheten	Spätere Propheten	Die Schriften
Genesis	Josua	Jesaja	Psalmen
Exodus	Richter	Jeremia	Hiob
Levitikus	Samuel	Ezechiel	Sprichwörter
Numeri	Könige	Zwölf Propheten	Fünf Megillot
Deuteronomium		(Hosea, Joel, Amos,	(Rut, Hoheslied,
		Obadja Jona, Mi-	Kohelet, Klagelie-
		cha, Nahum, Haba-	der, Ester) Daniel
		kuk, Zefanja, Hag-	Esra, Nehemia
		gai, Sacharja, Ma-	Chronik
		leachi)	

Kanon   Auf eine dreigeteilte Sammlung heiliger Schrift weist um 190 Sirach: als Studieninhalt des Schriftgelehrten nennt er das Gesetz des Höchsten, die Weisheit der Vorfahren und die Weissagungen

(38,34–39,1); im Prolog zur griechischen Fassung nennt sein Enkel präziser «das Gesetz, die Propheten und die übrigen Schriften» (ähnlich ein etwa gleichzeitiger Text aus Qumran, 4QMMT C 10: «das Buch Moses, die Worte der Propheten und Davids»). Der genaue Umfang der Sammlung bleibt hier noch offen. Josephus dagegen nennt Ende des 1. Jhs. n. Chr. konkret 22 Bücher, die bei den Juden autoritativ sind (Ap 1,37–43), 4 Esra 14,44–48 spricht von 24 Büchern. Die Abweichung sucht man mit verschiedener Zählung der selben Sammlung zu erklären. Damit seien auch die letzten Unschärfen des schon viel früher anerkannten Kanons heiliger Schriften beseitigt gewesen.

Doch wer sagt, dass das Gesetz, das Esra in der Hand hatte (Esra 7,14) und in Jerusalem öffentlich verlas (Neh 8), derselbe Text ist, den wir als Tora kennen? Die Funde zahlreicher Bibeltexte in Qumran haben zwar gezeigt, wie zuverlässig die Textüberlieferung ist, zugleich aber auch, wie sehr der Text auch der Tora noch beweglich war. Das gilt nicht nur von der Rechtschreibung und ähnlichen Details: Auffällig sind etwa Texte, die den Dekalog von Dtn 5 und Ex 20 ineinander verarbeiten, Num 36 aus Num 27 auffüllen oder die Reihenfolge des Textes abändern. Ein Text von Jeremia, viel kürzer und in anderer Abfolge als der übliche hebräische Text, stimmt auffällig mit der griechischen Fassung überein und zeigt, dass deren Übersetzer nicht einfach frei mit seiner Vorlage umgegangen ist, sondern eine andere hebräische Vorlage hatte, der Text dieses Propheten also noch nicht gefestigt war. Noch deutlicher sind die Abweichungen in manchen Psalmen-Handschriften, die nicht nur eine andere Textfolge aufweisen, sondern auch Texte enthalten, die nicht im traditionellen biblischen Psalter stehen. Der Versuch, solche Handschriften als liturgische und nicht eigentlich biblische Texte zu betrachten, überzeugt nicht.

Formen der Überlieferung

Wenn man in Qumran wagte, die Tora zu revidieren (4Q158, wohl Teil eines revidierten Pentateuch), vielleicht auch hoffte, diese Fassung als den eigentlichen Text durchzusetzen, zeigt das, wie beweglich der Text der Tora noch war. Beweglich waren aber offenbar auch noch die Grenzen des Kanons: Zwar scheint dieser in Qumran schon alle biblischen Bücher umfasst zu haben, ausgenommen wohl das in Qumran nicht bezeugte Buch Ester. Doch haben hier vielleicht auch andere Schriften dazu gehört, etwa das Buch der Jubiläen (dazu unten) oder die Tempelrolle (11QT). Diese Schrift, nach Meinung mancher in Qumran selbst entstanden,

Qumran

nach anderen viel älter (4. Jh.?), ist eine Art Kompendium der Tora, in dem Tempel und Kult zentral sind. Die Schrift ordnet die biblischen Gesetze thematisch neu, gleicht deren verschiedene Fassungen aus, verschärft viele Gesetze und ergänzt sie mit neuem Material. Meist tritt Gott als Sprecher in der ersten Person auf; als direktes Wort Gottes beansprucht die Schrift besondere Autorität. Galt die Schrift in Qumran als «zweite Tora», wie manche meinen, als sechstes Buch Mose und damit als Ergänzung der Tora oder doch eher als Fortschreibung für die eigene Zeit, ohne selbst kanonische Autorität zu beanspruchen?

Tora als zentraler Text

Von den Pharisäern nimmt man gewöhnlich an, ihr Kanon heiliger Schriften habe der hebräischen Bibel von heute entsprochen; direkt beweisen lässt sich das nicht. Die Sadduzäer sollen dagegen nur die fünf Bücher Mose anerkannt und deshalb die Auferstehung geleugnet haben. Auch diese verbreitete Annahme ist nicht belegbar und sehr unwahrscheinlich. Schließlich ist auch die These eines viel umfangreicheren Kanons in der Diaspora, der alle Bücher umfasst habe, die man in griechischen Bibelhandschriften findet, problematisch. Allen jüdischen Gruppen der Zeit war die Tora zentraler Text der heiligen Schrift. Andere Texte waren zwar auch heilig, doch nicht auf derselben Stufe und daher auch je nach Gruppe von verschiedener Bedeutung. Die Vorstellung eines einheitlichen biblischen Kanons passt jedenfalls nicht in diese Zeit.

Noch beweglicher Text

Fester Text und weithin klar umrissener Kanon der heiligen Schrift galten lange als Voraussetzung der Entwicklungen in der Zeit des Zweiten Tempels; spätestens die Funde von Qumran haben dagegen gezeigt, wie viel noch im Fluss war. Ohne Kenntnis dieser Probleme und ihrer möglichen Lösungen sind viele Aspekte der gemeinhin als «nachbiblisch» betrachteten Jahrhunderte jüdischer Geschichte nicht zu begreifen.

Septuaginta

Schon im frühen 3. Jh. begann man in Alexandria, die Tora ins Griechische zu übersetzen. Der Aristeasbrief erzählt, siebzig bzw. 72 Männer (daher der Name Septuaginta) hätten sie für die königliche Bibliothek übertragen; unabhängig voneinander seien sie zum selben Text gekommen, für die jüdische Gemeinde Beleg der göttlichen Inspiration der Übersetzung. Die Erzählung könnte darauf hinweisen, dass die Übersetzung Grundlage für die öffentliche Anerkennung der jüdischen Religion in Ägypten war. Mindestens ebenso sehr entsprach sie aber den Bedürfnissen der Gemeinde, in der bald nur noch wenige Hebräisch verstanden. In der Diaspora, fern vom Tempel, wurde die Tora die Basis jüdischer Identität; Synagogen, in denen man sich zur regelmäßigen Unterweisung in der Tora traf, sind in Ägypten seit dem 3. Jh., somit lange vor Palästina, belegt.

Die Übersetzung der Tora, in der Folgezeit auch der anderen biblischen Schriften, war für die Entwicklung der größten Diaspora der damaligen Zeit gleichsam ein Gründungsgeschehen. Sie war die Basis der gesamten hellenistisch-jüdischen Kultur. Dasselbe gilt später auch von der arabischen Übersetzung Saadjas und der deutschen Übertragung Mendelssohns: eine Übersetzung der Bibel stand jeweils am Eintritt des Judentums in eine neue Kultur. Übersetzung bedeutet immer zugleich Aneignung eines neuen Denkens; ihre Möglichkeit galt den Zeitgenossen als Wunder (noch nie zuvor war ein Werk dieses Umfangs in eine andere Sprache übertragen worden!) und auch noch die Rabbinen meinten, Griechisch sei die einzige Sprache, in die die Tora geziemend übertragen werden könne.

Toraübersetzung in der Diaspora

Die mit der Übersetzung verbundene geistige Neuschöpfung wurde erst in den letzten Jahrzehnten voll bewusst: Davon zeugen kommentierte Übersetzungen der Septuaginta in moderne Sprachen (deutsch eben erst begonnen). Schon lange dagegen befasst man sich mit Übersetzungstechnik und hebräischen Vorlagen der Septuaginta. Abweichungen vom hebräischen Text galten meist als Fehler der Übersetzer oder auch als bewusste Abweichung oder freie Wiedergabe der Vorlage. Durch die in Qumran gefundenen Texte der Bibel weiß man, dass den Übersetzern oft andere hebräische Textfassungen vorlagen: Der Fall des Jeremia-Buchs wurde schon erwähnt. Im Buch der Sprichwörter weicht die Septuaginta vom hebräischen Text in der Reihenfolge ab, lässt manches aus, bringt dafür anderes. Umstritten bleibt, da hier die Qumranfunde wenig aussagen, ob auch hier eine andere hebräische Vorlage vorauszusetzen ist oder der Übersetzer diese kreativ bearbeitet und an das griechische Denken seiner Umwelt angepasst hat. Viele kleine Abweichungen in der Tora sind dagegen klar durch Qumrantexte gedeckt.

Texttreue und Übersetzungstechnik

Insgesamt erweist sich die griechische Bibel nicht einfach als Wiedergabe eines schon fertigen hebräischen Textes, sondern oft noch als Beleg von Bearbeitungsstufen, ehe der hebräische Text unveränderlich wurde; v. a. aber bezeugt sie die behutsam schöpferische Umsetzung der hebräischen Texte in eine andere Welt,

Übersetzung als Aneignung einer Kultur

die Aneignung griechischer Kultur bei Wahrung der eigenen Tradition.

Fortschreibung der Bibel

Zahlreiche Schriften des palästinischen Judentums dieser Zeit nehmen die biblische Tradition auf, schreiben sie fort und legen sie neu aus. Die Forschung analysiert diese Schriften auf der Basis unseres Bibeltextes; doch ist immer wieder damit zu rechnen, dass ihre Autoren auf frühere Textstufen der Bibel und ihre Stoffe und noch nicht auf ihren endgültigen Text zurück greifen. Zur Tempelrolle von Qumran wurde dies schon erwähnt; es gilt aber auch von vielen anderen Texten aus Qumran, die man in Unsicherheit über die genaue Einordnung als «parabiblisch» bezeichnet.

Buch der Jubiläen

Ein Text, der in Qumran hoch geschätzt, vielleicht sogar zum Kanon gezählt wurde (wie später in der äthiopischen Kirche), ist das um 150 entstandene Buch der Jubiläen (benannt nach der Gliederung der Geschichte in 50-Jahr-Perioden). Oberflächlich betrachtet, ist es eine Nacherzählung der Genesis. Doch behauptet der Erzähler, der Text sei die Kurzfassung der Geschichte, die schon Jakob im Traum auf sieben Tafeln gesehen hatte, und Mose am Sinai übergeben worden war. Damit beansprucht das Buch, Offenbarung zu sein, die in die Zeit vor dem Sinai zurück reicht; das Gesetz der Tora, hier vielfach verschärft, sei die Schöpfungsordnung, an die sich schon die Patriarchen hielten, ehe sie am Sinai dem Volk als Gesetz übergeben wurde.

Pescher Auslegung von Prophetentexten

In Qumran selbst entstanden ab Mitte des 1. Jhs. v. Chr. einige Auslegungen (hier Pescher genannt) von Prophetentexten wie Habakkuk oder Nahum sowie einzelner Psalmen. Diese Texte werden auf die eigene Geschichte gedeutet, Gestalten wie den Lehrer der eigenen Gruppe und seine Gegner, König Jannai oder den Hohenpriester, gegnerische Gruppen wie wohl Pharisäer und Sadduzäer (alle durch Chiffren mehr oder weniger verdeckt). Was den Pescher auszeichnet, ist das Verständnis von Offenbarung: Dem Propheten selbst hat Gott den vollen Sinn seiner Worte noch nicht kund getan, diesen vielmehr erst dem Lehrer der Gemeinde geoffenbart (1QpHab 7,2–5). Nun erst versteht man die Propheten voll, sieht deren Aussagen in der eigenen Zeit, dem Ende der Zeiten, erfüllt. Es ist ein Verständnis biblischer Texte, das man später in den Evangelien wieder findet.

Nacherzählung biblischer Texte

Im Vergleich völlig harmloser Nacherzählung biblischer Texte, dem Volksgeschmack entsprechend ausgebaut und «verschönert», begegnet man im Genesis-Apokryphon (Erzählungen aus der Geschichte der Patriarchen), das man in Qumran gefunden hat, das aber wohl nicht in dieser Bewegung entstanden ist. Ähnlich tendenzfreie Erzählung scheint auch der nur lateinisch erhaltene Liber Antiquitatum Biblicarum (Pseudo-Philo) zu bieten, der die biblische Geschichte bis zum Tod Sauls teils gerafft, teils mit neuen eigenen Erzählungen aufgefüllt enthält. Üblich ist eine Datierung im späten 1. Jh. n. Chr.; so wären viele Auslegungen und Erweiterungen biblischer Texte, die sonst erst in der rabbinischen Literatur belegt sind, schon früh nachweisbar. Eine vergleichende Analyse dieser Schrift könnte daher zur Lösung der offenen Frage beitragen, in welchem Maß rabbinische Texte noch frühere Tradition weitergeben. Das gilt auch von vielen Aussagen des Flavius Josephus. Ein großer Teil seiner Antiquitates Judaicae gilt als bloße Nacherzählung der Bibel und wurde daher lange kaum näher analysiert. Erst in neuerer Zeit widmet man sich verstärkt den Traditionen, die Josephus verarbeitet, und den Tendenzen, die er dabei verfolgt, um damit auch mehr über die Rezeption biblischer Texte im Judentum des späten 1. Jhs. zu erfahren.

Die genannten Schriften sind nur Beispiele aus einer reichen Literatur, die sich zur Zeit des Zweiten Tempels mit Bibel und biblischen Traditionen befasste (zu Philo weiter unten). Damit könnte der Eindruck entstehen, die Texte der Bibel seien damals selbstverständliches Gemeingut aller Juden gewesen. So schreibt ja auch Josephus, das Gesetz gebiete, die Kinder lesen zu lehren, damit sie die Gesetze lernen und sich nicht auf Unwissenheit herausreden können; so könne auch jeder Jude die Gesetze schneller als den eigenen Namen hersagen (Ap 2,178.204). Damit verallgemeinert Josephus priesterliches Ideal; seiner priesterlichen Herkunft schreibt er seine eigene Bibelkenntnis zu und betont, dass nur wenige im Studium der Bibel ans Ziel kommen.

Reichtum der Bibelliteratur

Exemplare biblischer Texte wurden in der Bibliothek des Tempels aufbewahrt. Synagogen waren in dieser Zeit, wie schon gesagt, in Judäa eher eine Ausnahme, vielmehr ein Phänomen der Diaspora. Dort war die Unterweisung in der Tora zentral; doch ist daraus nicht unbedingt zu schließen, dass jede Synagoge ihre schriftlichen Exemplare hatte. Es genügte, in den Inhalten der Tora kundige Lehrer zu haben, die ihr Wissen mündlich weiter gaben. So sind auch Hinweise auf eine synagogale Lesung der Schrift in dieser Zeit selten; gewöhnlich ist einfach von der Unterweisung im Gesetz die Rede. Torarollen in Privatbesitz waren höchst selten,

Bibliothek des Tempels

am ehesten bei Gelehrten oder Priestern zu erwarten. Der auf seine Bibelkenntnis so stolze Josephus schreibt, er habe von Titus «heilige Schriften» aus dem eroberten Jerusalem als Geschenk erhalten, offenbar eine Tora, das Wertvollste, das er mitnehmen konnte.

Gelehrte Vermittlung der Schrift

Die Vielzahl an biblischen Texten in Qumran, die Vertrautheit mit ihnen in so vielen Schriften der Zeit bezeugt die zentrale Rolle der Schrift in den religiös führenden Kreisen, kann aber nicht als Beleg für die Allgemeinheit gelten. Trotz der Aussage des Josephus konnten damals nur wenige Juden lesen, noch weniger schreiben (dazu ausführlich Catherine Hezser); nur selten konnten die meisten der Verlesung biblischer Bücher beiwohnen. Was Leben und Denken des Volkes bestimmte, war mehr die Kenntnis von wesentlichen Inhalten, Erzählungen und Gesetzen, kaum aber der schriftliche Text. Damit waren auch die in Qumran bezeugten verschiedenen Textformen biblischer Schriften kein Problem.

3. Die Gemeinde von Qumran

Funde vom Toten Meer

Schon wiederholt war von den Qumranfunden die Rede; auf sie ist hier kurz im Zusammenhang einzugehen. 1947–1956 wurden in Höhlen am Nordwestende des Toten Meeres zahlreiche Handschriften gefunden, dazu ab 1949 unter Leitung von Roland de Vaux die beim Höhlenkomplex gelegene Siedlung von Qumran ausgegraben. Schon bald galt als sicher, dass man hier das Zentrum der Essener und ihre Bibliothek gefunden habe. Die Anfänge der Siedlung wurden in die zweite Hälfte des 2. Jhs. v. Chr. datiert; nach einem Erdbeben 31 v. Chr. verlassen, wurde sie nach dem Tod des Herodes wieder aufgebaut und bestand bis 68 n. Chr., als sie im großen Aufstand von römischen Truppen zerstört wurde. Doch konnten die Bewohner ihre Handschriften in den nahen Höhlen sichern, ehe sie flohen und manche von ihnen sich den Aufständischen in Masada anschlossen.

Niederlassung der Essener?

Die mit einem Turm befestigte Anlage, die man als Niederlassung («Kloster») der Essener verstand, umfasst unter anderem zwei große Räume, die man wegen des dort gefundenen Geschirrs bzw. von «Schreibbänken» und Tintenfässern als Refektorium und Scriptorium bezeichnet. Auffällig sind zahlreiche Wasserbecken, offenbar für Reinigungsriten bestimmt, die in den Schriften von Qumran so wichtig sind und nach Josephus für die Essener zentral waren. Nahe der Anlage wurde der Friedhof ausgegraben. Fast alle untersuchten Gräber waren von Männern belegt, was zur Beschreibung der ehelosen Essener bei Josephus und Plinius passen könnte. Erst in den letzten Jahren ergaben neue Analysen von Knochenfunden, dass dieser Befund zumindest ungenau ist; der Anteil von Frauen- und Kindergräbern, und zwar nicht nur in Randlagen, ist größer als angenommen. Auch die Beurteilung der Gebäude als Essenersiedlung blieb nicht unbestritten; alternativ wurde etwa die Deutung als Gutshof vorgeschlagen.

Die in den ersten Jahren gefundenen großen und gut erhaltenen Schriften wurden schnell publiziert (ihre Sigel setzen sich aus der Zahl der Höhle, Q für Qumran und der Abkürzung des Titels, später durch eine fortlaufende Zahl ersetzt, zusammen: z. B. 1QS, die «Regel», hebr. serekh, aus der ersten Höhle). Sie bestimmten nachhaltig die Wertung der Entdeckungen. Die Tempelrolle wurde 1967 bekannt und wenige Jahre später veröffentlicht. Viele andere Texte, meist sehr fragmentarisch, oft schwer zu lesen und zu deuten, wurden mit großer Verzögerung erst in den letzten Jahren publiziert und nuancierten das klassisch gewordene Bild zum Teil wesentlich. *Wandel in der Bewertung der Entdeckungen*

Der Großteil der etwa 900–1000 Handschriften (von vielen gibt es aber nur kleine Fragmente) wurde im 1. Jh. v. Chr. kopiert, eine größere Zahl auch noch im 1. Jh. n. Chr. Dazu kommt eine Anzahl von früheren Texten: 2. Jh., vereinzelt auch 3. Jh. v. Chr. Die zahlreichen Bibeltexte aus Qumran wurden schon erwähnt; sie sind fast tausend Jahre älter als die ältesten bisher bekannten Handschriften der hebräischen Bibel und damit für die Textgeschichte von unschätzbarer Bedeutung. Die große Jesaja-Rolle und eine Psalmen-Rolle wurden früh publiziert, viele andere erscheinen erst jetzt im Druck. Fragmente von acht griechischen Handschriften (sieben davon aus dem Pentateuch) belegen die Verbreitung auch der griechischen Bibel in Palästina, ein Targum zu Hiob, kleine Fragmente auch zu Levitikus und Jesaja, die frühen Anfänge der aramäischen Bibelübersetzung. Einzelne kleinste griechische Fragmente werden manchmal als Texte des Neuen Testaments angesehen; wirklich plausibel ist das nirgends. *Bedeutung für die Geschichte der Bibel*

Eine zweite Textgruppe umfasst Apokryphen (nach katholischem Sprachgebrauch Deuterokanonika) – Schriften, die nur griechisch in der Septuaginta überliefert sind, und Pseudepigraphen (Sammelbegriff für nichtbiblische jüdische Schriften der Zeit *Apokryphen und Pseudepigraphen* des Zweiten Tempels). Zum ersten Komplex gehören aramäische Stücke des Buches Tobit und hebräische Fragmente von Sirach (schon aus der Geniza von Kairo kannte man Teile des hebräischen Textes). Aus den Pseudepigraphen, alle bisher nur in diversen Übersetzungen, in Griechisch, Äthiopisch usw. bekannt, fand man in Qumran zahlreiche Fragmente des ersten Buchs Henoch (äthiopischer Henoch), des Buchs der Jubiläen und der Testamente der Zwölf Patriarchen. Viele andere Schriften mit biblischen Themen wie das Genesis-Apokryphon oder Pseudo-Ezechiel zählen thematisch ebenfalls zu dieser Gruppe.

Eigene Schriften

Das größte Interesse weckten jedoch von Anfang die Schriften, die man als Qumran-spezifisch ansah und die wegen der großen Parallelen zur Beschreibung der Essener bei Josephus dazu führten, ihre Autoren als Essener anzusehen. Die «Sektenregel» (1QS) enthält Vorschriften zur Aufnahme in die Gemeinde (*jachad*, «Einung»), eine Liturgie der Bundeserneuerung, eine Zwei-Geister-Lehre (oft als Credo der Gemeinde angesehen) und Normen für das Leben in der Gemeinschaft. Was als Regel der Gemeinde seit ihren Anfängen galt, erweisen andere Fragmente und literarische Analyse als Sammlung verschiedener Schriften, die über ein Jahrhundert gewachsen sind; das «Credo» ist vielleicht gar nicht essenischer Herkunft, sondern ein älterer Text, den die Gemeinde übernahm. Die Damaskusschrift, von der schon vor Qumran Texte aus der Geniza von Kairo bekannt waren (diese stammen wohl von einem früheren Fund von Texten am Toten Meer), gilt als Lebensordnung für verheiratete Essener, die nach Josephus in den Städten Palästinas lebten. Auch dieser Text enthält theologische Aussagen (Dualismus von Licht und Finsternis, Vorherbestimmung, akute Endzeiterwartung); größtes Interesse wecken auch die Hinweise auf die Vorgeschichte der Bewegung. Diese in mehreren Manuskripten belegte Schrift ist offenbar ebenfalls über längere Zeit gewachsen. Das gilt auch von der Kriegsrolle (Milchama, 1QM), die den endzeitlichen Krieg der von Michael geführten Söhne des Lichtes, der Anhänger der eigenen Gruppe, gegen die Söhne der Finsternis unter dem Satan Belial schildert. Die Leute von Qumran erwarteten diese endgültige Auseinandersetzung für die nächste Zukunft.

Liturgische Texte

Eine Sammlung von Hymnen (*Hodayot*, 1QH), Bekenntnis- und Lobliedern nach Art der biblischen Psalmen, wird oft zumindest zum Teil dem Lehrer der Gemeinde zugeschrieben, von dessen

Schicksal die Texte wiederholt sprechen. Andere Texte darin sind wohl Teil einer Gemeindeliturgie, von der auch sonst Belege (etwa die Sabbatopferlieder) erhalten sind. Da sonst fast nichts über jüdische Liturgie dieser Zeit außer dem Tempelkult bekannt ist, geben diese Texte wertvollen Aufschluss über die Entwicklung jüdischer Gebete, auch wenn man von Qumran nicht direkt auf andere Richtungen des Judentums schließen kann.

Schon die Tempelrolle gab wichtige Einblicke in die Deutung und Weiterentwicklung biblischer Gesetze. Inzwischen kennt man eine ganze Reihe gesetzlicher Werke, die die sehr strenge Auslegung des Religionsgesetzes, der Halakha, durch die Leute von Qumran belegen, in Reinheitsfragen ebenso wie hinsichtlich des Sabbats und vieler anderer Lebensbereiche. Besonderes Interesse weckte ein erst vor wenigen Jahren veröffentlichter halakhischer Text, 4QMMT (Miqtsat Ma'ase ha-Tora, «ein wenig vom Tun der Tora»). Dieser aus Fragmenten von sechs Handschriften rekonstruierte Text ist ein an eine Gruppe in Jerusalem mit ihrem Führer, wohl dem hasmonäischen Fürsten und Hohenpriester gerichteter Brief; darin werden die wesentlichen gesetzlichen Differenzen zwischen der Qumrangemeinde und Jerusalem angesprochen. Noch scheint ein Kompromiss möglich, weshalb der Text wohl noch aus den Anfängen der Gemeinde stammt. Dass der Gründer der Gemeinde (genauer der Erneuerer der von ihm übernommenen Bewegung), der «Lehrer der Gerechtigkeit», sein Verfasser ist, ist aber nicht zu sichern; der Brief spricht im Namen einer Gruppe und nicht eines Einzelnen.

<small>Differenzen zwischen Qumran und Jerusalem</small>

Ob der Abschnitt über den Kalender, den die Herausgeber an den Anfang ihrer Rekonstruktion stellen, zu dieser Schrift gehört, ist umstritten. Er setzt den Sonnenkalender voraus, der auch im Buch der Jubiläen vertreten wird und in den Texten von Qumran zentral ist; der Kultkalender Jerusalems war dagegen lunisolar, ein Mondkalender, der durch Schaltjahre immer wieder an den Sonnenkalender angepasst wurde. Die anderen Streitpunkte betreffen v. a. Opfer-, Reinheits- und Speisegesetze. Die im Brief vertretenen Gesetze stimmen vielfach mit Auffassungen überein, die rabbinische Texte den Sadduzäern zuschreiben; die Positionen der Gegner entsprechen oft denen, die später die Rabbinen vertreten, und gelten daher als pharisäisch. Sadduzäer und Essener als priesterlich dominierte Gruppen stimmen demnach in gesetzlichen Traditionen oft überein, was zu einer neuen Bewertung der oft als wenig

<small>Tradition und Kontinuität</small>

fromm beurteilten Sadduzäer führt. Der Vergleich von 4QMMT mit rabbinischen Schriften führt aber auch zu Grundsatzfragen jüdischer Tradition: Belegt der Text wesentliche Züge der rabbinischen Halakha schon im 2. Jh. v. Chr., beweist er somit die direkte Kontinuität von Pharisäern und Rabbinen und die getreue Weitergabe der Tradition über Jahrhunderte? Oder sind es punktuelle Übereinstimmungen, die im jeweiligen Denksystem je anderes bedeuten können und daher nicht so direkt verwertbar sind? Die Bewertung dieser Parallelen und ähnlicher in anderen Texten führt damit über den Einzelfall hinaus; sie wirft allgemeine Fragen zu Tradition und Kontinuität zwischen der Zeit des Zweiten Tempels und der der Rabbinen auf und wirkt sich auf die Beurteilung rabbinischer Texte aus.

Archäologie und traditionelle Sicht

Die frühe Rekonstruktion der Anfänge der Qumrangemeinde versuchte die archäologischen Daten mit der traditionellen Sicht der Religionsparteien auf Basis v. a. von Josephus zu vereinen. So sah z. B. Roland de Vaux die Gruppe als Teil der Hasidäer, die den Makkabäeraufstand unterstützt hatten, dann aber mit dem Herrschaftsstil der Hasmonäer unzufrieden waren und sich zudem mit ihrem Kalender nicht durchsetzen konnten. Daher trennten sie sich vom offiziellen Judentum und zogen mit ihrem Anführer, dem «Lehrer der Gerechtigkeit», ans Tote Meer noch unter Jonatan, eher unter Simeon; einer der beiden sei der «Frevelpriester» der Qumrantexte, der die Gemeinde am Jom Kippur überfiel und ihren Gründer fast getötet hätte.

Längere Vorgeschichte

Archäologisch ist jedoch der Anfang der Siedlung nicht vor Ende des 2. Jhs. nachzuweisen, die Spuren für eine frühere Phase sind minimal. Die Verbindung mit den Hasidäern ist nicht zu sichern, die Identifikation des «Frevelpriesters» höchst fraglich – die Bezeichnung könnte auch jedem Hohenpriester in Jerusalem gelten, waren doch alle aus der Sicht von Qumran nicht legitim. Schließlich ist der Lehrer wohl früher anzusetzen, geht die Spaltung vielleicht sogar in die Zeit vor Antiochus IV. zurück, wie die Damaskusschrift nahe legt. Man muss mit einer längeren Vorgeschichte rechnen; Regeln und Lehren der Gruppe von Qumran haben sich ebenfalls über längere Zeit entwickelt, wie die einzelnen Kopien der Handschriften zeigen.

Qumran ein Zweig der Essener?

Die Gleichsetzung der Qumrangruppe mit den bei Josephus und Plinius beschriebenen Essenern ist zumindest zu nuancieren. Die Gruppe war höchstens ein Zweig der Bewegung; ihre Beziehung zu den Gruppen, die hinter der Damaskusschrift stehen, ist nicht ganz klar. Wie die Siedlung von Qumran zu den in den Städten verstreut lebenden Essenern stand, ob sie eine Randgruppe war oder das spirituelle Zentrum, in das man sich zum Studium zurückziehen konnte und wo die Handschriften für die größere Bewegung kopiert wurden (so Hartmut Stegemann), ist nach wie vor umstritten.

Auch die Beurteilung der Handschriften birgt Probleme. Manche möchten sie gar nicht in Beziehung zur Siedlung von Qumran sehen, sondern verstehen sie als Teil einer Jerusalemer Bibliothek, die vor dem Aufstand in die Höhlen ausgelagert wurde. Tatsache ist, dass die Sammlung nicht einheitlich ist und nur ein Teil davon spezifisch qumranische Eigenheiten (Vokabular, Ideologie) aufweist. Auch bei den Bibeltexten ist zwischen solchen zu unterscheiden, die typisch qumranische Merkmale etwa in der Schreibweise enthalten, und anderen, die mehr dem später zur Norm gewordenen «masoretischen» Texttyp entsprechen. Ein guter Teil der Texte ist offenbar von außen mitgebracht worden, viel älter als die Gemeinde oder nicht ihren Vorstellungen verbunden. Damit stellt sich die Frage, welche der bei Qumran gefundenen Handschriften zu Recht für die Darstellung der Denk- und Glaubensweisen der Gruppe zu verwenden sind.

Keine einheitliche Bibliothek

In der frühen Qumranforschung wurden oft Deutemodelle verwendet, die christlich sind und kaum zu den Texten passen. Man sprach gerne von einer Klostersiedlung, vom Zölibat der Anhänger von Qumran und ähnlich. Doch sind die Parallelen nicht zu isolieren und im jeweiligen Kontext zu verstehen: Wo Qumran etwa sexuelle Enthaltsamkeit verlangt, ist dies punktuell – in Jerusalem durch die Heiligkeit der Stadt verlangt, ähnlich wohl in der eigenen Siedlung, dem Lager derer, die jederzeit zum priesterlichen Dienst, aber auch zum endzeitlichen Krieg gemeinsam mit den Engeln bereit sein müssen; auch Gütergemeinschaft und strikter Gehorsam sind in diesem Kontext zu sehen.

Veraltete Deutungen

Christliche Fragestellungen bestimmen auch sonst oft die Diskussion. Schon früh hat man Reinigungsbäder und Gemeinschaftsmahl in Qumran mit Taufe und Eucharistie verbunden, Johannes den Täufer mit Qumran in Verbindung gebracht, manchmal auch Jesus selbst. Für den Täufer ist eine gewisse Nähe nicht völlig zu bestreiten, positive Beweise sind dagegen nicht möglich. Das gilt auch von der Vermutung, manche Essener hätten sich spä-

Nähe zum Christentum?

ter dem Christentum angeschlossen, womit gewisse gedankliche und begriffliche Parallelen erklärt werden könnten. Doch mögen manche Parallelen nur zufällig allein in Qumran belegt sein (Literatur dieser Zeit in Originalsprache ist ja sonst fast nicht erhalten), ohne exklusives Merkmal dieser Gruppe zu sein. Bedeutsamer als Einzelparallelen sind größere Bereiche, in denen sich beide Bewegungen nahe stehen, so etwa in Schriftauslegung oder Endzeiterwartung, die aber nicht einseitig auf die Messiasfrage reduziert werden kann – Qumran hat gerade die Vielfalt an Möglichkeiten in diesem Bereich gezeigt, etwa in der Erwartung des Propheten und endzeitlichen Lehrers mit absolutem Geltungsanspruch.

Probleme der Forschung

Eine methodisch gesicherte Auswertung von Parallelen ist nach wie vor ein zentrales Problem. Dies gilt nicht für Berührungen zwischen Qumrantexten und dem Neuen Testament, sondern, wie schon betont, ganz allgemein für die Frage nach der Kontinuität zwischen der Zeit des Zweiten Tempels und dem Rabbinat. Die Qumranfunde bieten für diese Diskussion eine breite Grundlage, erlauben aber vor allem, die Vielfalt des Judentums in der Zeit vor 70 in einer zuvor ungeahnten Breite zu studieren.

\	*Wichtigste Qumranschriften*		
1QS = 1Q18	Serekh ha-Jachad (Gemeinderegel)	4Q400-407	Sabbatopferlieder
1QSa = 1Q28a	Gemeinschaftsregel	4QMMT = 4Q394-399	Miqtsat Ma'ase ha-Tora
1QSb = 1Q28b	Segenssprüche		
1QM = 1Q33	Milchama (Kriegsregel)	4Q158	Pentateuchparaphrase
1QH = 1Q35a	Hodajot (Hymnen)	4Q161-165	Jesaja-Pescher
1Q20	Genesisapokryphon	4Q166-167	Hosea-Pescher
1QpHab = 1Q14a	Habakukpescher	4Q169	Nahum-Pescher
3Q15	Kupferrolle	4Q171.173	Psalmen-Pescher
11Q10	Targum Hiob	Qflor = 4Q174	Florilegium
11Q13	Melchisedek	4Q175	Testimonia
11QT = 11Q19	Tempelrolle	CD	(Cairo) Damaskusschrift

4. Die Apokalyptik

Wie kaum eine andere Strömung bestimmt die Apokalyptik geistige Grundhaltungen und Literatur der Zeit des Zweiten Tempels und ist auch für das Verständnis von Qumran und frühem Christentum zentral. Der Name ist dem Titel der Offenbarung (*apokalypsis*) des Neuen Testaments entlehnt. Welche Schriften (oder Teile davon) dazu gezählt werden dürfen, was ihre unverzichtbaren Merkmale sind, wer die Autoren und Leser dieser Literatur waren und was ihre Weltsicht begründet hat, ist nach wie vor in vielen Punkten umstritten. Was ist Apokalyptik?

Daniel ist die einzige großteils apokalyptische Schrift, die in die Bibel aufgenommen wurde (zur Gattung gehört auch Jes 24–27, wurde aber nur als Teil einer Prophetenschrift tradiert). Nach der Zerstörung Jerusalems 586 nach Babylonien deportiert, dient Daniel am Hof und bewährt sich als Traumdeuter. Nebukadnezzar erklärt er dessen Traum vom Standbild aus verschiedenem Material, das von einem Stein zerschlagen wird, als Darstellung von vier Weltreichen (Kap. 2); Belschazzar deutet er die Schrift an der Wand; und er selbst hat einen Traum von vier Tieren, auf die der Menschensohn folgt, dem alle Völker dienen werden (Kap. 7). Es geht jeweils um den Ablauf der Geschichte, an deren Ende plötzlich das Heil hereinbricht. Auf seine Frage nach dem Zeitpunkt der Erlösung erhält er die rätselhafte Auskunft über die 70 Jahrwochen (Kap. 9), später auch noch Kunde über die Auferstehung der Gerechten und das Gericht am Ende der Zeiten. Daniel

Schon in der Antike hat man erkannt, dass das Buch nicht aus dem 6. Jh. sein kann, sondern die seleukidische Herrschaft in Palästina und den Makkabäeraufstand voraussetzt, der «Gräuel der Verwüstung» (9,27) die Entweihung des Tempels im Jahr 167 bedeutet. Da dessen Wiedereinweihung noch nicht bekannt ist, datiert man das Buch spätestens 165, auch wenn einzelne Teile eine längere Vorgeschichte haben. Datierung

Schon diese geraffte Inhaltsangabe des Buches bietet die wesentlichen Elemente apokalyptischer Schriften. Allen gemeinsam ist eine exklusive Offenbarung: Diese kann wie hier in Traum, nächtlicher Vision oder dem Hören von Stimmen aus dem Jenseits erfolgen; in anderen Texten ist es eine visionäre Reise in den Himmel oder die Unterwelt, wobei ein «Deuteengel» den Seher begleitet Elemente apokalyptischer Schriften und ihm erklärt, was er sieht. Als Empfänger der Offenbarung wird eine bekannte Gestalt der Vergangenheit genannt, hier Daniel, in anderen Texten Henoch, Elia, Mose, Esra oder Baruch. Man schreibt die Werke fälschlich einem frühen Autor zu (Pseudepigraphie); damit kann man die schon erlebte Geschichte als Zukunftsvision zeichnen (*vaticinia ex eventu*), damit auch Vertrauen in jenen Teil der Darstellung wecken, der tatsächlich noch in der Zukunft liegt. Der Bruch zwischen in Bildern geschilderter Vergangenheit und der nur noch vage angedeuteten Zukunft ist auch dem Leser sichtbar; er kann damit den eigenen Standpunkt in der Geschichte erkennen.

Weltordnung Zu den Informationen, die dem Apokalyptiker zuteil werden, gehört nicht nur die Zukunft, sondern auch der Anfang der Welt und ihr Aufbau. Der Lauf der Gestirne ist Grundlage für die Erkenntnis der gottgewollten Weltordnung, die Ordnung der Zeit, die sich im einzig richtigen Sonnenkalender ausdrückt; diesen zu kennen und ihm zu folgen, garantiert die Harmonie von himmlischer und irdischer Welt. Das Wissen um die Anfänge lehrt auch den unheilvollen Zustand der Welt in der eigenen Zeit verstehen: Woher kommt das Böse und die Sünde? Die Geschichte vom Fall der Gottessöhne, in Gen 6,1–4 nur geheimnisvoll angedeutet, in apokalyptischen Texten breit ausgemalt, ist hier zentral: Gefallene Engel, die mit Menschenfrauen Riesen zeugten, stehen am Anfang des Unheils; dämonische Mächte, die von außen in die Welt eindringen, und nicht einfach der Sündenfall im Paradies lassen die Macht des Bösen verstehen.

Ende der Geschichte Die Natur des Bösen macht aber auch deutlich, dass sich die Welt nicht zum Besseren entwickeln kann. Der Optimismus der Bibel ist vorbei, es gibt keine «Heilsgeschichte», kein Lernen aus Sünde und Strafe, keinen grundlegenden Neuanfang, wie ihn noch Deutero-Jesaja im Exil erhoffte (Jes 40–55). Die Welt ist schlecht; Heil kann man nicht von der Geschichte erwarten, sondern nur von ihrem Ende und einem radikalen von außen her bewirkten Neuanfang. Den Apokalyptiker, der das weiß, kann nur trösten, dass er sieht, wo er in der Geschichte steht, knapp vor ihrem Ende. Dazu dient ihm die für diese Schriften typische Periodisierung der Geschichte. Bei Daniel sind es die vier Reiche, nach denen die Herrschaft Gottes kommt, bzw. die siebzig Jahrwochen; andere Texte sprechen von zehn «Wochen» oder verwenden andere Schemata. Doch kann der Leser stets seinen eigenen Standpunkt in der vorletzten oder letzten Phase der Geschichte erkennen, weiß damit, dass es nicht mehr lange dauern kann, auch wenn noch das Schrecklichste bevorsteht, der endzeitliche Krieg oder andere Katastrophen, wie es sie zuvor nie gab: Das größte Unheil ist das sichere Zeichen der nahen Erlösung.

Die Gewissheit dieser Erlösung ist die Hauptsache; wie sie kommt und wer sie bringt, ist im Vergleich unwesentlich. In manchen Texten greift Gott selbst ein, in anderen ein Messias oder sonst eine Mittlergestalt. Darin besteht keine einheitliche Auffassung. Wichtig ist dagegen die Gewissheit, dass am Schluss Gerechtigkeit geschaffen wird: Die Sünder dieser Welt werden bestraft, sei es in einem breit ausgemalten Inferno oder einfach durch Vernichtung, Nichtteilhabe am endzeitlichen Heil. Die Gerechten aber, die für die gute Sache gelitten haben, dürfen erwarten, zu einem neuen Leben erweckt zu werden, in Form der Auferstehung für ein Leben auf der erneuerten Welt oder als unsterbliche Geister im Jenseits.

<small>Gewissheit der Erlösung</small>

Soweit die wesentlichen Grundzüge apokalyptischen Denkens. Wichtigster früher Text neben Daniel ist das erste Buch Henoch, auch äthiopischer Henoch genannt, das in der äthiopischen Kirche zum Kanon zählt. Es ist kein einheitliches Werk, sondern eine Sammlung von Texten aus verschiedenen Zeiten. Das Buch der Wächterengel (1–36) schildert den Fall der Engel, umrahmt von Abschnitten über das endzeitliche Geschick der Gerechten und der Sünder und Himmelsreisen Henochs, auf denen der Seher Unterwelt und Paradies kennen lernt. Die Bilderreden (37–71) handeln vom Gericht über Gerechte und Sünder, von Paradies und Auferstehung und der Bestrafung der gefallenen Engel am Ende. Größtes Interesse in diesem Teil weckte wegen Parallelen zum Neuen Testament immer schon die Darstellung des Messias als Menschensohn. Es folgt ein astronomisches Buch (72–82), das die Gestirne und den Sonnen- sowie den Mondkalender beschreibt. Ein Buch der Traumvisionen (83–91) bietet eine Weltgeschichte in zehn Perioden, bevor das messianische Reich anbricht. Die Mahnreden (92–106) beginnen mit einer weiteren Geschichtsvision, der «Zehnwochenapokalypse», und fügen daran Ermahnungen an die Gerechten.

<small>Erstes Buch Henoch</small>

Diese fünf Bücher bilden zusammen eine Art apokalyptischen Pentateuch. Die «Zehnwochenapokalypse», wohl knapp vor dem Makkabäeraufstand anzusetzen, galt mit Teilen des Buchs der

<small>Apokalyptischer Pentateuch</small>

Wächterengel lange als ältester Bestand der Sammlung. Der jüngste Teil sind eindeutig die Bilderreden; umstritten war und ist noch heute, ob sie vorchristlich oder schon christlich bearbeitet sind. Die Qumranfunde haben die Diskussion wesentlich beeinflusst. Allein von den Bilderreden wurde kein Fragment gefunden, was vielen als Beweis christlicher Herkunft gilt, zumal man statt dessen Fragmente mehrerer Handschriften des zuvor nur aus der manichäischen Literatur bekannten Buchs der Giganten fand. Jozef Milik, der die Fragmente publizierte (*The Books of Enoch: Aramaic Fragments of Qumrân Cave 4*, 1976), vertrat die These, das eindeutig mit der Henochtradition verwandte Werk habe ursprünglich zum Buch gehört; erst um 270 sei es davon getrennt und durch die Bilderreden ersetzt worden. Diese radikale Lösung hat kaum Anhänger gefunden; auch wenn das Buch der Giganten zum Umfeld des Henochbuchs gehörte, war es dort nicht notwendig an Stelle der späteren Bilderreden, deren Herkunft weiterhin offen ist.

Doch konnte Milik durch die Qumranfragmente zeigen, dass Teile des Henochbuchs viel älter als bisher angenommen sind. Das älteste Fragment des astronomischen Buchs wird um etwa 200 v. Chr. datiert, das Werk selbst ist natürlich älter. Sowohl dieses Buch wie auch das der Wächterengel (oder Teile davon) sind spätestens im 3. Jh., vielleicht auch früher anzusetzen. Damit ergibt sich sogar die Möglichkeit, dass die Darstellung des Engelfalls in Gen 6 eine gekürzte Fassung einer langen Erzählung ist, wie sie hier belegt wird. Damit ist auch die Frage nach den Anfängen der Apokalyptik neu aufzurollen.

Viele Schriften dieser Zeit enthalten apokalyptische Abschnitte (so etwa das Buch der Jubiläen oder die Testamente der Zwölf Patriarchen); Bücher, die als ganze dieser Gattung angehören, entstehen dann wieder im Gefolge der Zerstörung Jerusalems im Jahre 70. Neben der Himmelfahrt des Mose und der Apokalypse Abrahams sind dies v. a. das vierte Buch Esra und der syrische Baruch, beide gegen Ende des Jahrhunderts entstanden und eng miteinander verwandt. Das gemeinsame Grundproblem ist die Theodizee: Wie konnte Gott zulassen, dass Heiden seinen Tempel zerstörten und sein erwähltes Volk unterwarfen? 4 Esra, in Latein und mehreren orientalischen Versionen erhalten, enthält sieben Visionen. Die ersten drei, der Form nach eher Dialoge, umkreisen die Fragen nach der Herkunft des Bösen, der Verwerfung Israels, dem Ablauf der Geschichte und dem kommenden Ende mit seinen Vorzeichen, dem Geschick der Toten und dem messianischen Reich. In der vierten Vision sieht Esra eine trauernde Frau, Bild des zerstörten Jerusalem, die sich dann in eine herrliche Stadt, das himmlische Jerusalem, verwandelt. Die Adlervision zeichnet, kaum verhüllt, die Kaiser des römischen Reichs, dessen Ende direkt bevorsteht; der Mann aus dem Meer in der sechsten Vision ist der messianische Erlöser. Im letzten Teil erhält Esra die 24 Bücher der Schrift, dazu siebzig weitere Bücher, die er noch nicht bekannt machen darf, als Inbegriff der gesamten apokalyptischen Tradition. Mit diesem Wissen lässt sich die Zeit bis zum Ende durchhalten. Ähnlich aufgebaut, wenn auch mit anderen Bildern und Periodisierungen der Geschichte, ist der syrische Baruch (so genannt, da ganz nur in Syrisch erhalten). Beide Bücher sind wichtige Belege dafür, wie gewisse Kreise im Judentum die Krise der Katastrophe von 70 theologisch zu bewältigen versuchten.

Wie ist die Apokalyptik entstanden? In gewissem Sinn kann man sie als Weiterentwicklung der biblischen Prophetie verstehen (die christliche Bibel zählt Daniel als vierten großen Propheten; nach jüdischer Einteilung gehört er jedoch zum dritten Teil der Bibel, den Hagiographen), ergänzt um Interessen der Weisheitsliteratur (Kosmogonie, enzyklopädisches Interesse). Beide Ansätze erklären jedoch nicht den Determinismus der Apokalyptik, der den Lauf der Geschichte als unveränderlich vorherbestimmt betrachtet, und ihren radikalen Pessimismus, der sie in dieser Welt kein Heil mehr erwarten lässt, sondern dies allein von einem völligen Neuanfang nach Ende der Welt erhofft. Man hat dies mit dem Kulturschock zu erklären versucht, der durch die rücksichtslose Hellenisierung unter den Seleukiden entstand und in der Religionsverfolgung gipfelte; analoge Entwicklungen zur selben Zeit sieht man in Babylonien (Orakel des Hystaspes) und Ägypten (Töpferorakel) belegt. Dagegen betonen andere, die Hellenisierung dieser Zeit sei nicht aggressiver als zuvor gewesen, die Lage insgesamt nicht katastrophaler als zu anderen Zeiten. Zudem belegt nun Qumran, dass wesentliche Elemente der Apokalyptik (die Herkunft des Bösen im Engelsturz, astronomische Interessen) bedeutend älter sind. Was in dieser Zeit neu zu sein scheint, ist dagegen die Schau und Deutung der Geschichte.

Wurzeln der Apokalyptik

Eine umfassende Erklärung des Phänomens steht nach wie vor aus, ja sogar seine genaue Abgrenzung – was gehört wirklich dazu – bleibt umstritten. Ebenso unklar ist noch immer, wer die Träger

Schwierige Wertung

dieser Gedankenwelt und Literatur waren. Ob man dafür kleine Konventikel religiöser Außenseiter verantwortlich macht oder darin eine auch von den Pharisäern getragene allgemeine Denkweise der Zeit sieht, hängt weithin davon ab, wie man die Apokalyptik wertet, ob man darin das irrationale Element oder die religiöse Dynamik betont, die visionäre Zeitkritik und das Ringen um Grundfragen jeder Theologie wie Theodizee und Herkunft des Bösen. Wer Judentum v. a. durch Bibel und rabbinisches Denken bestimmt sieht, hat Schwierigkeiten, der Apokalyptik einen zentralen Platz zuzuweisen; sie ist ein Irrweg, zu einem guten Teil mit verantwortlich für den Aufstand gegen Rom und sein katastrophales Ende. Ganz anders sieht es natürlich, wer die Apokalyptik als Mutter aller christlichen Theologie versteht (so Ernst Käsemann), als großen Neuansatz im jüdischen Denken. Damit ist auch schon angedeutet, wie sehr Aussagen über die Apokalyptik durch übergreifende Interessen und Fragestellungen bestimmt sind.

Literatur für Katastrophenzeiten

Bei allen sonstigen Unsicherheiten ist jedoch klar, dass Zeiten von Katastrophen und Umbrüchen immer ein ideales Umfeld für die Apokalyptik geboten haben. Das gilt vom Makkabäeraufstand ebenso wie vom großen Aufstand gegen Rom. Die Rabbinen haben die Apokalyptik zurückgedrängt; sie sollte nicht sinnlosen neuen Aufständen gegen Rom die ideologische Basis geben. Doch finden sich auch in der rabbinischen Literatur Spuren dieses Denkens, und spätestens mit der großen Krise des frühen 7. Jhs., als die byzantinische Herrschaft über Palästina zuerst den Persern, bald darauf dem Islam weichen musste, entstanden neue Apokalypsen, ebenso wieder vor dem Hintergrund der Kreuzzüge. In der Zeit des Zweiten Tempels entstanden, blieb die Apokalyptik nicht darauf beschränkt, sondern lebte immer wieder auf, wenn die Zeitumstände danach waren.

5. Diaspora und jüdisch-hellenistische Literatur

Nach dem babylonischen Exil

Spätestens seit dem babylonischen Exil wohnte stets ein großer Teil des jüdischen Volkes nicht in Palästina, sondern in der «Zerstreuung», der Diaspora. Auch nachdem Kyros die Heimkehr erlaubt hatte, blieben viele in Babylonien, das bis in die jüngste Vergangenheit stets Heimat einer jüdischen Gemeinde war. Nicht viel jünger ist die jüdische Ansiedlung in Ägypten. Von der jüdischen

Kolonie in Elephantine war schon die Rede, ebenso von der Ansiedlung von Juden durch Ptolemaios I. Von da an bis ins frühe 2. Jh. n. Chr. blieb Ägypten das wichtigste Zentrum der Diaspora. Im späten 3. Jh. v. Chr. siedelte Antiochus III. babylonische Juden als Wehrbauern in der Gegend von Sardes an; bald sind sie in ganz Kleinasien verbreitet. Seit der Makkabäerzeit sind Juden auch in Rom bezeugt und bilden dort bald eine bedeutende Gemeinde. Im 1. Jh. lebten Juden schon in der ganzen damals bekannten Welt, wie jüdische und nichtjüdische Zeugnisse belegen. Der Geograph Strabo (zitiert bei Josephus, AJ 14,115) schreibt, das jüdische Volk sei «schon in jede Stadt gekommen und man findet nicht leicht einen Platz in der bewohnten Welt, der diesen Stamm nicht aufgenommen und wo dieser sich nicht durchgesetzt hätte». Durch Privilegien fanden Juden überall die Möglichkeit, an ihrer Religion festzuhalten (Recht der Zusammenkünfte, Sabbatruhe, Befreiung vom Militärdienst, Beschneidung, Überweisung der Tempelsteuer nach Jerusalem); Caesar fasste die Erlasse zugunsten der Juden zusammen, Augustus und spätere Kaiser bestätigten sie.

Philo spricht von einer Million Juden in Ägypten; je eine Million schätzen viele für Syrien, Kleinasien und Babylonien. Diese Zahlen sind sicher viel zu hoch, für genauere Angaben fehlt die Basis. Jedenfalls ist das schnelle Anwachsen und die Verbreitung der jüdischen Bevölkerung erstaunlich. Gründe dafür sieht man im biblischen Fortpflanzungsgebot und der Ächtung der sonst üblichen Aussetzung überzähliger Kinder. In längeren Friedenszeiten sei es so zur Abwanderung der überschüssigen Bevölkerung aus Palästina gekommen. Andere rechnen zudem mit aggressiver Missionstätigkeit der Juden in der Diaspora. Dafür gibt es aber (trotz Mt 23,15) kaum Belege; der bekannteste Fall ist die Konversion der Dynastie von Adiabene, einem kleinen Pufferstaat zwischen Partherreich und Armenien, im 1. Jh. Oft bezeugt ist auch, dass jüdische Gemeinden Sympathisanten («Gottesfürchtige») anzogen, was sicher auch zu Konversionen führte. Deren Bedeutung für die Zusammensetzung der Gemeinden und wie weit jüdische Mission ein Vorbild für die christliche wurde, ist jedoch nach wie vor eine offene Frage.

Schnelles Wachstum der Diaspora

Die wichtigste Diasporagemeinde aus der Sicht der jüdischen Kultur war ohne Zweifel die Ägyptens, genauer Alexandrias. Es verallgemeinert zwar zu sehr, wenn man gewöhnlich fast alle grie-

Ägypten

chisch-jüdische Literatur in Alexandria lokalisiert, für den Großteil stimmt dies aber sicher (die große Ausnahme, der aus Jerusalem kommende, dann in Rom wirkende Flavius Josephus wurde schon wiederholt genannt). Von der Entstehung der Septuaginta war schon die Rede. Sie war die Basis einer reichen Literatur. Zum Teil erweitert sie die griechische Bibel, wie etwa das Buch der Weisheit und das dritte und vierte Buch der Makkabäer, zum Teil verwendet sie deren Stoffe für neue literarische Gattungen, wie die romanhafte Erzählung *Josef und Asenet* von der ägyptischen Priestertochter, die konvertiert, um Josef zu heiraten (Mysterienroman? Missionsliteratur?), oder die dramatische Bearbeitung des Exodus durch den Tragiker Ezechiel. Am wichtigsten war aber sicher die Aneignung der in Homerexegese und Mythendeutung üblichen allegorischen Auslegung für die Bibel; sie wurde grundlegend für die Symbiose von biblischer und hellenistischer Kultur.

Aristobul

Schon Aristobul (Mitte 2. Jh.), von dessen Werk nur einzelne Zitate erhalten sind, plädiert dafür, die biblischen Texte nicht einfach buchstäblich zu nehmen und sich keine mythische, anthropomorphe Vorstellung von Gott zu machen; denn Mose habe oft mit Worten, die sich auf äußere Dinge beziehen, «Aussagen über wesentliche Sachverhalte und über die Beschaffenheit bedeutender Dinge» getroffen. Die Schöpfung in sieben Tagen etwa lehre die Zeiteinteilung und Ordnung der Dinge; alle biblischen Gesetze haben als Ziel «Frömmigkeit, Gerechtigkeit, Enthaltsamkeit und die übrigen der Wahrheit gemäßen Güter», verwirklichen also ideal die hellenistische Tugendlehre, eine These, die der Aristeasbrief dann breit ausführt.

Philo von Alexandrien

Systematisch hat dieses Programm Philo von Alexandrien in der ersten Hälfte des 1. Jhs. umgesetzt. Neben philosophischen Werken über die Vorsehung und die Ewigkeit der Welt sowie zwei apologetisch-historischen Schriften, worin er die jüdische Gemeinde in der Krise unter Caligula verteidigt (In Flaccum) und die damit verbundene Gesandtschaft nach Rom im Jahr 39/40 schildert, an der er selbst teilnahm (Legatio ad Caium), hat Philo v. a. die Tora in mehreren Durchgängen kommentiert (biblische Texte außer dem Pentateuch spielen bei ihm kaum eine Rolle). Gott selbst hat direkt den Dekalog geoffenbart, für die Einzelgesetze Mose als Mittler beauftragt. Die zehn Gebote entsprechen den zehn Kategorien bei Aristoteles, sie umfassen die ganze Wirklichkeit und stimmen mit dem Naturgesetz überein. Ihnen sind die Einzelgesetze der

Bibel zugeordnet und von da her allegorisch zu verstehen. Doch dieses tiefere Verständnis der Gebote wie etwa der Speisegesetze enthebt den einzelnen nicht ihrer wörtlichen Erfüllung, die allegorische Deutung hebt den wörtlichen Sinn nicht auf: «Werden sie recht beobachtet, so wird auch das klarer erkannt, wofür sie Symbole sind, abgesehen davon, dass man den Vorwürfen und Anklagen vieler entgeht» (De Migratione Abrahami 93). Das Nebeneinander von wörtlichem und allegorischem Verständnis gilt ihm auch für die erzählenden Texte der Bibel. Sie bieten die Geschichte der Stammväter Israels und sind für die Identität des Judentums wichtig, zugleich aber vermitteln sie tiefere philosophische Einsichten, zu denen nur der inspirierte Ausleger Zugang hat und die einer kleinen Elite vorbehalten sind.

Trotz umfangreicher Forschungen zu Philo sind nach wie vor viele Fragen offen. Als Philosoph gilt Philo meist als Eklektiker ohne Originalität, während andere ihn höher einschätzen. Die Herkunft vieler Vorstellungen bei ihm, damit auch oft deren genaues Verständnis, ist noch ungeklärt, ebenso viel zum größeren Rahmen seiner Auslegungen. Umstritten ist aber auch sein Verhältnis zur jüdischen Gemeinde Alexandrias: War er ein Einzelgänger, etwa als Vertreter eines mystisch orientierten Judentums, oder wahrer Repräsentant der Gemeinde, in deren Synagogen er vielleicht sogar seine Auslegungen vortrug? Wie viel wusste Philo von den jüdischen Traditionen Palästinas und konnte er zumindest ein wenig Hebräisch? Damit hängt zusammen, wie weit einzelne Aussagen Philos für das Judentum seiner Zeit gelten, vielleicht auch für Palästina vorausgesetzt werden können. *Einschätzung Philos*

Sind auch viele Fragen unbeantwortet, ist doch klar, dass Philo der einzige umfassende Versuch einer Synthese jüdischer Tradition und hellenistischer Philosophie zu danken ist, damit auch ein modellhafter Entwurf, wie gelungene jüdische Existenz in der Diaspora aussehen kann. Ob Philo jüdisches Denken in seiner Zeit beeinflusst hat, wissen wir nicht. Die jüdische Gemeinde Alexandriens ist im frühen 2. Jh. untergegangen; Philos Werk wurde – nur deshalb oder auch aus anderen Gründen? – innerhalb des Judentums nicht tradiert und erst nach Jahrhunderten wieder zur Kenntnis genommen. Seine Werke sind allein durch christliche Tradition erhalten geblieben; nur christliche Gelehrte wie Clemens von Alexandria und Origenes haben die allegorische Bibelauslegung Philos weitergeführt. *Philos Synthese*

Jüdische Integration

Philo kann als Beispiel gelungener jüdischer Integration in der hellenistischen Umwelt gelten. Damit war er unter den Juden Alexandriens sicher keine Ausnahme. Doch zeigt die für das 1. Jh. gut belegte Geschichte dieser Gemeinde auch die Spannungen, die mit dieser Integration verbunden waren. Andere große Diaspora-Gemeinden des östlichen Mittelmeerraums, wie etwa Antiochien, hatten mit ähnlichen Problemen zu kämpfen.

Griechen und Juden in Alexandria

Wie viele hellenistische Städtegründungen im Osten war auch Alexandria rechtlich als *polis* organisiert. Vollbürger konnten nur Griechen und solche sein, die die Bildungseinrichtungen von Gymnasium und Ephebie absolviert hatten. Die alteingesessenen ägyptischen Bewohner hatten nicht nur weniger Rechte, v. a. mussten sie eine Kopfsteuer (*laographia*) zahlen. Die jüdische Gemeinde stand irgendwo dazwischen. Sie war als eigener Rechtskörper (*politeuma*) unter einem Ethnarchen und mit einem Ältestenrat (*gerousia*) organisiert. Sie pflegte die griechische Sprache und Kultur, doch hatten wohl nur wenige wie vielleicht Philo die griechischen Institutionen durchlaufen, da dies mit religiösen Problemen verbunden war, der Allgegenwart heidnischer Göttervorstellungen in Schultexten wie Homer, Opferriten bei vielen Anlässen, Nacktheit beim Sport usw. Allegorische Deutung konnte zwar den Texten viel von ihrer Problematik nehmen, die anstößigen Riten blieben und verlangten nach Ausnahmen für jüdische Teilnehmer. Dies führte wieder zu Spannungen zwischen Juden, die das Beste beider Welten haben wollten, und den Griechen.

Pogrom 38 n. Chr.

Der Streit eskalierte 38 n. Chr. in einem Pogrom, bei dem zahlreiche Juden getötet, ihre Häuser geplündert und Synagogen zerstört wurden. Der römische Statthalter Flaccus stand auf Seiten der Griechen und tat nichts zum Schutz der jüdischen Gemeinde, die schließlich in Rom intervenierte. Eine Delegation, der auch Philo angehörte, versuchte Kaiser Caligula ihre Position vorzutragen; dasselbe tat die Gegenseite. Erst Caligulas Nachfolger Claudius entschied den Streit. Er bestätigte die Rechte der Juden, warnte sie aber auch, «in einer Stadt, die nicht ihre eigene ist», keine Erweiterung ihrer Rechte anzustreben und nicht in die Übungen des Gymnasiums einzudringen. Der Brief des Claudius an Alexandria ist auf einem Papyrus erhalten und ermöglicht einen Vergleich mit der Darstellung des Josephus (AJ 19,280–285). Konnte diese den Eindruck wecken, dass die Juden volle bürgerliche Gleichheit hatten, auch wenn sie ihnen von den Griechen bestritten wurde, spricht der Text des Claudius dagegen; die genauere rechtliche Deutung des Konflikts ist aber noch immer kontrovers.

Die Spannungen zwischen Griechen und Juden blieben bestehen und entluden sich erneut beim Ausbruch des jüdischen Aufstands gegen Rom im Jahr 66 mit antijüdischen Ausschreitungen; als Titus nach der Zerstörung Jerusalems nach Alexandria kam, verlangten die Griechen, wenn auch erfolglos, die Auflösung des jüdischen Politeuma. Während des Partherfeldzugs Trajans brach im Jahr 115 in der Cyrenaica ein jüdischer Aufstand aus, der sofort auf Ägypten übergriff und erst 117 niedergeschlagen werden konnte. Die jüdischen Gemeinden der beiden Länder wurden in diesem Aufstand völlig zerstört; erst gegen Ende des 2. Jhs. sind wieder vereinzelte Juden in Ägypten belegt. Der Aufstand bedeutet das Ende eines lange erfolgreichen Modells der Symbiose von griechischer und jüdischer Kultur: Die Septuaginta wurde fortan fast nur noch christlich tradiert; dasselbe gilt vom Werk Philos. Bleibende Spannungen

Rom, die größte jüdische Gemeinde im Westen, hat keine Literatur hinterlassen, die mit der Alexandrias vergleichbar wäre (auch wenn Josephus hier geschrieben hat). Ihre Geschichte ist nur punktuell durch Notizen bei Philo und Josephus und lateinischen Schriftstellern, später v. a. durch zahlreiche Inschriften aus den jüdischen Katakomben belegt. Ab dem 2. Jh. v. Chr. bezeugt, ist die Gemeinde v. a. durch jüdische Kriegsgefangene (so unter Pompeius, noch mehr nach 70), die oft bald frei gelassen und damit römische Bürger wurden, angewachsen. Cicero schreibt von den jüdischen Massen, die 59 v. Chr. beim Prozess gegen Flaccus, Statthalter der Provinz Asia, Druck ausübten; nach dem Tod des Herodes sollen 8000 Juden gegen seinen Nachfolger Archelaus demonstriert haben (Josephus, AJ 17,300). Mehrfach berichten die Texte von Ausweisungen der Juden (so 139 v. Chr., 19 und 49 n. Chr.), jeweils im Zusammenhang mit der Abwehr eines zu starken orientalischen Einflusses und dem Bemühen um die Stärkung der traditionellen römischen Kultur; keine dieser Maßnahmen war lange erfolgreich. Anders als in Alexandria war die jüdische Gemeinde in Rom nicht einheitlich organisiert, sondern offenbar in Form von Vereinen (*collegia*) um zahlreiche Synagogen gruppiert (dies belegen Inschriften v. a. für das 3.–4. Jh.). Kulturell gehörten die meisten Juden zur unteren Schicht der Zuwanderer, die noch lange Griechisch verwendeten, nicht Latein, auch wenn es einzelne bis an den Kaiserhof schafften. Juden in Rom

III. ERSTER HAUPTTEIL: DIE ZEIT DES ZWEITEN TEMPELS

Judenbild in der Antike

Der Streit zwischen jüdischer Gemeinde und Griechen in Alexandria könnte ebenso wie die mehrfachen Ausweisungen von Juden aus Rom den Eindruck wecken, dass Judenfeindschaft in der Antike stark verbreitet war. So manche Texte über Juden und Judentum bei griechischen und lateinischen Schriftstellern (ausführlich etwa Tacitus) verstärken dieses Bild, das aber durchaus nicht so eindeutig ist. Frühe griechische Texte bewundern Juden als ein Volk von Philosophen aus dem Osten und Mose als idealen Gesetzgeber; der bildlose Kult galt als Beleg für ein vergeistigtes Gottesbild, die Treue zur eigenen Tradition als vorbildlich.

Manetho Streit um Rechtstellung

Den Juden feindliche Aussagen (von denen viele Josephus in seiner Schrift gegen Apion sammelte, um sie zu widerlegen) begegnen seit Manetho, einem ägyptischen Priester im 3. Jh. v. Chr., immer öfter. Auf ihn geht die oft wiederholte Geschichte zurück, die Juden seien aus Ägypten vertriebene Aussätzige. Ihr Zusammenhalt wird bald negativ als Absonderung und Menschenfeindschaft gedeutet, ihre Ablehnung fremder Götter als Gottlosigkeit. Juden seien Barbaren, die nichts zur Kultur beigetragen haben. Der Streit um die Rechtsstellung der Juden in Alexandria förderte antijüdische Einstellungen, wie auch die (heidnischen) Alexandrinischen Märtyrerakten zeigen.

Feindseligkeit und Gefährdung der Tradition

Ab Mitte des 1. Jhs. n. Chr. mehren sich judenfeindliche Aussagen in Rom, dort zum Teil wohl durch den Ägypter Apion verbreitet, den dann Josephus bekämpfte. Der jüdische Aufstand gegen Rom hat diese feindliche Stimmung sicher noch gesteigert. Beschneidung und Ablehnung von Schweinefleisch sind häufige Motive, dazu Aussagen über jüdische Bettler, Traumdeuter und Magier. Auch beklagt man die Attraktion des Judentums, klassisch von Seneca formuliert: Die Besiegten haben den Siegern Gesetze gegeben (zitiert bei Augustinus, Civ. Dei 6,11: *victi victoribus leges dederunt*). Damit klingt aber auch an, dass viele das Judentum positiv sahen. Auch der judenkritische Tacitus betont als Werte das Alter jüdischer Riten, Zusammenhalt und Prinzipientreue der Juden. Bei so manchen negativen Aussagen über Juden klingt die Angst mit, das Judentum, das bis in höchste Kreise Anhänger gefunden hatte, könne dazu beitragen, die eigene Tradition zurückzudrängen.

Judenfeindschaft und Integration

Herkunft, Verbreitung und Motive antiker Judenfeindschaft werden in der Forschung viel diskutiert. Dabei spielt die Frage nach den Wurzeln des modernen Antisemitismus ebenso mit wie jene nach der von Anfang an weit verbreiteten christlichen Judenfeindschaft (die neben theologischen Motiven auch in der Konkurrenz um Anhänger mit begründet ist, der über die Zeiten anhaltenden Attraktion des Judentums auch für viele Christen). So wichtig das Thema ist, sollte es doch nicht darüber hinwegtäuschen, dass die Geschichte der Diaspora auch eine Geschichte erfolgreicher Integration war; sie ermöglichte einzelnen Juden und ihren Gemeinden, die eigene Tradition zu wahren (schließlich war das Judentum stets eine anerkannte Religion) und zugleich sich in die allgemeine Gesellschaft einzufügen, von ihrer Kultur zu lernen und selbst dazu beizutragen. Diese Interaktion im Alltag zeigt sich etwa in den jüdischen Katakomben Roms (selbe Werkstätten wie Nichtjuden für Sarkophage und Fresken, selbe Bauweise, ähnliche Vorlieben bei Namen, im Sprachgebrauch usw.) oder im Vergleich der Entwicklung von Synagogen- und Kirchenbau sowie der Ausstattung der Gebäude.

Die Geschichte der Juden v. a. als Verfolgungsgeschichte zu sehen, hat eine lange Tradition, ist aber sehr einseitig. Die Erfahrung des Holocaust hat diese Tendenz wieder verstärkt. So wichtig es ist, Geschichte im Licht der Erfahrungen eigener Zeit und jüngster Vergangenheit zu verstehen, darf dies doch nicht den Blick für das Positive verstellen.

> Nicht nur Verfolgungsgeschichte

Zeittafel

587	Zerstörung Jerusalems	Exil, Ausbildung jüdischer Identität
538	Kyros-Edikt	Heimkehr eines Teils der Exilierten
516		Einweihung des neuen Tempels
400	«Tempelstaat», Esra?	Abschluss der Tora
332	Alexander erobert Palästina	Zunehmende Hellenisierung
300	Palästina ptolemäisch	Späte biblische Texte
200	Schlacht von Paneas	Jesus Sirach
	Palästina seleukidisch	Anfänge der Essener
175–164	Antiochus IV. Epiphanes	Streit um das Hohepriestertum
167 (168?)	Jerusalem als griechische Polis	Entweihung des Tempels
167–164	Makkabäeraufstand	Kampf gegen Hellenisierung
164	Wiedereinweihung des Tempels	Chanukka
140	Simeon Hoherpriester, Prophet und Fürst	Hasmonäische Dynastie
135/34–104	Johannes Hyrkan	Eroberung Samarias und des Garizim, Idumäer mit Zwang
104–103	Aristobul I.	konvertiert
103–76	Alexander Jannai	Bürgerkrieg, Bruch mit den Pharisäern
76–67	Salome Alexandra	Pharisäer werden führende Gruppe
63	Pompejus erobert Jerusalem	Rom wird immer mehr zum Feindbild
37–4v.	Herodes d. Große	Umbau des Tempels, Caesarea
6 n.	Judäa römische Provinz	Apokalyptische Tendenzen; Zeloten
41–44	Agrippa I.	Kurze Beruhigung
66–70	Aufstand gegen Rom	Zerstörung des Tempels, letzte Reste von
70	Zerstörung Jerusalems	Autonomie gehen verloren
73/74	Fall Masadas	

IV. Zweiter Hauptteil: Die Zeit der Rabbinen

1. Geschichte Palästinas

Die Periode von der Zerstörung des Tempels im Jahr 70 bis zur arabischen Expansion im 7. Jh. gilt als die rabbinische Zeit; in einem weiteren Sinn kann man auch die Jahrhunderte bis zur Einnahme des Landes durch die Kreuzfahrer 1099 dazu nehmen. Nur zu bestimmten Fakten gibt es geschichtlich direkt verwertbare Quellen – Aussagen römischer und byzantinischer Historiker sowie von Kirchenvätern; für die innerjüdische Geschichte haben wir fast allein die rabbinische Literatur, die kein eigentliches Geschichtsinteresse hat, nur anekdotenhaft manches erzählt und dies ganz aus dem Blick eigener Gruppeninteressen tut. Seit einem Jahrhundert ergänzen archäologische Funde unser Wissen; vieles bleibt aber nach wie vor mehr oder weniger gesicherte Rekonstruktion und entsprechend umstritten.

Literarische und archäologische Zeugen

Mit der Niederlage des Jahres 70 hatten die Juden Palästinas die letzten Reste staatlicher Eigenständigkeit verloren, den Tempel als religiöses Zentrum und Basis priesterlicher Macht gab es nicht mehr. Große Teile des Landes waren in römischer Hand. Noch glaubten viele nicht, dass der Bruch endgültig war; man hoffte auf die Erneuerung des Tempels wie nach der ersten Zerstörung und wagte, als man die Zeit dafür gekommen glaubte, einen neuen Aufstand (132–135) unter dem messianischen Führer Bar Kokhba (dem «Sternensohn» nach Num 24,17). Rom schlug den Aufstand blutig nieder: In Judäa gab es danach kaum noch jüdische Siedlungen; anstelle Jerusalems entstand die heidnische Stadt Aelia Capitolina, zu der Juden keinen Zutritt hatten. Bis zum Tod Hadrians 138 waren jüdische Privilegien wie das Recht auf Beschneidung (für Nichtjuden schon bisher verboten) und religiöse Versammlungen aufgehoben. Erst unter Antoninus Pius (138–161) begann sich die Lage zu normalisieren und gegen Ende des 2. Jhs. wurde der Führer der rabbinischen Bewegung, Jehuda (ha-Nasi, «der Fürst»), meist einfach Rabbi genannt, von

Verlust staatlicher Eigenständigkeit

Bar Kokhba

den Römern als Vertreter der Juden Palästinas («Patriarch») anerkannt.

Eingeschränkte Autonomie

Die Vorgeschichte dieser neuen Form eingeschränkter Autonomie ist dunkel. Nach rabbinischer Erzählung soll noch vor dem Fall Jerusalems im Jahr 70 Jochanan ben Zakkai sich aus der Stadt ins Lager Vespasians haben bringen lassen und ihm die Kaiserwürde prophezeit haben (dasselbe behauptet Josephus von sich); dieser habe ihm erlaubt, sich in der Küstenstadt Jabne niederzulassen und dort zu lehren. Die rabbinische Bewegung sieht darin ihre Gründung.

Gründung der Bewegung

Gewöhnlich sieht man die Rabbinen (Rab, Rabbi: «Meister, Lehrer») als direkte Nachfolger der Pharisäer, die sich in Jabne neu formierten und unter Jochanan begannen, das Judentum auf eine Existenz ohne Tempel um das geistige Zentrum der Tora einzuschulen. Gamaliel, Sohn des Schim'on ben Gamaliel, der in Jerusalem zur Zeit des Aufstands eine wichtige Rolle gespielt hatte, und Enkel des im Neuen Testament (Apg 22,3) als Lehrer des Paulus genannten Gamaliel, übernahm bald Jochanans Stelle in Jabne. Schon ihn, so meint man oft, und nicht erst seinen Enkel Jehuda ha-Nasi hätten die Römer als Vertreter der Juden anerkannt; als Sanhedrin entsprechend dem Synedrion Jerusalems aus der Zeit vor 70 hätten ihn dabei die Rabbinen unterstützt.

Anerkennung durch Rom und das Volk

Kein Punkt dieser klassischen Rekonstruktion lässt sich beweisen. Für eine römische Anerkennung Gamaliels kann man nur vereinzelte rabbinische Aussagen zitieren, die man besser anders deuten kann. Seine Führung der rabbinischen Gruppe war umstritten, eine offizielle Funktion gegenüber der römischen Behörde oder Leitungsvollmacht gegenüber dem jüdischen Volk wird auch von rabbinischen Texten nie direkt behauptet. Nach Gamaliel war nicht sein Sohn Schim'on, sondern Aqiba der prominenteste Rabbi; er soll Bar Kokhba als Messias anerkannt haben. Den Aufstand haben die Rabbinen wohl kaum befürwortet; verhindern konnten sie ihn aber auch nicht. Der Einfluss der Rabbinen oder ihrer Führung im Volk war offenbar zu gering. Erst nach der Katastrophe des zweiten Aufstands trat Schim'on ben Gamaliel an die Spitze des Rabbinats. Man kann vermuten, dass schon er breitere Anerkennung im Volk genoss und auch von den römischen Behörden akzeptiert wurde. Das würde erklären, wie sein Sohn Jehuda so unumstritten seine Führung durchsetzen konnte. Auch zu Jehuda/Rabbi ist vieles unbekannt. Für seine Anerkennung durch Rom und das Volk sprechen sein Titel Nasi, legendäre Erzählungen, die ihn in direktem Verkehr mit dem Kaiser («Antoninus») zeigen, der Anspruch davidischer Herkunft und die Vererbung seiner Funktionen. Wenig später schreibt Origenes, der in Caesarea lehrte und mit den Verhältnissen vertraut war, der jüdische Ethnarch (Patriarch) unterscheide sich in nichts von einem König (epistula ad Africanum 14). Das Amt blieb auch in der Folgezeit in der Familie, auch wenn man davon bis ins späte 4. Jh. kaum mehr etwas erfährt. In der zweiten Hälfte des 3. Jhs. wurde der Sitz des Patriarchen von Sepphoris nach Tiberias verlegt, wo sich auch schon die wichtigste rabbinische Schule befand, und blieb dort bis zu seinem Ende im frühen 5. Jh.

Die Annahme eines Sanhedrin um den Patriarchen ist ebenfalls fraglich. Schon für die Zeit vor 70 ist die Einrichtung eines permanenten Synedriums als oberste Vertretung des Volkes und Höchstgericht kaum zu sichern (der ebenso genannte Stadtrat von Jerusalem ist davon zu unterscheiden); die wenigen Fälle, wo von einer Sitzung eines solchen Gremiums die Rede ist, kann man dies auch von einer vom König oder Hohenpriester *ad hoc* einberufenen Versammlung von Beratern verstehen. Wenn die Mischna in ihrer Idealverfassung von einem Höchstgericht von siebzig Mitgliedern spricht, könnte dies in Nachahmung der siebzig Ältesten zu sehen sein, die Mose über das Volk setzte (Num 11). Rabbinische Texte sprechen zwar wiederholt von Entscheidungen, die von größeren Gruppen von Rabbinen in Abstimmung beschlossen wurden; doch kann dies kaum als Beweis für ein permanentes offizielles Gremium um den Patriarchen gelten, auch wenn dieser sicher seinen Beraterstab gehabt hat.

<small>Sanhedrin keine offizielle Institution</small>

Auch greift es sicher zu kurz, wenn man die Rabbinen als direkte Nachfolger der Pharisäer betrachtet. Zwar setzt sich im Rabbinat im Lauf der Zeit viel durch, was man (oft ohne direkte Belege) als typisch pharisäisch betrachtet. Doch ist aus der Mischna als dem ersten großen Werk des Rabbinats klar, dass hier priesterliche Interessen dominieren. Das Rabbinat vereint verschiedenste Strömungen der Zeit vor 70, integriert alles, was zur Mitarbeit am geistigen Wiederaufbau bereit ist.

<small>Priesterliche Interessen</small>

Wenn man die Zeit nach 70 als rabbinisches Judentum bezeichnet, besagt das nicht, dass die Rabbinen von Anfang an die führende Kraft im Volk gewesen sind. Das ist unabhängig von der soeben besprochenen Frage nach offiziellen Institutionen zu sehen. Die

<small>Elitäre Intellektuelle</small>

Rabbinen waren anfangs noch eine sehr kleine Gruppe ohne direkten Rückhalt im Volk, eine elitäre Intellektuellenschicht, die mit öffentlichen Aufgaben nichts zu tun haben wollte. Einzelne mochten als Charismatiker beim Volk angesehen gewesen und in religiösen Fragen um Rat gefragt worden sein; das hatte aber nicht direkt etwas mit ihrer Zugehörigkeit zur Gruppe der Rabbinen zu tun. Für wichtigere Fragen war die römische Verwaltung zuständig; im Alltag der jüdischen Gemeinden dominierten nach wie vor die lokalen Honoratioren und im religiösen Bereich hielt man sich an alte Traditionen, wie die vom Rabbinat oft so unabhängige Entwicklung der Synagogen klar zeigt. Jehuda ha-Nasi versuchte, die Rabbinen verstärkt für die Arbeit in den Gemeinden, in Synagoge, Ortsgericht und Schule zu mobilisieren. Einzelne Rabbinen stellten sich der Aufgabe und manche Gemeinde nahm das Angebot gerne an, doch dauerte es noch lange, bis sich rabbinischer Einfluss im örtlichen Bereich breiter durchsetzte.

In der Krise des Römischen Reiches

Von der Verleihung des römischen Bürgerrechts an (fast) alle Bewohner des Reiches durch die Constitutio Antoniniana (212) waren auch die Juden betroffen, die aber weiter auch ihre religiös bedingten Sonderregelungen hatten. Die Krise des Reichs unter den Soldatenkaisern bis zur Machtübernahme Diokletians (235–284) war auch in Palästina zu spüren, auch wenn die Auswirkungen der gewaltigen Inflation auf die Wirtschaft des Landes in neuerer Zeit geringer als früher eingeschätzt werden. Die wiederholten Aufmärsche römischer Truppen zu Feldzügen gegen Persien weckten Hoffnungen auf ein baldiges Ende des «vierten Reichs»; akut wurde die Hoffnung, als Kaiser Valerian in persische Gefangenschaft geriet und Odenat und Zenobia von Palmyra 260–273 die Herrschaft über weite Gebiete des römischen Reichs inklusive Palästina übernahmen. Doch war man inzwischen klug genug, dies nicht zu einem Aufstand gegen Rom zu nutzen.

Christianisierung

Mit Diokletian, der auch mehrfach in Palästina war und im Talmud öfter erwähnt wird, beruhigte sich die Lage. Eine entscheidende Wende brachte das Edikt von Mailand (313), mit dem das Christentum zur erlaubten Religion wurde; in Palästina wirkte es sich aus, als Konstantin durch seinen Sieg über Licinius bei Chrysopolis 324 Alleinherrscher wurde. Damit begann der Prozess der Christianisierung des Heiligen Landes, der langfristig der jüdischen Bevölkerung nur schaden konnte, auch wenn sich die Rechtslage anfangs kaum verschlechterte.

Unter Kaiser Julian (361–363), der das Heidentum begünstigte und auch den Wiederaufbau des Jerusalemer Tempels erlaubte, schien sich das Schicksal nochmals zu wenden. Die rabbinische Führung ließ sich auch diesmal nicht verlocken (zumal die Erneuerung des Tempels wieder die Priester an die Stelle der Rabbinen gesetzt hätte). In den Folgejahren wurde der Patriarch in römischen Gesetzen zu höchsten Würden erhöht (Ehrenpräfektur, gesetzlicher Schutz seiner Ehre usw.), was manche als Lohn für die Standfestigkeit unter Julian sehen, andere als nur zufällig späten Beleg schon lange bestehender Rechte des Patriarchen.

Doch bald verschlechterte sich die Rechtslage, seit 380 das Christentum Staatsreligion geworden war. Berufsverbote für Juden betrafen zwar eher die Diaspora, ebenso Übergriffe auf Synagogen. Doch 415 wurde Patriarch Gamaliel gemaßregelt, weil er seine Befugnisse überschritten, v. a. auch unter Christen Recht gesprochen habe; auch vom Verbot, neue Synagogen zu bauen, ist die Rede (Cod. Theod. 16, 8, 22). Wenig später erlosch das Amt des Patriarchen für immer; ein Gesetz von 429 regelt nur noch den finanziellen Nachlass (Cod. Theod. 16, 8, 29). Doch zeigt die folgende Entwicklung, dass das Judentum Palästinas sehr wohl auch ohne zentrale Führung zurecht kam.

Das Christentum drang in Palästina immer mehr vor; zahlreiche Kirchen wurden gebaut und der Strom von Pilgern aus aller Welt riss nie ab. Spätestens im 5. Jh. wurden die Christen in Palästina die Mehrheit. Konversionen von Juden sind jedoch fast nicht belegt; der Norden Galiläas und große Teile des Golan blieben fast rein jüdisch, in Untergaliläa, im Süden Judäas und in den Städten am Mittelmeer gab es starke jüdische Gemeinden, die auch am wachsenden Wohlstand Palästinas Teil hatten, wie die zahlreichen Bauten von Synagogen im 5. und 6. Jh. zeigen. Die Mehrzahl der bisher ausgegrabenen Synagogen wurde erst nach den wiederholten gesetzlichen Verboten des Synagogenbaus errichtet. Damit wird auch deutlich, dass die Gesetze, die die jüdischen Rechte sehr einschränkten (kodifiziert im Codex Theodosianus von 438 und im Codex Justinianus von 529 bzw. 534), in Palästina nur zum geringen Teil umgesetzt wurden, auch wenn sie das Klima sicher sehr belasteten.

Das erklärt auch, warum die Juden Palästinas sich an den Aufständen der viel mehr betroffenen Samaritaner im späten 5. und frühen 6. Jh. nicht beteiligten. Doch begrüßten sie sicher die persischen Truppen, die 614 das Land eroberten. Kurze Zeit scheint sogar Jerusalem unter jüdische Verwaltung gekommen zu sein, solange sich die Perser davon Vorteile erhofften. 628 nahm Heraklius nochmals das Land in Besitz und rächte sich blutig an den Juden für ihnen vorgeworfene Übergriffe gegen die Christen in der Perserzeit. Christliche wie jüdische Texte bieten einen guten Einblick in die Wirren dieser Jahrzehnte, wenn auch natürlich jeweils tendenziös aus eigener Sicht. Doch schon 634 standen arabische Truppen vor Gaza; 638 musste Patriarch Sophronius Jerusalem den Arabern übergeben und 640 fiel auch Caesarea, die letzte christliche Bastion.

<small>Erdbeben um 748</small>

Die arabische Eroberung, genauer das Jahr 638, gilt allgemein als Epochengrenze für die Geschiche Palästinas. Doch wird aus archäologischen Funden immer deutlicher, dass nicht nur die von den Texten breit geschilderten Zerstörungen der Perserzeit viel geringer gewesen sein müssen – so manche Synagogen und Kirchen wurden gerade in diesen kriegerischen Jahrzehnten gebaut oder umgebaut; auch nach 638 ging das Leben (auch für die lokalen christlichen Gemeinden) großteils unverändert weiter. Der eigentliche Einschnitt für das Land kam erst Mitte 8. Jh., als zuerst ein großes Erdbeben um 748 viele Städte und Bauten der ganzen Region zerstörte. Da nur wenige Jahre später der Sitz der islamischen Herrschaft von Damaskus nach Bagdad verlegt wurde, war auch Palästina nicht mehr dem Zentrum der Macht nahe, sondern eine kleine entlegene Provinz geworden, der die Gelder für einen großzügigen Wiederaufbau fehlten.

<small>Rabbinische Akademie in Jerusalem</small>

Schon 638 zogen die ersten jüdischen Bewohner nach Jerusalem. Wohl im 9. Jh. übersiedelte auch die rabbinische Akademie von Tiberias nach Jerusalem; ihr Leiter, der nun den Titel eines Gaon («Erhabener») trug, wurde offenbar von den arabischen Behörden als Vertreter der Juden anerkannt. Doch auch Tiberias blieb weiterhin ein Zentrum jüdischer Gelehrsamkeit, bekannt für seine liturgischen Dichter und hebräischen Grammatiker, die durch ein Vokal- und Akzentsystem die traditionelle Schreib- und Leseweise der Bibel (Masora) fixierten. Berühmt war v. a. die Familie der Ben Ascher, von der sich mehrere Generationen dieser Aufgabe widmeten; ihr letzter großer Vertreter war Aaron ben Mosche ben Ascher (wohl ein Karäer, 1. Hälfte 10. Jh.), dem die Vokalisierung der wichtigsten erhaltenen Bibelhandschrift, des Aleppo-Codex, zugeschrieben wird.

In Jerusalem, das besonders auf die asketische Bewegung der «Trauernden um Zion» große Anziehungskraft ausübte, entstand damals auch eine starke karäische Gemeinde. Wirtschaftlich waren beide Gemeinden, Rabbaniten wie Karäer, kaum lebensfähig und von Spenden aus der Diaspora abhängig.

Karäische Gemeinde

Politisch war die Lage schon seit dem späten 8. Jh. sehr wenig stabil, die Statthalter machten sich selbständig, Beduinen fielen häufig ein, wiederholt kam es zu Aufständen. 878 fiel Palästina an Ägypten, wo sich Achmed Ibn Tulun selbständig gemacht hatte. Unter den Fatimiden (ab 970) beruhigte sich kurz die Lage, doch um 1009 hob al-Hakim die Religionsfreiheit auf und ließ zahlreiche Kirchen und Synagogen in Palästina zerstören, ehe er 1012 sein Edikt wieder zurücknahm. 1071 eroberten die Seldschuken das von schweren Erdbeben 1034 und 1067 noch mehr geschwächte Land. Die rabbinische Akademie Jerusalems wanderte 1071 nach Tyrus, wenig später nach Damaskus aus, das Judentum Palästinas verlor damit für lange Zeit jede Bedeutung. Die langen Jahrzehnte des Niedergangs machen begreiflich, wie leicht die Kreuzfahrer 1099 das Land erobern konnten.

Fatimiden und Seldschuken

2. Geschichte Babyloniens

Noch problematischer als für Palästina ist die Quellenlage für Babylonien, v. a. seine jüdische Bevölkerung. Von ganz wenigen Ereignissen abgesehen, zu denen es auch persische Quellen gibt, christliche Autoren oder westliche Historiker etwas berichten, ist der babylonische Talmud, manchmal ergänzt durch rabbinische Texte Palästinas, die einzige Quelle. Dieses Werk hat kein historisches Interesse, sondern ist v. a. um die Entfaltung des Gesetzes der Mischna bemüht. Anekdotenhafte Erzählungen gelten der eigenen Klasse der Rabbinen. Auch die Führer der Gemeinde, die Exilarchen, werden nur manchmal genannt, andere Juden nur in ihren Beziehungen zu Rabbinen. Persische Religionspolitik wird zwar auch gespiegelt, doch ohne größere Zusammenhänge. Anders als in Palästina hilft in Babylonien die Archäologie auch nicht weiter, keine Synagoge wurde je ausgegraben; die Zauberschalen von Nippur sind zwar religionsgeschichtlich von Interesse, doch kaum für unseren Kontext. Erst ab dem 8. Jh. bieten gaonäische Texte und Funde aus der Geniza von Kairo mehr Informationen. Zur

Probleme der Quellenlage

Entwicklung der rabbinischen Schulen und der frühen Geschichte des Exilarchats wissen wir v. a. aus Texten des 9. und 10. Jhs., der «kleinen Weltchronik» (Seder Olam Zutta), dem Seder Tannaim we-Amoraim und dem berühmten Brief des Rab Scherira Gaon von 987. Über ihre Quellen für Jahrhunderte zurück liegende Ereignisse wissen wir nichts; ihre Informationen sind schwer zu überprüfen. Viel mehr noch als für Palästina sind wir für die jüdische Geschichte in Babylonien auf Konjekturen und Hypothesen angewiesen; vieles bleibt unsicher.

Juden in Babylonien

Die alte jüdische Gemeinde Babyloniens bewohnte ein weithin geschlossenes Siedlungsgebiet zwischen Tigris und Eufrat südlich des späteren Bagdad. Im Partherreich genossen die Juden weitreichende Autonomie und religiöse Freiheit, die sie auch nicht riskierten, als Jerusalem im großen Aufstand gegen Rom zu Hilfe rief (BJ 6,343). Ende des 1. Jhs. dürften die Parther den Juden eine zentrale Führung im Exilarchen (dem «Führer des Exils») gewährt haben. Das Amt war erblich und existierte mit Unterbrechungen bis ins 11. Jh. Die behauptete (und durchaus mögliche) davidische Abstammung der Exilarchen begründete ihr hohes Ansehen. Während des Bar Kokhba-Aufstandes waren einige Rabbinen nach Babylonien geflüchtet; ein Teil blieb auch danach und bildete die Anfänge des babylonischen Rabbinats. Wie rabbinische Texte belegen, setzte der Exilarch Rabbinen gern für seine Verwaltung ein.

Unter den Sassaniden

Zu Beginn des 3. Jhs. erhob sich der persische Satrap Ardaschir gegen seinen König Artapan V.; 226 wurde er zum König gekrönt. Die neue Dynastie der Sassaniden setzte statt des parthischen Feudalsystems auf eine straffe Zentralverwaltung und versuchte, ihre mazdäische Religion zur Staatsreligion zu erheben. Der Exilarch verlor seine Funktion, jüdisches Eigenrecht wurde unterbunden; religiöse Bräuche, die zu mazdäischen Auffassungen im Widerspruch standen (etwa das rituelle Schlachten und die Erdbestattung), wurden verboten. Die Juden waren sich bewusst, dass damit eine Epoche geendet hatte (bAZ 10 b–11 a).

Kompromiss mit der Regierung

Doch bald wurden die schärfsten Maßnahmen zurück genommen und gewährte Schapur I. (241–273) den Juden (ebenso den Manichäern) wieder größere Freiheiten. Samuel, dem wichtigsten Vertreter des Rabbinats (auch wenn nie mit dem Titel Rab genannt), wird der historische Kompromiss mit der Regierung zugeschrieben: *dina de malkhuta dina* (bBB 54 b) – «das Recht des Staates ist Recht», wenn dadurch nicht Grundinteressen jüdischer

Religion angetastet werden. Der Grundsatz regelt seither das Leben jüdischer Gemeinden in der nichtjüdischen Welt. Damit konnte auch der Exilarch wieder seine Aufgaben wahrnehmen.

Der mazdäische Oberpriester Kartir, der 277 Mani hinrichten ließ, rühmt sich in einer Inschrift, «Juden, Schamanen, Brahmanen, Nazaräer, Christen» niedergeschlagen zu haben; in rabbinischen Texten finden wir dazu kaum Hinweise. Schapur II. (309–379) stand nach talmudischen Aussagen (z. B. bSanh 46 b) in guten Beziehungen zur jüdischen Gemeinde und dem Exilarchen und weitete dessen Kompetenzen aus. So konnte Julian auf seinem Feldzug gegen die Perser 363 trotz der Erlaubnis, den Tempel in Jerusalem wieder aufzubauen, die Juden nicht auf seine Seite ziehen. Nach einer persischen Quelle soll König Jezdegird I. (399–420) sogar eine Tochter des Exilarchen geheiratet haben; auch sein Nachfolger Bahram V. (420–439) war den Juden wohl gesinnt.

Friedliche Beziehungen

Doch Mitte 5. Jh. kam es zu einer neuen Krise, über die v. a. Scherira Gaon informiert: Der Sabbat wurde verboten, der rabbinische Unterricht behindert, der Exilarch getötet; 470 wurden alle Synagogen geschlossen, jüdische Kinder Nichtjuden übergeben. Dahinter Versuche zu sehen, wieder einmal den Mazdäismus allgemein durchzusetzen, liegt nahe (doch endete schon 464 eine Christenverfolgung!). Der Seder Olam Zutta weiß auch von einem offenen Aufstand der Juden um 500 zu erzählen, in dem sich der Exilarch Mar Zutra selbständig machte und sieben Jahre regierte, bis ihn die Perser ergriffen und auf der Brücke von Machoza kreuzigten. Sein gleichnamiger Sohn sei 520 nach Palästina gezogen und habe in Tiberias die Leitung der rabbinischen Schule übernommen.

Neue Krise im 5. Jh

Was von diesen Erzählungen historische Fakten wiedergibt, ist schwer zu beurteilen. Es wird stimmen, dass das späte 5. und frühe 6. Jh. für die Juden Babyloniens eine Krisenzeit war. Im späteren 6. Jh. scheint der Exilarch wieder sein Amt ausgeübt zu haben; ein Exilarch ist vielleicht in den Wirren um den Regierungsantritt von Chosroes II. (591–628) umgekommen. Erst mit der Machtübernahme durch die Araber ab 637 besserte sich die Lage der Juden auf Dauer.

Arabische Machtübernahme

Wie problematisch die Geschichte des Exilarchats in persischer Zeit ist, dürfte schon deutlich geworden sein. Hauptbeleg für die Anfänge des Amts ist bHor 13 b: R. Natan (Mitte 2. Jh.) habe am Patriarchenhof eine Sonderstellung, weil sein Vater die *kamara*

Exilarchat

trage. Diese trugen im Partherreich Inhaber religiöser wie juridischer Autorität. So könnte Natans Vater Exilarch gewesen sein, und wohl nicht der erste, da die Einrichtung in Palästina schon bekannt war. Die Einführung des Amts zu dieser Zeit ist plausibel; dennoch ist der «Beleg» schwach. Der Versuch, einen durchgehenden Stammbaum der Exilarchen zu erstellen, ist nur mit vielen Hypothesen durchzuführen. Der Talmud erwähnt oft nicht den Titel; so schließt man mehrfach aus Aufgabe und Würde eines Mannes oder seinem Zutritt zum persischen König auf sein Amt, besonders bei für die Familie typischen Namen oder der Verwendung des Titels Mar («Herr») statt Rab. Unsicher bleiben einzelne Personen und längere Perioden, ebenso die Rolle der Exilarchen in Zeiten von Verfolgung und Aufruhr, wofür wir nur sehr späte Quellen haben.

Rabbinat in Babylonien

Was das Rabbinat betrifft, ist die palästinische Herkunft der Bewegung wohl gesichert, auch wenn die Frage nach babylonischen Vorläufern bleibt (etwa in Kreisen von Schriftgelehrten; die Aussage, dass Hillel aus Babylonien stammt, hilft leider nicht weiter, vorrabbinische babylonisch-jüdische Schriften sind nie belegt). Auch die ständige Wechselbeziehung mit Palästina zu einer Zeit, da die Bewegung in Babylonien schon selbständig geworden war, ist vielfach bezeugt und mit konkreten Personen zu verbinden. Auch die frühe Einbindung vieler Rabbinen in Gemeindeaufgaben unter dem Exilarchen kann als sicher gelten, auch wenn wiederholte Krisenzeiten keine Kontinuität aufkommen ließen. Die Mehrheit der Rabbinen war aber auch in Babylonien sicher ohne Amt und war so der Anerkennung durch die jüdische Bevölkerung durchaus nicht gewiss. Wo alte Lokaltraditionen nicht in die rabbinische Halakha integriert wurden, war diese gegenüber dem Ortsbrauch wohl kaum durchzusetzen. Auch hier gilt, dass Rabbinen im Volk Anerkennung fanden, wo sie als Charismatiker, Gesundbeter und Wunderheiler bewundert waren; die Gesellschaft als ganze war aber noch über Jahrhunderte nicht rabbinisch geprägt.

Rabbinische Akademien?

Fester Bestandteil schon früher Traditionsbildung ist die These vom hohen Alter und der Kontinuität der rabbinischen Akademien in Babylonien; später diente sie als Argument, um babylonische Tradition auch in Palästina als normatives Recht durchzusetzen. Schon im frühen 3. Jh. habe Rab, ein jüngerer Zeitgenosse Rabbis, die Hochschule in Sura am Eufrat gegründet und sei ihr erster Rektor gewesen; sein Zeitgenosse Mar Samuel habe die Schule von Nehardea geleitet; Jehuda bar Jechezqel habe als Ersatz für das 259 von Odenat zerstörte Nehardea die Schule von Pumbedita gegründet, doch auch jene von Nehardea lebte später wieder auf.

Gegen dieses Bild, das v. a. auf Scherira Gaon zurückgeht, hat David Goodblatt aus einer Analyse der talmudischen Aussagen gezeigt, dass es in amoräischer Zeit (d. h. bis etwa 500) keine fest organisierten rabbinischen Schulen gab. Vielmehr haben Rabbinen zu Hause kleine Jüngerkreise um sich geschart, die sich spätestens mit dem Tod des Meisters auflösten. Besonders attraktive Lehrer mit mehr Studenten setzten manchmal auch Hilfslehrer ein, doch auch dann wurde daraus nie eine vom einzelnen Lehrer unabhängige Institution von Dauer. Die großen Akademien späterer Zeit, die Scherira in die Anfänge zurück projiziert, entstanden wohl erst in islamischer Zeit nach islamischen Vorbildern. Jüngerkreise der Rabbinen

Dabei geht es nicht um unwesentliche historische Details. Daran hängt vielmehr ein Großteil des Bilds, das wir uns vom Judentum Babyloniens und seinen Institutionen machen. Ohne Akademien waren die Rabbinen kein wahres Gegengewicht zum Exilarchen, sondern standen als Einzelne einer auf Dauer angelegten Institution gegenüber. Auch die Bewahrung und Weitergabe der Tradition wird ohne feste Einrichtung wie die oft angenommenen Archive der Akademien Sache des einzelnen Lehrers und seiner Schüler, ihrer Möglichkeiten und Interessen, was aufzubewahren ist, und lange nicht so abgesichert. Beide Aspekte waren Scherira sicher bewusst und sind apologetischer Kontext seiner Aussagen. Frage der Bewahrung der Tradition

Nach dem Sieg des Islam verfestigten sich die Institutionen des babylonischen Judentums. 642 anerkannten die Araber Bustanai als Exilarchen; das Amt war mit Prunk und Ehre umgeben, auch wurde es durch Abgaben der Juden finanziert; doch der reale Einfluss des Exilarchen und seine Gerichtsbefugnisse scheinen bald zurückgegangen zu sein. Nach der Gründung von Bagdad nahm er dort seinen Sitz. Sicherung durch Islam

Folgenschwer war der Streit um die Nachfolge, bei dem um 760 Anan unterlag. Unter seiner Führung einten sich verschiedene traditionskritische Gruppen, die bald unter dem Namen Karäer bekannt wurden, da sie allein die Schrift (*miqra*) als Autorität anerkannten. Sie breiteten sich bald in der ganzen jüdischen Welt aus; zu ihren Anhängern zählten große Gelehrte, Grammatiker, Maso- Herausforderung durch die Karäer reten und Ausleger der Bibel; in ihrer Blütezeit bis zum 11. Jh. waren sie für das rabbinisch orientierte Judentum eine stete Herausforderung.

Geniza von Kairo — Dokumente aus der Geniza von Kairo erhellen einiges aus der späteren Entwicklung des Amts bis zu Hiskija, seinem letzten Vertreter im 11. Jh. (auch wenn später noch gelegentlich der Titel aufscheint); vieles ist aber nach wie vor im Dunkel.

Blüte rabbinischer Schulen — Auch die rabbinischen Schulen erlebten in islamischer Zeit neue Blüte. An den alten rabbinischen Zentren Sura und Pumbedita sammelten sich spätestens jetzt die Rabbinen in größeren festen Akademien, die auch die kommenden Jahrhunderte überdauerten und erst gemeinsam mit dem Exilarchat untergingen. Sie behielten ihre Namen bei, auch als sie im späten 9. Jh. nach Bagdad gingen. Ihre Leiter, die Geonim («Erhabene», Einzahl Gaon), haben der ganzen Epoche ihren Namen gegeben. Mit dem Exilarchen teilten sie ihre Einflussbereiche im babylonischen Judentum und überstrahlten ihn meist, besonders auch durch ihre Kontakte mit der jüdischen Welt außerhalb Babyloniens. Von deren Spenden wurden die Institutionen in der Spätphase immer abhängiger, da wegen der ab dem 9. Jh. zunehmenden Instabilität der Region viele Juden aus Babylonien Richtung Westen abwanderten, damit aber auch die babylonische Prägung des Judentums über Palästina nach Ägypten und weiter in den Westen nach Nordafrika und Spanien trugen.

3. Mischna und Tosefta

Basistext der rabbinischen Tradition — Um 200 entstand, der Tradition nach von Jehuda ha-Nasi redigiert, die Mischna, das grundlegende Werk der rabbinischen Tradition. Der Name bedeutet «Lehre», genauer «durch Wiederholung weitergegebene Lehre». Ihre Sprache ist das nach ihr benannte Mischnahebräisch.

Halakha — Inhalt des umfangreichen Werks (in Übersetzung gut 1000 Seiten) ist die traditionelle Halakha, ungenau als «Religionsgesetz» wiedergegeben. Ein Blick auf die sechs «Ordnungen», aus denen das Werk besteht, mag dies verdeutlichen.

Steuer- und Sozialrecht — Die erste Ordnung, *Zeraim* («Samen») enthält nach dem liturgischen Traktat *Berakhot* («Segenssprüche») Traktate zu den biblisch gebotenen Abgaben vom Ertrag des Landes: erster und zweiter Zehnter, Priesterhebe oder der den Armen zu überlassende

Ackerrand. Ebenso findet man hier Abhandlungen über verbotene Mischsaaten und das Sabbatjahr, in dem das Land nicht bearbeitet werden darf. Aus moderner Sicht könnte man von Steuer- und Sozialrecht sprechen. Doch ist zu beachten, dass fast alle Vorschriften nur im Land Israel gelten und auch da nur, solange das Volk Israel im Besitz des Landes ist (mit Dtn 12,1 begründet). Durch sie anerkennt Israel, dass Gott der wahre Eigentümer des Landes, das Volk nur sein Pächter ist.

Die zweite Ordnung *Mo'ed* («Festzeiten») behandelt die Regeln für den Sabbat und die Feste des Jahreskreises, zu Purim auch die Ordnung der Schriftlesung. Die dritte Ordnung *Naschim* («Frauen») regelt die Rechte der Frau bei Verlobung, Ehevertrag (Ketubba), Scheidung, Schwagerehe usw. Man könnte es allgemeiner Familienrecht oder Personenrecht nennen, da es ja nicht nur um Rechte und Pflichten der Frau, sondern auch des Mannes geht, doch als in der Antike rechtlich schwächere Person steht die Frau im Zentrum.

<small>Festzeiten</small>

<small>Familienrecht</small>

Als vierte Ordnung befasst sich *Neziqin* («Schadensfälle») mit Rechtsfragen des Alltags wie Arbeitsrecht, Wohnrecht, Geschäftsbeziehungen und Schadenersatz. Neben dem Zivilrecht werden aber auch Gerichtsordnung, Zeugenschaft und Strafen geregelt, die das Gericht verhängen darf, ja sogar der Entwurf einer Verfassung mit den Rechten des (natürlich jüdischen) Königs, des Hohenpriesters und des Höchstgerichts.

<small>Zivil- und Strafrecht</small>

Qodaschim («Heiliges») ist die fünfte Ordnung. Hier geht es v. a. um die Opfer im Tempel. Über das heilige Schlachten der Opfer kommt man aber auch auf das profane Schlachten zu sprechen (Traktat *Chullin*, «Profanes»), nicht nur auf die Regeln für das Schächten, sondern allgemein auf Speisegesetze wie die Trennung von Milch und Fleisch. Während der Großteil dieser Ordnung seit Zerstörung des Tempels nur theoretischen Wert hat, ist dieser Traktat bis heute die Basis für die gesamte Kaschrut.

<small>Opfer- und Speisegesetze</small>

Als letzte und längste Ordnung kommt *Toharot* («Reinheiten»). Darin geht es darum, wodurch der Mensch «unrein» werden kann – Menstruation, Geburt, krankhafte genitale Ausflüsse sowie schwere Krankheiten wie «Aussatz» (im weitesten Sinn) und Tod. Man kann darin alles sehen, was mit dem Anfang des Lebens und der Fähigkeit des Menschen, Leben weiterzugeben, zu tun hat; auf der anderen Seite der Tod: somit die beiden Extreme, die Bereich Gottes (1 Sam 2,6: «Der Herr macht tot und lebendig»), somit

<small>Reinheitsgebote</small>

Tabu sind, wie man «unrein» übersetzen könnte. Moralisch negativ besetzt ist nicht die Unreinheit, sondern nur das Missachten der damit verbundenen Normen. Wesentliches Mittel, wieder rein zu werden, sind rituelle Waschungen und das Tauchbad in der Miqwe, der ein eigener Traktat gewidmet ist. Da ohne Tempel auch verschiedene Reinigungsriten nicht mehr möglich sind (Reinigungsopfer, das Reinigungswasser aus der Asche der Roten Kuh), zudem prinzipiell alle Länder außer Israel unrein sind, ist für die Praxis auch diese Ordnung mit wenigen Ausnahmen (Menstruation, Totenunreinheit) irrelevant.

Einheit von Religion und Leben

Dieser Überblick macht deutlich, dass der Begriff «religiöses» Recht sehr weit zu fassen ist, insofern im Judentum Religion das gesamte Leben umfasst. Er zeigt aber auch, dass große Teile der in der Mischna gesammelten Normen ohne Tempel und politische Selbständigkeit rein theoretisches Recht waren. Was also wollte die Mischna?

Bewahrung alter Tradition?

Viele betrachten die Mischna als Sammlung der Tradition; daher enthalte sie neben den in der Gegenwart einzuhaltenden Normen auch solche, die zur Zeit des Tempels galten. Man musste sie bewahren, um für den Tag gerüstet zu sein, an dem der Tempel wieder erbaut werde. Das setzt allerdings voraus, dass v. a. die Aussagen zum Tempelritual Beschreibung des tatsächlichen Kults vor 70 sind. Wie kann man das überprüfen?

Idealer Kult

Kriterien dafür sind noch nicht erarbeitet. Es ist leichter immer zu zeigen, was kaum die Praxis des Kults wiedergibt, wenn etwas praktisch nicht durchführbar ist und zu den baulichen Gegebenheiten des Tempels nicht passt, oder auch, wenn Gesetze aus der eigenen Auslegung des Bibeltextes abgeleitet werden. Vor einer genauen Untersuchung aller Texte im Vergleich mit Aussagen des Josephus und v. a. von Qumran kann man nur vorsichtig vermuten, dass manches in den Traktaten zu Tempel und Opfer auf alte Tradition zurückgeht, wohl über Priester vermittelt, die sich den frühen Rabbinen angeschlossen hatten. Anderes (der Großteil?) geht aber wohl auf rabbinische Auslegung der Bibel zurück und stellt den Kult nicht dar, wie er war, sondern wie er idealer Weise hätte sein sollen, um den Tempel vor Zerstörung zu sichern. Auch in den Aussagen zur jüdischen Verfassung wird ja eine ideale Verfassung geschildert, die es so nie gegeben hat.

Philosophie der Mischna

Neben lange Passagen etwa im Zivilrecht oder zur Praxis der Feste treten Texte, die man als Idealordnung für die Zeit verstehen kann, wenn einmal Israel völlig frei seinem Gott dienen und das Recht der Tora vollkommen verwirklichen kann. Ein utopischer Horizont bestimmt damit weite Teile der Mischna. In diesem Sinn kann man tatsächlich mit Jacob Neusner von einer Philosophie der Mischna sprechen.

Dieser philosophische Zugang zeigt sich auch darin, dass die Autoren der Mischna bei jeder halakhischen Frage versuchen, die Grenzen der Begriffe auszuloten. Sieht man das nicht, ist man leicht geneigt, sich darüber zu wundern, welche unwesentlichen Details die Rabbinen diskutieren. Wenn etwa die Sabbatruhe bricht, wer mindestens zwei Buchstaben schreibt, dann geht es nicht um die damit verbundene Mühe, sondern das Minimum, womit man im Hebräischen eine sinnvolle Mitteilung machen kann. Arbeit ist in diesem Denken immer Erzeugung von Sinn, damit Abglanz des schöpferischen Tuns Gottes am Anfang. Arbeitsruhe am Sabbat ist eine Form zu bekennen, dass Gott allein Schöpfer ist. Die Grauzonen, wo nicht mehr klar ist, ob etwas noch zu einer Kategorie gehört, bestimmen die Diskussion der Rabbinen; der mittlere Bereich dagegen gilt als selbstverständlich und nicht der Analyse bedürftig.

Grenzen der Begriffe

Nach dem Verständnis der Rabbinen ist die Mischna «mündliche Tora», zusammen mit der schriftlichen Tora Mose am Sinai gegeben, wie der Traktat Abot, nachträglich als Theologie der Mischna in diese eingefügt, gleich zu Beginn betont: «Mose empfing Tora vom Sinai und übergab sie den Ältesten» usw. in einer ungebrochenen Traditionskette bis zu den Rabbinen der Mischna.

Mündliche Tora

Theologische Aussagen sind nicht zu überprüfen, wohl aber historische Aussagen, die darauf bauen. Oft verbindet man mit dem Begriff der «mündlichen Tora» die ausschließlich mündliche Weitergabe ihrer Traditionen. Das bezieht man nicht nur auf die Vorstufen der Mischna, sondern auch auf diese selbst und andere rabbinische Schriften, die erst nach Jahrhunderten schriftlich niedergelegt, bis dahin aber rein mündlich tradiert worden seien. Daran knüpft die weitere These, dass die Mischna zwar spät redigiert worden sei, sie aber in weiten Teilen in die Zeit des Zweiten Tempels, ja in seine Frühzeit zurückreiche.

Theologie und Geschichte

Die sprachliche Form der Mischna legt nahe, dass sie bewusst formuliert wurde, um auswendig gelernt zu werden. Das bedeutet jedoch nicht, dass es keinen schriftlichen Text gab. Die These von der «mündlichen Publikation» der Mischna, indem man Rezitato-

Sprachliche Form

ren (*Tannaim*) anlernte, den Text (wieviel davon?) auswendig vorzutragen, kann höchstens einen Teil erklären, die Rolle der Rezitatoren und des Auswendiglernens im Schulwesen der Rabbinen. Das schließt jedoch schriftliche Texte nicht aus – beides existiert nebeneinander. In vielen Fällen kann man auch durch die Art der Traditionsbearbeitung deutlich zeigen, dass schriftliche Vorlagen verwendet wurden. Das Nebeneinander von mündlicher und schriftlicher Tradition ist nicht nur für die Mischna, sondern für die gesamte rabbinische Literatur eine zentrale Frage.

Entstehungszeit
Alte Quellen?

Wenn Rabbi in der Redaktion der Mischna die Traditionen von Generationen von Gelehrten vereinte und bearbeitete, fragt sich, wieweit man noch seine Quellen herausschälen kann. Die Tradition (teilweise schon Scherira) behauptet, ganze Traktate der Mischna (etwa *Edujot*, «Zeugnisse») seien schon in Jabne zu Beginn der rabbinischen Bewegung redigiert worden; andere (v. a. zum Tempel) werden auf Grund rabbinischer Hinweise zumindest in der Grundfassung bestimmten frühen Rabbinen zugeschrieben; für längere Textabschnitte sieht man Hinweise auf frühe Herkunft in sprachlicher Formulierung oder in Parallelen in Qumran. Kriterien der Frühdatierung sind oft sehr fragwürdig; eine tragfähige Basis für eine Quellenanalyse der Mischna zu erarbeiten, bleibt eine dringende Aufgabe. Zwar betont Jacob Neusner immer wieder die sprachliche Nivellierung und Homogenisierung der Redaktion; daher sei nur eine gewisse zeitliche Abfolge in der Entfaltung des Gesetzes zu rekonstruieren, eine Quellenanalyse dagegen unmöglich. Das in der Mischna verwendete Spektrum literarischer Formen ist tatsächlich sehr begrenzt und vereinheitlicht. Doch heben sich Traktate wie *Edujot* und auch Teile anderer Traktate deutlich vom Rest der Mischna ab. «Anders» bedeutet nicht unbedingt «früher»; doch verlangen solche Phänomene eine Erklärung und bleibt die Frage nach Quellen der Mischna offen.

Verbindung
mit der Bibel

Eine «Quelle» der Mischna liegt natürlich offen: die Bibel. Die Anführungszeichen sollen aber zeigen, dass das Verhältnis der Mischna zur Bibel durchaus nicht so klar ist. Viele Texte aus der Bibel werden explizit zitiert. Doch ist stets zu fragen, ob das Bibelzitat die Basis einer Aussage oder nur nachträglich angefügt wurde, um sie biblisch zu verankern (oft hat auch erst die spätere Textüberlieferung Bibelverse ergänzt!). Viele Traktate folgen thematisch der biblischen Vorlage, andere entwickeln aus biblischen Ansätzen etwas weithin Neues, das man von der Bibel her nie erwarten könnte; über weite Strecken ist kein biblischer Hintergrund zu sehen. Die Mischna ist kein Kommentar zur Bibel, auch nicht, wie manchmal vermutet wurde, aus der direkten Arbeit an der Bibel entwickelt und erst später von Bibelbelegen «befreit» worden. Das geringe Gewicht biblischer Zitate in der Mischna gibt dieser ihr eigenes Gesicht als «mündliche Tora». Die Mischna an die Bibel rückzubinden, die Einheit zwischen mündlicher und schriftlicher Tora wieder herzustellen, sollte eine wesentliche Aufgabe der Kommentierung der Mischna von allem Anfang an sein.

Als ersten Kommentar zur Mischna sieht man oft die Tosefta («Ergänzung, Hinzufügung»). Im Aufbau gleicht die Tosefta der Mischna völlig, ist aber vier Mal so lang. Dies liegt an einer breiteren Formulierung, v. a. aber an viel zusätzlichem Stoff sowohl im eigentlich halakhischen Bereich (weitere Fälle und Meinungen, biblische Begründungen) wie auch in erzählendem Material. Gelegentlich widerspricht die Tosefta Entscheidungen der Mischna oder begründet sie anders, nennt andere Tradenten; auf weite Strecken kann man sie wie einen Kommentar zur Mischna lesen. Doch gibt es auch andere Zusammenhänge, wo die Tosefta viel knapper als die Mischna formuliert und ohne diese kaum verständlich ist. Tosefta

Traditionell nimmt man an, die Tosefta sei parallel zur Mischna entstanden und etwa eine Generation nach dieser redigiert worden. Dagegen berufen sich viele Autoren auf die Tatsache, dass trotz vieler oft wörtlicher Parallelen zur Tosefta in den beiden Talmuden diese dort nie als eindeutig identifiziertes Werk zitiert wird. Auch in Diskussionen, wo die Tosefta als entscheidendes Argument angeführt werden könnte, werden ihre Aussagen oft nicht angeführt. Daher, so meinen diese Autoren, habe es die Tosefta als redigiertes Werk nicht vor dem 5. Jh. gegeben; zwar seien die in ihr enthaltenen Stoffe alt, doch erst spät gesammelt und nach dem Aufbau der Mischna angeordnet worden. Entstehung

Man könnte meinen, für unsere Verwendung der Tosefta als Quelle für Halakha und rabbinische Geschichte sei es nebensächlich, wann ihre Inhalte zu einem Buch vereint wurden, solange die Stoffe alt sind. Doch bedeutet es einen gravierenden Unterschied in Bezug auf die Verlässlichkeit der Überlieferung, ob Texte im Verbund einer größeren Schrift oder als Einzelzitate da und dort überlebt haben, damit leichter zu variieren und eher dem Verlust ausgesetzt und in Gefahr sind, falsch zugeordnet zu werden. Art der Textweitergabe

Mischna als Bearbeitung der Tosefta?

Schon früh haben andere Autoren die Tosefta unabhängig von den Aussagen der Tradition zu studieren versucht und dabei immer wieder festgestellt, dass viele Texte der Mischna leichter zu verstehen sind, wenn man sie als Überarbeitung der Tosefta versteht; der Redaktor der Mischna habe den ihm vorliegenden Text gekürzt, dessen Aussagen halakhisch revidiert und das Ganze stilistisch vereinheitlicht. Für große Einheiten lässt sich tatsächlich plausibel machen, dass die Tosefta in Wirklichkeit der Mischna vorausgeht, statt ihr zu folgen und sie zu kommentieren. Man kann dies nicht verallgemeinern; in vielen anderen Texten erklärt das traditionelle Modell mehr. Ob das auf eine spätere Bearbeitung der Tosefta zurückgeht, als sich schon die Mischna als offizieller Text durchgesetzt hatte und das Maß aller Dinge geworden war, bleibt zu untersuchen. Doch zeigt dieser alternative Zugang, wie viel hier noch offen ist. Nimmt man ihn zumindest für Teile des Textes an, kann man auch viel sicherer sagen, dass die Redaktion der Mischna sich schriftlicher Vorlagen bediente. Damit erscheint auch die literarische Entstehung der Mischna in einem anderen Licht. Die Frage nach dem zeitlichen Vorrang der Tosefta (oder von Teilen der Tosefta) geht aber über Probleme der Traditionsgeschichte hinaus und ließe in vielen Fällen halakhische Entwicklungen (etwa in der Einstellung zur Frau und ihren Rechten) anders sehen.

Parallelen im Talmud

Geht man von einem frühen schriftlichen Text der Tosefta oder einzelner ihrer Traktate aus, könnte man auch Parallelen im Talmud, die wegen ihrer Unterschiede zu unserer Tosefta oft als Beleg dafür gelten, dass diese noch nicht bekannt war, umgekehrt als bewußte Bearbeitung der Vorlage, meist in Harmonisierung mit der Mischna, verstehen. Diese Annahme könnte auch die Abweichungen der beiden großen Handschriften der Tosefta (Wien und Erfurt) voneinander in ein neues Licht rücken. Beide scheinen frühe Rezensionen des Textes zu sein, auch Erfurt nicht erst eine europäische Bearbeitung. Damit aber kommt man von der frühen rabbinischen Zeit schon zur Frage der Weitergabe und eventuellen Bearbeitung von frühen Werken in gaonäischer Zeit und im europäischen Mittelalter, zu Fragen also der mittelalterlichen Kultur des Judentums. Die Perioden sind in der Forschung selten scharf auseinander zu halten.

4. Die beiden Talmude

Die Mischna setzte sich nach ihrem Abschluss schnell als autoritativer Text der Rabbinen durch, ihr Inhalt galt in allen Bereichen, die für die Praxis relevant waren, als normative Halakha. So wurde die Mischna wesentlicher Gegenstand des Studiums und der Auslegung in Palästina wie auch in Babylonien; deren Ergebnis wurde schließlich der Talmud («Lehre») in seinen beiden Fassungen.

Auslegung der Mischna

Der palästinische Talmud oder Jeruschalmi (so oft genannt, obwohl nicht in Jerusalem entstanden), sprachlich teils hebräisch, teils aramäisch, ist der in den rabbinischen Zentren Palästinas erarbeitete Kommentar zur Mischna, wohl im frühen 5. Jh. in Tiberias abgeschlossen. Doch ist nicht die ganze Mischna kommentiert: Die letzten beiden Ordnungen fehlen, ausgenommen ein Teil des Traktats Nidda (Menstruation).

Palästinischer Talmud

Früher nahm man oft an, diese beiden Ordnungen seien einmal vorhanden gewesen, aber in den Wirren der jüdischen Geschichte verloren gegangen. Da man jedoch bisher keine handschriftlichen Spuren auch nur von Teilen dieser Ordnungen gefunden hat, ist diese Erklärung eher unwahrscheinlich. Auch die Annahme, wegen der widrigen politischen Verhältnisse unter christlicher Herrschaft hätten die Rabbinen ihre Arbeit nicht abschließen können, ist wenig plausibel, auch wenn die Erklärung vieler Entwicklungen in der jüdischen Geschichte mit Verfolgungen Tradition hat und schon bei Scherira eine große Rolle spielt. Eher hat man die beiden Ordnungen nicht kommentiert, weil sie für den Alltag nur noch wenig Bedeutung hatten, da es den Tempel nicht mehr gab und so auch viele Reinheitsgesetze nicht mehr praktikabel waren. Was noch galt, kommentierte man in einem eigenen Traktat (Nidda) oder im Zusammenhang anderer Texte. Was verwundert, ist das Fehlen einer ausführlichen Kommentierung der Speisegesetze im Traktat Chullin; schon im 8. Jh. begründeten babylonische Lehrer damit die Überlegenheit ihrer Tradition gegenüber jener Palästinas.

Fehlende Ordnungen

Wie schon zur Mischna betont, bestand ein wesentlicher Teil der Kommentierung in der Rückbindung der Gesetze an die Bibel, oft verbunden mit kurzen Kommentaren zu einzelnen Bibeltexten. Die oft viel breiteren Parallelen in der Tosefta trugen ebenso zum besseren Verständnis bei wie andere Traditionen aus der Zeit der

Rückbindung an die Bibel

Mischna, so genannte Baraitot (Einzahl Baraita, «äußere [Lehre]», nicht in die Mischna aufgenommene Lehren der frühen Zeit). Erzählungen aus der eigenen Zeit illustrieren das Ganze, so auch Anekdoten über Diokletian oder Aktionen der Soldaten des Ursicinus Mitte 4. Jh., v. a. aber natürlich aus der eigenen Welt der Rabbinen. Zentral war die konkrete Anwendung der Halakha im Alltag der Rabbinen, wodurch wir auch viel über die Lebenswelt dieser Jahrhunderte, Verwaltung, Handel und Gewerbe erfahren.

Talmud von Caesarea?

Schon früh fiel auf, dass die ersten drei Traktate der Ordnung Neziqin zum Zivilrecht sich vom übrigen Talmud durch einen knapperen Stil, mehr griechische Fremdwörter, andere Verteilung von Rabbinennamen und ähnliches unterscheiden. Als Erklärung wurde vorgeschlagen, dass diese Traktate nicht mit dem übrigen Jeruschalmi redigiert wurden, in der Hauptstadt der römischen Verwaltung, Caesarea, anstatt in Tiberias, und auch um einige Jahrzehnte früher, etwa um 370. Die einzelnen Elemente dieser Erklärung wurden in den letzten Jahrzehnten heftig diskutiert; die Entdeckung einer anderen Rezension dieser Traktate in der Escorial-Handschrift trug wesentlich zur Debatte bei. Ist man nun auch wieder skeptischer, was den «Talmud von Caesarea» angeht, bleiben diese Traktate in der Frage nach der Redaktion des Jeruschalmi dennoch ein Paradefall.

Abschluss des Werkes

Die Redaktion des Gesamtwerks gilt allgemein als Werk der großen rabbinischen Schule am Sitz des Patriarchen Tiberias. Datiert wird sie im frühen 5. Jh. Es liegt nahe, den Abschluss mit der Auflösung des Patriarchats in den Jahren vor 429 zu verbinden. War auch der Patriarch schon lange nicht mehr aktiv an der Entwicklung der rabbinischen Lehre beteiligt, so gab doch sein Hof den institutionellen Rahmen und wohl auch materiellen Rückhalt des Unternehmens. Sein Ende könnte so wohl auch dazu beigetragen haben, dass der Jeruschalmi schneller, als sonst zu erwarten gewesen wäre, abgeschlossen wurde. Man könnte diese Erklärung als Teil der weithin in Misskredit geratenen «Katastrophentheorie» abweisen; doch kann sie plausibel begründen, warum der palästinische Kommentar zur Mischna nach zwei Jahrhunderten gerade jetzt zu Ende kam, zugleich auch die immer wieder betonte Unfertigkeit des Werks erklären.

Widersprüche und Wiederholungen

Zum Eindruck, die Redaktion des Jeruschalmi sei nicht ganz zu Ende gekommen, tragen nicht nur die beiden fehlenden Ordnungen bei, sondern auch manche Widersprüche im Text, ebenso viele

Passagen, die (fast) wörtlich gleich an verschiedenen Stellen vorkommen. Doch solche Wiederholungen können praktische Gründe haben: Bloße Verweise auf Parallelen, wo man manches genauer nachlesen könne, sind bei Schriftrollen nicht leserfreundlich und helfen gar nicht, wo einzelne Traktate getrennt kopiert und weitergegeben wurden. Der Eindruck von Widersprüchen mag oft entstehen, wo verschiedene Positionen direkt nebeneinander gebracht werden; echte Widersprüche können auch auf spätere Textverderbnis zurückgehen. Die Bewertung der Phänomene ist selten eindeutig, die Gefahr groß, die Redaktion an heutigen Kriterien zu messen.

Die heute oft vertretene Meinung, der Jeruschalmi sei nie im strengen Sinn abgeschlossen, sondern einfach nicht mehr weiter geführt worden, sollte zu einer Diskussion führen, was genau unter «Redaktion» oder «Endredaktion» rabbinischer Schriften zu verstehen ist. Eng damit zusammen hängt die Bewertung der Handschriften in ihren Unterschieden: Belegen sie verschiedene Versuche, die nie abgeschlossene Redaktion fortzuführen, oder gehen sie auf die Überlieferung eines einmal abgeschlossenen Textes zurück, nicht nur Abschreibfehler, sondern auch bewusste Ergänzungen und Änderungen durch Gelehrte, die diese Texte für den eigenen Bedarf kopierten? Hier sind noch viele Fragen offen.

Offene Fragen

Schon bald nach ihrer Redaktion wurde die Mischna auch nach Babylonien gebracht und wurde dort ebenfalls die Basis des Studiums, Gegenstand Jahrhunderte langer Kommentierung. Der Text der in Babylonien verwendeten Mischna weicht in manchen Details von dem Palästinas ab und ist vielleicht eine frühere Fassung, während in Palästina der Text noch länger revidiert wurde. In Babylonien gab es natürlich zu vielen Bereichen alte halakhische Tradition, die nicht durch Mischna-Normen verdrängt werden konnte. Aufgabe der Auslegung war es daher oft, beide Rechtstraditionen miteinander zu harmonisieren; die Annahme, dass die Mischna vieles unausgesprochen lasse und diese «Lücken» aufzufüllen seien, war bei diesem Vorhaben eine große Hilfe.

Mischna in Babylonien

Stärker als in Palästina wurde hier die Mischna schon früh als kanonischer Text betrachtet und nach denselben Regeln wie die Bibel interpretiert (als vollkommener Text darf sie keine Widersprüche und unnötigen Wiederholungen enthalten), was ebenfalls gewisse Freiräume der Auslegung bot. Wie in Palästina bemühte man sich, die biblische Basis der Halakha zu ergründen, und ver-

Mischna als kanonischer Text

IV. ZWEITER HAUPTTEIL: DIE ZEIT DER RABBINEN

Abb. 4: In den Jahren 1520 bis 1523 hat der christliche Buchdrucker Daniel Bomberg die erste Gesamtausgabe des babylonischen Talmud hergestellt. Seine Ausgabe hat das Druckbild des Talmud für alle Zeiten fixiert.

Der großgedruckte Text in der Mitte des Blatts ist der eigentliche Talmudtext, d. h. die Mischna (hier in der Zeile 8 von unten des Großdrucks einsetzend) und ihr amoräischer Kommentar, die Gemara, die den oberen Teil des Blattes beherrscht und nach der Mischna in der Zeile 5 von unten wieder einsetzt. Links unter der letzten Zeile des Großdrucks steht ein einzelnes Wort, nämlich jenes, mit dem die nächste Seite beginnt – ein Hinweis für den Buchbinder.

Seit Bomberg steht in allen Talmudausgaben auf derselben Seite stets derselbe Text, was die üblich gewordene Zitationsweise ermöglicht. Jeder Traktat beginnt mit seiner eigenen Blattzählung; das erste Blatt ist stets das Titelblatt, der Text beginnt somit auf Blatt 2. Die Vorderseite *(recto)* wird als *a* bezeichnet, die Rückseite *(verso)* als *b*. Da das hebräische Buch von hinten aufgeschlagen wird, entspricht somit *a* den geraden, *b* den ungeraden Seiten unserer Bücher; die linke Seite ist somit Seite a des Blatts. Die abgebildete Seite ist Blatt 16a aus dem Traktat Aboda Zara (Aboda Zara 16a). Ganz gleich, ob die verwendete Textausgabe ein Einzeltraktat oder, gleichgültig in welcher Anordnung, mit anderen Traktaten zusammengebunden ist, die Zählung bleibt immer gleich. Die früher übliche Zitierweise nach Kapitelanfängen bzw. nach der jeweiligen Mischna ist somit einer viel praktischeren Form gewichen.

In einer anderen hebräischen Schrifttype, der sogenannten Raschi-Schrift, *umgeben Kommentare den Talmudtext:* auf der Innenseite des Blattes, also hier rechts, da es eine a-Seite ist, hat der von Anfang an autoritative Kommentar Raschis seinen Ehrenplatz. Die Außenseite, hier links, nehmen die Tosafot ein, die von Raschis Schwiegersöhnen und Enkeln begonnenen Kommentare. Soweit das allgemein feststehende Seitenbild der traditionellen Talmudausgabe; allein schon die Textanordnung zeigt, daß man nach klassischer jüdischer Form den Talmudtext nicht für sich studiert, sondern stets zusammen mit seinen großen Kommentatoren, also in den Dialog der Jahrhunderte eingebunden, der sich um den Talmud entsponnen hat.

Nicht festgelegt, sondern in den jeweiligen Textausgaben verschieden (kann auch ganz fehlen), ist der Rand ganz außen. In unserem Textbeispiel ist rechts eine Spalte mit Querverweisen auf Parallelen in der rabbinischen Literatur zu finden; links stehen Hinweise auf die geltende Halakha – das Talmudstudium soll ja nicht bloße Theorie bleiben, sondern in die Lebenspraxis münden – und darunter der frühe Kommentar des R. Chananel von Kairowan (11. Jahrhundert).

(Aus Günter Stemberger, Der Talmud. Einführung – Texte – Erläuterung, München ³1994) glich die Aussagen der Mischna mit Baraitot, die als frühe Tradition ebenfalls normativ und daher mit der Mischna in Einklang zu bringen waren.

Babylonischer Talmud   Auch der babylonische Talmud (auch Babli genannt) erstreckt sich nicht auf die ganze Mischna. Wie der Jeruschalmi behandelt auch er nicht die Ordnung «Reinheiten» mit Ausnahme von Nidda. Doch übergeht er auch die ganze erste Ordnung außer deren ersten Traktat Berakhot zu den Gebeten. Die Gesetze zu Boden und Landwirtschaft galten ja nur in Israel, waren daher hier nicht relevant. Dagegen verwundert es, dass die Ordnung Qodaschim zum Tempelkult sehr wohl kommentiert wurde, und zwar nicht nur der für die Speisegesetze relevante Traktat Chullin. Die Erklärung dafür findet sich in bMen 110 a: Das Studium der Opfergesetze ist vollwertiger Ersatz für den Tempelkult und die nicht mehr mögliche Darbringung der Opfer.

Entstehung und Umfang   Der babylonische Talmud, sprachlich eine Mischung aus Hebräisch und babylonischem Aramäisch, ist viel umfangreicher als der Jeruschalmi. Das liegt an seinem viel längeren Wachstum: Nach der Tradition wurde er um 500 abgeschlossen, was aber nur für seinen Kern gelten kann. Umfangreiche Abschnitte, die anonym, ohne Nennung von Rabbinen gehalten sind, wurden noch lange danach eingefügt, v. a. zu Beginn einzelner Traktate und Kapitel, wo man die größeren Zusammenhänge der Auslegung und die Gründe für diverse Entscheidungen diskutiert, dabei meist den gesamten Text des Traktats oder Kapitels schon als bekannt voraussetzt, was dem heutigen Leser das Verständnis erschwert. Auch manche frühe Kommentare, ursprünglich vielleicht an den Rand geschrieben, sind noch in den Text eingeflossen. Erst Mitte 8. Jh. war der Text im Wesentlichen abgeschlossen.

Nationalbibliothek des babylonischen Judentums   Zum viel größeren Umfang des Babli trägt aber auch die Aufnahme von umfangreichen Texten bei, die nichts mit dem Kommentar zur Mischna zu tun haben. Die Redaktoren des Werks entschieden, in seinen Rahmen auch alles andere einzugliedern, was ihnen der Bewahrung wert galt. Längere Bibelkommentare, Midraschim (in Palästina einer eigenen Literatur vorbehalten), werden an passender Stelle eingefügt (etwa eine breite Kommentierung von Ex 1–2 im Traktat Sota oder von Ester in Megilla); dazu kommen Traktate wie etwa ein Traumbuch in Berakhot und vieles andere mehr. Zu Recht hat man den Babli als Nationalbibliothek des babylonischen Judentums bezeichnet; diese Entscheidung, alles Überliefernswerte im Rahmen eines einzigen Buches zu vereinen, hat zu seinem Erfolg sicher wesentlich beigetragen.

Wie kann man sich die Entstehung des monumentalen Werks vorstellen? Traditionell denkt man an ein kontinuierliches Wachstum von den frühen Anfängen der Mischnakommentierung im 3. Jh. bis zum Ende des Werks, Sedimentschichten oder Jahresringen eines Baums vergleichbar. Dagegen vertritt Jacob Neusner (wie auch zu anderen rabbinischen Schriften) eine bewußte Planung des Werks am Ende der Entwicklung: Ein einheitlicher und geschlossener Plan des Gesamtwerks sei in etwa einem halben Jahrhundert konsequent ausgeführt worden; dabei habe man die aufzunehmenden Materialien einheitlich gestaltet, um Abschnitte der Mischna gruppiert und zu dem uns vorliegenden Gesamtwerk redigiert. *Einheitliche Gestaltung*

Die Vorstellung eines organischen Wachstums über Jahrhunderte ist kaum haltbar, passt weder zur erhaltenen Endgestalt noch zu den Verhältnissen, unter denen viele einzelne Rabbinen zwar im Kontakt miteinander, doch nicht in Akademien organisiert, an der Auslegung der Mischna, an der Kommentierung der Bibel und anderen Themen arbeiteten. Der bloße Rahmen der Mischna genügt nicht, all das zu einer Einheit werden zu lassen. Trotz aller Vielfalt ist der babylonische Talmud eine Einheit; dahinter muss ein Plan stehen, was man aufnimmt, was nicht tradiert, wie man die Diskussionen von Jahrhunderten zu verschiedenen Themen miteinander ins Gespräch bringt, wie sie anordnet usw. Die Saboräer, d. h. die Gelehrten des 6.–7. Jhs., denen man die langen anonymen Passagen zuschreibt, genauer einige wenige unter ihnen, waren wohl wesentlich für Planung und Organisation des Gesamtwerks verantwortlich; später konnte es noch da und dort ergänzt, doch nicht mehr in seiner Grundgestalt verändert werden. *Plan und Organisation*

Wie bei anderen rabbinischen Schriften gilt auch beim Babli, dass man die darin genannten Rabbinen nicht als sicheren Anhalt für die Datierung der ihnen zugeschriebenen Aussagen oder des über sie Erzählten verwerten kann. Die Endgestalt des Werkes und die Interessen der Redaktoren sind der einzige sichere Ausgangspunkt für seine Deutung. Doch ist die Endgestalt nicht alles, wozu wir Zutritt haben. So wichtig es ist, übergreifende Interessen des Gesamtwerks herauszuarbeiten, bleibt doch die Frage nach Vorstufen und Quellen, die oft deutlich genug zu erkennen sind. Nicht nur unterscheiden sich einige Traktate (zu Gelübden und einzelnen *Vorstufen und Quellen*

Opfergesetzen) sprachlich deutlich vom Rest des Gesamtwerks; auch längere Midraschim und andere Einheiten sind oft so mechanisch in den Kontext eingefügt, dass sie sich problemlos daraus lösen lassen; anderswo sind die Schichten des Textes zwar nicht literarisch so eindeutig von einander abzulösen, aber dennoch klar erkenntlich. So wichtig es ist, den Babli als Einheit in sich zu verstehen, bleibt der synoptische Vergleich mit Parallelen in anderen rabbinischen Werken unverzichtbar, um die Vorgeschichte des Talmud und damit auch die Geschichte des babylonischen Judentums und seiner religiösen Vorstellungen klarer zu erkennen.

Akademien und Redaktion

Zur Zeit, da der babylonische Talmud redigiert wurde, waren an Stelle unabhängiger Lehrer und ihrer kleinen Jüngerkreise schon institutionelle Schulen entstanden, sicher auch eine wichtige Voraussetzung für die Redaktionsarbeit. Die Kontinuität dieser Akademien war aber auch für Bewahrung, Weitergabe und Lehre des Talmud wesentlich.

Schriftlicher Text, mündliche Lehre

Die beiden großen Akademien hatten sicher schriftliche Texte des Talmud, die zwar nicht voll identisch waren, doch zumindest in großen Zügen miteinander überein stimmten. Im Lehrbetrieb stand aber noch immer die mündliche Rezitation im Vordergrund. Wie schriftlicher Text und zugleich mündlicher Lehrbetrieb ineinander wirkten, ist noch sehr wenig erforscht. Doch kann man annehmen, dass die hohe Autorität des rezitierten Textes zu gewissen Abschleifungen der schriftlichen Fassung, mehr noch zu einer Differenzierung im Detail zwischen den Textfassungen der beiden großen Schulen geführt hat. Das könnte nicht nur die schon erwähnten sprachlich abweichenden Traktate erklären (eine andere Erklärung meint, dass diese Traktate lange kaum gelehrt wurden und daher auf einer sprachlich älteren Stufe blieben); es gibt auch Texteinheiten, die als «anderer Stil» (*lischana acharina*) markiert sind – Handschriften zeigen, dass dieses Phänomen weiter verbreitet war, als die Druckfassung des Textes vermuten ließe.

Autorität des babylonischen Talmud

Bald setzte sich der babylonische Talmud als der Talmud schlechthin durch und ist es bis heute geblieben. Dafür gibt es eine Reihe von Gründen. Sicher war die breitere Behandlung der Halakha dabei wesentlich, ebenso die Annahme, dass die Positionen des älteren Jeruschalmi darin schon berücksichtigt und, wo tragfähig, auch übernommen worden seien, und die Verbindung von Mischnakommentar und Midrasch mit anderen Themen zu einem einheitlichen Werk. Ebenso wichtig waren aber äußere Gründe.

Seit Bagdad die Hauptstadt der islamischen Welt geworden war, befand sich das babylonische Judentum im Zentrum der zivilisierten Welt und der darauf ausgerichteten Verkehrsverbindungen. Das karäische Schisma trug dazu bei, dass die Geonim ihre Schultraditionen nicht nur verteidigten, sondern aggressiv propagierten, dabei auch die palästinische Tradition, die manchmal karäischen Positionen näher war, zu verdrängen suchten. Auf Dauer war diese Strategie erfolgreich: Der Jeruschalmi wurde zwar weiter tradiert, von Spezialisten auch studiert, die höchste Autorität aber wurde der Babli.

5. Midrasch

Midrasch (von *darasch*, «forschen, suchen», abgeleitet) bedeutet «Forschung, Studium», im engeren Sinn die Erforschung der biblischen Bücher, dann auch Schriften, die der Auslegung der Bibel gewidmet sind. Oft wird das Wort auf verschiedenste Formen jüdischen Umgangs mit der Schrift bezogen; eigentlich sollte es jedoch auf die rabbinische Literatur beschränkt bleiben. *Erforschung der Bibel*

Was hebt den rabbinischen Zugang zur Bibel so hervor, dass man dafür einen eigenen Begriff verwendet? Wesentlich ist die hermeneutische Grundposition, dass die Bibel als einmalige Offenbarung Gottes für alle Zeiten in einem begrenzten Text alle Möglichkeiten des Lebens anspricht. Möglich ist das durch die Bedeutungsfülle des Textes, der daher mehrdeutig sein muss und auch schon alle Entwicklungen der hebräischen Sprache in sich enthält, um jederzeit verstanden werden zu können. Die Texte von Qumran und ähnlich das Neue Testament behaupten, die eine und einzig wahre Bedeutung der Schrift in ihrer je eigenen Gemeinschaft erfüllt zu sehen; die Rabbinen lehnen die Reduktion des Textes auf die eine allein gültige Bedeutung ab. Im Mittelalter prägt man für die rabbinische Auffassung die bekannte Formel von den siebzig Bedeutungen der heiligen Schrift. *Rabbinische Hermeneutik*

Auch jüdische Auslegung wendet sich ab dem Mittelalter immer mehr von diesem Zugang ab und sucht statt dessen den einen wahren Sinn der biblischen Aussage durch ihre sprachliche wie historische Analyse im größeren Kontext der jeweiligen Schrift, auch wenn man v. a. in der Kabbala wieder die Lehre eines mehrfachen Schriftsinns vertritt. So fragt auch heute jeder Kommentar eines *Mehrdeutigkeit des Bibeltextes* historischen Textes, was der ursprüngliche Autor mit dem Text gemeint habe. Die Rabbinen würden dagegen antworten, dass der biblische Text nicht Werk eines Autors der Vergangenheit ist, sondern das ewige Wort Gottes an mich heute, und zwar auch als Einzelsatz ohne den größeren Kontext. So ist die Frage unwichtig, was es im Anfang bedeutet hat; was zählt, ist allein seine Botschaft an mich. Man könnte natürlich noch viele andere Elemente des rabbinischen Zugangs zur Bibel nennen, doch wesentlich ist das Gesagte: die gewollte Mehrdeutigkeit des Textes und seine Bedeutung für heute.

Vielzahl von Midraschim

Im Verlauf eines Jahrtausends ist eine Vielzahl von Midraschim entstanden; die klassischen Werke sind in Palästina beheimatet, die spätesten Ausläufer schon in Europa. Babylonien hat seine Midraschim, soweit erhalten, in den Talmud integriert, von den selbständigen Midraschim ist dagegen keiner mit Sicherheit in Babylonien zu lokalisieren.

Auslegung der Tora

Eine erste Gruppe von Schriften legt die Tora aus, genauer die Bücher Exodus bis Deuteronomium mit (nicht ausschließlichem) Schwerpunkt auf der Halakha. Man nennt sie daher halakhische Midraschim. Da die in ihnen genannten Rabbinen alle Tannaiten sind, Meister aus der Zeit der Mischna, spricht man auch von tannaitischen Midraschim; da die Datierung der Werke umstritten ist, sollte man aber diese Bezeichnung eher vermeiden.

Halakhische Midraschim

Zu dieser Gruppe gehören die Mekhilta (der Name bedeutet «Regel», dann auch die Auslegung nach bestimmten Regeln) zu Exodus (beginnend mit Ex 12, somit ohne die Unterdrückung der Israeliten und die ganze Vorgeschichte des Auszugs), Sifra («das Buch») zu Levitikus und Sifre («die Bücher») zu Numeri und Deuteronomium (ab Num 5 bzw. Dtn 12; größere Textblöcke ohne gesetzliches Interesse werden übersprungen). Seit Ende 19. Jh. kennt man durch Textfunde aus der Geniza und Zitate in anderen Werken eine zweite Kommentarreihe, ausgenommen zu Sifra: Mekhilta de R. Schim'on bar Jochai, Sifre Zutta und Midrasch Tannaim.

Zwei Schulen?

Bei aller Verwandtschaft in Auslegungsweise und Sprache (Mischnahebräisch) gibt es deutliche Unterschiede, die schon David Hoffmann (*Zur Einleitung in die halachischen Midraschim*, 1887) dazu geführt haben, diese Midraschim auf zwei Gruppen aufzuteilen, die er den Schulen Jischmaels und Aqibas zuschrieb. Diese beiden Rabbinen aus dem frühen 2. Jh. verbindet die Tradition mit konträren Auslegungsmethoden: Nach R. Jischmael «spricht die Schrift die Sprache der Menschen», ist also wie jedes andere literarische Werk zu deuten; R. Aqiba dagegen tritt dafür ein, jedes sprachliche Detail, das für die Sachaussage nicht unbedingt notwendig ist, als Zeichen auf einen zusätzlichen Sinn zu verstehen. Ob die beiden Meister die ihnen zugeschriebenen Methoden wirklich und ausschließlich vertreten haben, ist historisch nicht zu belegen. Für die beiden Textgruppen können die Namen nicht mehr als Chiffren sein; das genaue Verhältnis der jeweiligen Parallelwerke zueinander ist noch nicht hinreichend geklärt.

Traditionell datiert man diese Midraschim ins frühe 3. Jh. Berief man sich schon in früher Zeit (Scherira) dafür auf die Rabbinen, denen diese Werke zugeschrieben werden, verweist man heute auf inhaltliche Kriterien wie Sprache, zitierte Rabbinen und das Verhältnis zur übrigen rabbinischen Literatur. Andere Autoren meinen dagegen, wie schon zur Tosefta, diese Schriften würden noch in den beiden Talmuden nie eindeutig zitiert und verwertet, seien daher nicht vor dem frühen 5. Jh. anzusetzen, auch wenn die verwendeten Einzelauslegungen meist alt sind. Noch weiter geht man vereinzelt im Fall der Mekhilta; sie sei im 8. Jh. in Ägypten oder Nordafrika entstanden und pseudepigraph R. Jischmael zugeschrieben worden. Die Mekhilta sticht von den anderen Midraschim der Gruppe in manchen Punkten wirklich ab und verdient eine neue umfassende Untersuchung. Ihre radikale Spätdatierung ist jedoch kaum zu begründen.

Kriterien der Datierung

Das Verhältnis dieser Midraschim zur Mischna ist ein wichtiger Punkt. Fast alle enthalten zahlreiche explizit als Zitate eingeführte Parallelen zur Mischna, oft wörtlich wie im heute vorliegenden Mischnatext. Besonders umfangreich sind solche Passagen in Sifra, da ja auch die Mischna Gesetze aus Levitikus in mehreren Traktaten systematisch bespricht. Nach Meinung mancher (so jetzt wieder Ronen Reichman) stützt sich hier die Mischna auf Sifra, die ihrerseits ältere Texte zitiert; meist aber nimmt man an, dass der Midrasch die Mischna zitiert, sei es als schon redigiertes Werk, sei es in einer Frühstufe. So auch Jacob Neusner, der aber hinzufügt, Sifra zitiere polemisch, um zu zeigen, dass die rein logische Ableitung der Halakha nie ausreicht und allein der Schrifttext Sicherheit gewährt. Wieder anders sieht es aus, wenn man die Mischnazitate einer späteren Bearbeitung des Midrasch zuschreibt, die zu zeigen versucht, dass auch die Mischna letztlich auf Bibelauslegung beruht. Nimmt man einen mehrphasigen Ent-

Parallelen zur Mischna

stehungsprozess dieses Midrasch (und auch anderer Texte) an, ist die Frage der Datierung nicht so eindeutig zu lösen.

Midraschim zu Genesis und Klageliedern

Im 5. Jh., etwa zeitgleich mit dem palästinischen Talmud, entstanden die Midraschim zu Genesis (Bereschit Rabba) und den Klageliedern (Ekha Rabbati). Diese waren der Lesetext zum 9. Ab, dem Jahrestag der Zerstörung des Tempels, und daher wohl schon oft kommentiert worden. Genesis war der letzte Text der Tora, zu dem noch kein früherer Kommentar vorlag. Anders als in den halakhischen Midraschim, die außer Sifra nur einzelne Blöcke des jeweiligen Buchs kommentierten, geht der Midrasch zu Genesis das ganze Buch gründlich durch, besonders ausführlich in der Schöpfungsgeschichte, die vielfach als esoterisches Wissen galt. Zahlreiche Parallelen zum Jeruschalmi zeigen die enge Nähe der beiden Texte.

Frühe Predigtmidraschim

Wohl um dieselbe Zeit entstanden aber auch zwei andere Texte zur Bibel, frühe Beispiele des Predigtmidrasch: Wajjiqra Rabba zu Levitikus bespricht, wie für diese Gattung üblich ist, jeweils nur ausgewählte Verse des im Gottesdienst gelesenen Abschnitts der Tora im Zusammenhang mit der Prophetenlesung, aber auch mit anderen Bibeltexten, und zeigt so, wie man rein gesetzliche Texte erbaulich aufbereiten konnte. Die Pesiqta de Rab Kahana, die mit Wajjiqra Rabba einige Kapitel gemeinsam hat, bietet Auslegungen nicht zu den Sabbatlesungen, sondern zu Festen und besonderen Sabbaten im Jahreskreis, wozu nicht die fortlaufende Toralesung als Predigtvorlage diente; darin ist sie Vorbild für die spätere Pesiqta Rabbati (Pesiqta bezeichnet den Leseabschnitt). In diesem Rahmen konnten auch Texte aus den Propheten, denen sonst keine Midraschim gewidmet sind, Vorlage der Festpredigt sein. Die hier und in späteren solchen Werken gebotenen Predigten sind nicht tatsächlich gehaltene, sondern literarische Predigten, die oft auch nur kurz alternative Ansätze vorschlagen. Als Gebrauchsliteratur sind diese Werke natürlich besonders für Ergänzungen und Anpassungen anfällig, was die literarische Analyse und historische Einordnung mancher Einheiten vor besondere Probleme stellt.

Sprachliche Unterschiede Bibelerzählung

Die genannten klassischen Midraschim sind sprachlich wie der palästinische Talmud eine Mischung von Hebräisch und Aramäisch. Spätere Midraschim bevorzugen dagegen reines Hebräisch, das zum Teil auch direkt die Sprache der Bibel nachahmt. Oft verwischt man bewusst die Grenzen zwischen Bibeltext und eigener Nacherzählung, die die Bibel mit verschiedensten Traditionen auffüllt und zu einer neuen Einheit formt. Die um 800 entstandenen Pirqe («Kapitel des») R. Elieser, ein bis heute sehr beliebtes Werk, sind dafür ein frühes Beispiel. Zwar folgt der Aufbau weithin der Tora mit Schöpfung, Patriarchen, Exodus und Wüstenwanderung, fügt aber in diesen Rahmen ein Kapitel zur Jonageschichte (verbunden mit der Erschaffung der Fische am fünften Tag der Schöpfung) oder eines zu Haman und Ester ein. Bibelauslegung und freie Nacherzählung gehen hier ineinander über, werden mit ethischen Mahnungen oder apokalyptischen Stücken verknüpft, die auch deutlich auf die eigene Gegenwart unter dem Islam (so den Bau des Felsendoms auf dem Tempelplatz) Bezug nehmen.

In dieser und etwas späterer Zeit entstehen auch noch am klassischen Midrasch orientierte Schriften wie Qohelet Rabba; der Seder Elijahu ist ein als «ethischer Midrasch» nur höchst unvollkommen umschriebenes Werk in einem blumigen späten Hebräisch; das Alphabet des Ben Sira schließlich verbindet Stoffe der Bibel und der Spruchweisheit mit einer klar satirischen Note. Noch populärer wurden biblische Erzählungen wie das Leben Moses, aufgefüllt mit Heldentaten und magischen Elementen und damit geeignet, sich als Unterhaltungsliteratur gegenüber nichtjüdischer Konkurrenz durchzusetzen. Späte Midraschim

Die Endphase des Midrasch ist von Sammelmidraschim geprägt. In Europa entsteht im 12.–13. Jh. der Schim'on von Frankfurt zugeschriebene Jalqut («Sammlung, Anthologie»), der Auszüge aus über fünfzig Midraschim zu einem fortlaufenden Kommentar der ganzen Bibel zusammenfügt. Für viele nicht mehr erhaltene Schriften sind die Zitate im Jalqut der einzige Beleg; doch ist das Werk nur mit Vorsicht auszuwerten, da der Kompilator seine Quellen nicht immer wörtlich wiedergibt. Anthologien Jalqut

Was der Jalqut für das europäische Judentum bedeutete, war im Jemen der Midrasch ha-Gadol («große Midrasch»), den David ben Amram von Aden im 13. Jh. kompilierte. Das Werk umfasst allein die Tora, ist aber dazu viel umfangreicher als der Jalqut und wertet auch viele damals in Europa unbekannte Schriften aus. Die fragmentarischen halakhischen Midraschim wurden großteils aus Zitaten im Midrasch ha-Gadol rekonstruiert, was aber auch hier nur mit größter Vorsicht möglich ist. Im jemenitischen Judentum ist das Werk bis heute fast ein Hausbuch geworden; wie kein anderes hat es dazu beigetragen, die Tradition des Midrasch über die Jahrhunderte lebendig zu halten, und das religiöse Leben bestimmt. Midrasch ha-Gadol

6. Literatur der Geonim

Neue Werke — Seit islamischer Zeit, v. a. ab Gründung von Bagdad, beginnen die Leiter der gaonäischen Schulen, nicht mehr einfach den Talmud zu bearbeiten und in Glossen zu kommentieren, sondern eigene Werke verschiedenster Art zu verfassen.

Responsen — Anlass sind oft Anfragen von ehemaligen Studenten oder entfernten Gemeinden zu Problemen der Halakha und des Talmud, zum Verständnis der Bibel und der Liturgie. Die Fragen zusammen mit den Antworten (hebr. *Sche'elot u-tschuvot*) wurden aufbewahrt und gesammelt; viele waren schon lange aus im Mittelalter in Nordafrika und Europa zusammengestellten Sammlungen bekannt; viele wurden in der Geniza entdeckt – oft kopierte man die Antwortschreiben (Responsen) in den jüdischen Gemeinden, durch die sie auf dem Weg zu ihren eigentlichen Adressaten kamen. Man schätzt, dass etwa 5000–10 000 Responsen der Geonim erhalten sind, in Hebräisch, Aramäisch und Arabisch. Responsen, die an näher oder in östlichen Ländern wohnende Fragesteller gerichtet waren, sind dagegen meist verloren gegangen.

Quelle für islamische Zeit — Die Texte, die noch bei weitem nicht systematisch ausgewertet sind, sind unsere wichtigste Quelle nicht nur für Halakha, Talmud- und Bibelauslegung in dieser Zeit: Sie enthalten viele historische Informationen über das Leben der Akademien und ihre Beziehungen zu jüdischen Gemeinden der fernen Diaspora, interne Streitigkeiten und Probleme mit der islamischen Welt sowie ganz allgemein zum jüdischen Leben im Alltag.

Sche'iltot — Doch begann man schon bald, halakhische Fragen auch in systematischerer Form zu behandeln. Die Sche'iltot («Fragen, Predigten») des Rab Achai von Schabcha sind ein frühes Beispiel; Achai soll um 750, weil man ihn bei der Wahl zum Gaon übergangen hatte, nach Palästina ausgewandert sein. Das Buch ist eine Sammlung von etwa 180 Predigten zur Tora, gegliedert nach dem einjährigen Lesezyklus Babyloniens. An jeden Bibeltext werden halakhische Fragen geknüpft, die auch für das einfachere Volk von Interesse sein konnten, und mit vielfachem Rückgriff auf den Talmud beantwortet. Dazwischen kommen auch viele nicht gesetzliche Stoffe, um das Publikum nicht zu überfordern. In der Textüberlieferung des lange sehr populären Werks war man oft nur an den halakhischen Fragen und den Antworten darauf interessiert und kürzte die anderen Stoffe. Eine kritische Ausgabe im Vollsinn gibt es wie zu vielen anderen gaonäischen Werken noch nicht.

Die Halakhot Pesuqot («entschiedene Halakhot») sammeln die für die Praxis relevante Halakha zu Gebet, Sabbat und Festen, Familie und Zivilrecht. Die Anordnung der Themen folgt weithin, doch nicht ausschließlich, dem Talmud. Das aramäische Werk, von dem es auch hebräische und arabische Bearbeitungen gibt, wurde oft Jehudai Gaon (757–761 Gaon von Sura) oder seinen Schülern zugeschrieben, dürfte aber später entstanden sein. *Halakhot Pesuqot*

Eng mit den Halakhot Pesuqot verwandt, doch viel umfangreicher sind die Halakhot Gedolot («Große Halakhot»); sie haben auch viel Stoff aus den Sche'iltot übernommen und enthalten nicht nur die damals praktizierte Halakha, sondern auch Gesetze zum Tempelkult und anderes. Sie wurden manchmal ebenfalls Jehudai Gaon zugeschrieben, gelten aber heute als Werk des Schim'on Qajjara aus Basra (9. Jh.). Schon in Babylonien scheint es bald als offizielles Textbuch verwendet worden zu sein; noch größeres Ansehen erlangte das Werk in Europa. *Halakhot Gedolot*

In gaonäischer Zeit befasste man sich auch systematisch mit der Frage, wie man aus dem Talmud die Halakha ableiten könne, wo dessen Text Diskussionen zwischen Rabbinen enthält, ohne zu sagen, wessen Meinung gilt, oder auch sonst keine Entscheidung bietet. Der schon erwähnte Seder Tannaim we-Amoraim (spätes 9. Jh.) verbindet eine solche Methodenlehre mit einer Erklärung talmudischer Begriffe; dazu kommen Listen von Patriarchen und Rabbinen, die nach Generationen eingeteilt werden (nach diesem Teil ist das aus verschiedenen Teilen zusammengesetzte Werk benannt). *Seder Tannaim we-Amoraim*

Noch einflussreicher wurde das ebenfalls schon genannte Schreiben des Rab Scherira Gaon, in dem dieser 987 eine Reihe von Anfragen jüdischer Gelehrter aus Kairowan (Tunesien) zur Entstehung der einzelnen rabbinischen Schriften beantwortete und in dem Zusammenhang auch die Geschichte der Rabbinen und ihrer Schulen in Palästina und besonders Babylonien darstellte. Fast bis in die Gegenwart ist dieses Responsum Scheriras die Basis der meisten Aussagen und Hypothesen zur Geschichte der rabbinischen Literatur und zur Chronologie der Rabbinen und der gaonäischen Zeit geworden. Wo zu Rabbinen absolute Jahreszahlen genannt werden, ist gewöhnlich Scherira die (kaum überprüfbare) Quelle. Von den Methodenproblemen in der Verwertung seiner *Scherira Gaon*

Angaben war schon die Rede. Die wenig spätere und viel umfangreichere arabische Einleitung in Mischna und Talmud des Samuel ben Chofni Gaon wurde in der arabischen Welt populär, ist aber nur in Teilen erhalten geblieben; im Westen wurde sie nie eine Konkurrenz von Scherira, dessen Schreiben oft kopiert wurde und in zwei leicht verschiedenen Rezensionen erhalten ist.

Liturgie Seder Rab Amram

Aus gaonäischer Zeit stammen auch die ersten Kompendien zur jüdischen Liturgie, von deren Formen in talmudischer Zeit wir nur sehr begrenzte Kenntnisse haben. Viele auch zentrale Gebete waren lange textlich relativ beweglich; auch regionaler Brauch ließ keine einheitliche Liturgie aufkommen. Die Geonim versuchten hier zunehmend regelnd einzugreifen. Als Responsum auf eine Anfrage aus Spanien schrieb Amram ben Scheschna Gaon um die Mitte des 9. Jhs. ein Gebetbuch für das ganze Jahr, den *Seder Rab Amram*. Das Buch enthält die Gebete für Wochentag, Sabbat, Feste und besondere Anlässe in Hebräisch, dazu (auch in Aramäisch) entsprechende Anweisungen. Besonders in Nordafrika und Europa wurde das Buch äußerst populär, doch als Werk für den regelmäßigen Gebrauch ständig ergänzt und an den Ortsbrauch angepasst. Damit können die darin enthaltenen Gebetstexte nur schwer datiert werden und eine kritische Ausgabe des Werks steht vor größten Problemen.

Saadja Gaon Gebetbuch

Der schon mehrfach genannte Saadja Gaon (882–942), der wie kein anderer Gaon die jüdische Tradition in sämtlichen Gebieten auf Dauer beeinflusst hat, verfasste auf Arabisch ein Gebetbuch für das ganze Jahr, das gewöhnlich als Siddur Rab Saadja Gaon zitiert wird, und in dem er auch Aufbau und Ordnung der Liturgie systematisch darstellte. Durch die Sprache war seine Wirkung auf den islamischen Bereich beschränkt, dort aber Jahrhunderte lang sehr verbreitet. Dann aber geriet es fast in Vergessenheit, ehe es im 20. Jh., ergänzt durch eine hebräische Übersetzung, kritisch ediert wurde.

Saadja Übersetzung der Bibel

Saadja übersetzte die Bibel ins Arabische, schrieb aber auch eine volkstümliche Fassung, die den Bibeltext paraphrasiert und somit erklärt (Tafsir, «Kommentar»). Seine Studien zu Grammatik und Vokabular der Bibel waren dafür eine wesentliche Voraussetzung. Dazu verfasste er auf Arabisch Kommentare zur Bibel, die inzwischen zum Teil in modernen Ausgaben, begleitet von hebräischen Übersetzungen vorliegen (zu Genesis, Jesaja, Daniel, Sprichwörter, Psalmen, Hiob). Darin vertrat er gegen die Midraschtradition, aber auch gegen jede Allegorisierung, den Wortsinn, wo immer dieser nicht der Vernunft oder der halakhischen Tradition widerspricht. Damit hat Saadja der jüdischen Bibelauslegung einen neuen Weg gewiesen. Im Westen einflussreicher sollte allerdings sein philosophisches Werk werden, das jüdischem Denken den Weg in eine neue Zeit eröffnen sollte (dazu im nächsten Teil).

Zeittafel

70	Zerstörung Jerusalems und des Tempels	Jochanan ben Zakkai in Jabne Beginn der rabbin. Bewegung
132–135	Bar Kokhba-Aufstand	
138–161	Antoninus Pius	Neuanfang in Galiläa (Uscha)
ca. 200	Jehuda ha-Nasi Patriarch	Redaktion der Mischna
212	Constitutio Antoniniana	Allgemeines römisches Bürgerrecht
226	Ardaschir; Sassaniden	Krise der jüdischen Autonomie in Babylonien
241–273	Schapur I.	dina de-malkhuta dina
259	Odenat zerstört Nehardea	
260–273	Odenat und Zenobia von Palmyra	Messianische Hoffnungen
324	Konstantin Alleinherrscher	Christianisierung Palästinas
361–363	Julian	Versuchter Wiederaufbau des Tempels in Jerusalem
380	Theodosius I.	Christentum Staatsreligion
415	Maßregelung Gamaliels VI.	Zentrale Führung in Palästina
429	Gesetzliche Regelung zum Ende des Patriarchats	gefährdet; Redaktion des palästinischen Talmud
438	Codex Theodosianus	Einschränkung jüdischer Rechte
ab 470	Religionsverfolgungen in Babylonien	Krise des Exilarchats
520		Mar Zutra geht nach Tiberias
529/534	Codex Justinianus	Antijüdische Gesetze
614–628	Palästina unter persischer Herrschaft	Hoffnung auf endzeitliche Erlösung
ab 637	Perserreich wird arabisch	
638	Jerusalem ergibt sich den Arabern	Juden wieder in Jerusalem
642	Araber erkennen Exilarchen an	Redaktion des babylon. Talmud
748	Erdbeben verwüstet Syropalästina	Niedergang der Region
762	Gründung von Bagdad	Anan, Karäer
882–942	Saadja Gaon	Arabische Bibel, Philosophie
1071	Seldschuken erobern Palästina	Rabbin. Akademie Jerusalems nach Tyrus, dann Damaskus

V. Dritter Hauptteil: Mittelalter

Die zeitliche Abgrenzung des Mittelalters für die jüdische Ge- schichte und Kultur ist nicht eindeutig. Als Beginn rechnet man meist die islamische Expansion des 7.– 8. Jhs. (638 Jerusalem; 711 Spanien), mit der nicht mehr das römische Reich die Mehrheit der Juden umfasst, sondern die islamische Welt, in der im frühen 8. Jh. vielleicht 90 Prozent aller Juden lebten. Als Endpunkt nimmt man gewöhnlich die Mitte des 17. Jhs. (Chmielnicki-Pogrome in der Ukraine 1648), auch wenn aus religiös-kultureller Sicht man auch das späte 18. Jh. nennen könnte (beherrschende Bestimmung des Lebens durch die jüdische Gemeinde und ihre Tradition, aus der man nur durch Konversion herausfällt; für die islamische Welt gilt das bis ins frühe 20. Jh.). Aus Raumgründen beschränkt sich die Darstellung fast ganz auf Europa, was durch das kulturelle Übergewicht der jüdischen Gemeinden dieses Raums zu rechtfertigen ist. Für die äußere Geschichte liegt der Schwerpunkt auf der iberischen Halbinsel und dem deutschen Raum.

<small>Epochengrenze</small>

1. Geschichte

In der Spätantike gab es jüdische Gemeinden im ganzen südlichen Europa mit Schwerpunkten in Griechenland und Italien, weniger breit belegt in Gallien und Spanien, nur vereinzelt auch in Deutschland (Köln durch ein Gesetz Konstantins von 321, das die Juden zum Dienst in der städtischen Kurie verpflichtet). In Italien und Griechenland ist die Kontinuität dieser Gemeinden bis ins Mittelalter weithin gesichert, nicht jedoch in anderen Gebieten.

<small>Gemeinden in Europa</small>

In Spanien verbot die Synode von Elvira um 306 den Christen zu enge Kontakte mit Juden. Der Brief des Severus von Minorca schildert die Konversion der jüdischen Gemeinde von Magona, zusammen 540 Personen, im Jahr 418. Das wäre für die Insel eine sehr große Gemeinde; doch ist der Brief historisch nicht unproblematisch. Inschriftlich sind Juden in Spanien kaum belegt, und auch

<small>Spanien unter den Westgoten</small>

über ihre Verbreitung unter westgotischer Herrschaft ist wenig bekannt. Als Arianer waren die Westgoten wohl eher judenfreundlich. Doch 587 trat Rekkared zum Katholizismus über und seit diesem Jahr erließen mehrere Konzilien von Toledo Gesetze gegen die Juden, verboten Beschneidung, Sabbat und Feste und befassten sich mit den Folgen der von König Sisebut (612–621) angeordneten Zwangstaufen von Juden. Das 12. Konzil von Toledo 681 befahl den verbliebenen Juden die Taufe innerhalb eines Jahres, Verweigerern drohte man Verfall ihres Besitzes und Ausweisung an. Die arabische Eroberung ab 711 konnten die Juden da nur als Erlösung empfinden.

Arabische Eroberung Spaniens

Als Abd al Rahman I. (756–788) ein omajadisches Emirat mit Cordoba als Hauptstadt gründete, erlangten Juden, sowohl schon ansässige wie nun zahlreich aus der islamischen Welt zugewanderte, wichtige Stellungen in der Verwaltung. In allen größeren Städten entstanden bedeutende jüdische Gemeinden, die durch den so genannten Omarvertrag als Buchreligion eine viel bessere Rechtsstellung als in der christlichen Welt hatten.

Chasdai Ibn Schaprut

Unter Abd al Rahman III. (912–971, ab 929 Kalif) stieg Chasdai Ibn Schaprut (ca. 910–970) am Hof zu höchsten Würden auf: Er war Hofarzt, bald auch für die Verwaltung der Zölle und diplomatische Kontakte mit der christlichen Welt verantwortlich. So war er auch mit Byzanz in Verbindung, ebenso mit den Chasaren, einem kleinen Reich zwischen Schwarzem und Kaspischem Meer, dessen Oberschicht im 8. Jh. zum Judentum konvertierte. Umstritten ist, ob der überlieferte Briefwechsel Chasdais mit dem Chasarenfürsten echt ist.

Jüdische Autonomie

Vom Kalifen mit der Vertretung der jüdischen Gemeinden im islamischen Spanien betraut, setzte Ibn Schaprut Mosche ben Chanokh, einen aus Süditalien gekommenen Talmudgelehrten wohl babylonischer Herkunft, über das jüdische Gericht von Cordoba und seine Schule; damit versuchte er, die Juden Spaniens von den gaonäischen Schulen Bagdads unabhängig zu machen. Nach islamischem Vorbild trat er auch als Mäzen der Wissenschaften auf und stellte den hebräischen Grammatiker Menachem ben Saruq als Sekretär und Hofdichter an, ebenso Dunasch ben Labrat, einen Schüler Saadjas.

Samuel ha-Nagid Gelehrter und Dichter

1013 zerfiel das omajadische Kalifat in mehrere kleine Reiche. In einem davon, dem Königtum Granada, kam Samuel Ibn Nagrela (993–1056) zu ähnlicher Macht wie Ibn Schaprut vor ihm. Den Titel ha-Nagid («der Fürst») trug er als Führer der jüdischen Gemeinden, dessen Einfluss weit über Granada, ja Spanien, hinausreichte. Über seine politischen und militärischen Aufgaben hinaus befasste sich Samuel ha-Nagid stets mit Poesie und Wissenschaft. Er hatte in Cordoba Halakha studiert und war darin eine anerkannte Autorität, bekannt auch als Philologe; v. a. aber war er der erste große hebräische Dichter Spaniens: Von ihm stammen Weinlieder und Liebesgedichte, Naturpoesie wie auch Texte, in die seine Erfahrungen als Feldherr einflossen. Als Mäzen förderte er Salomo Ibn Gabirol (ca. 1020–1057), der ihn als Dichter weit übertreffen sollte.

Dass Juden zu solchen Positionen kommen konnten, zeigt, wie sehr sich ihre Lage in Spanien von der in allen anderen Ländern der damaligen Welt unterschied. Die weit gehende Integration in die islamische Kultur sieht man in der Hingabe an Wissenschaft und Dichtung – hier allein schrieben Juden nicht nur liturgische Gedichte, sondern auch profane Poesie jeglicher Art. Gewiss darf man die Leistungen einzelner Personen nicht verallgemeinern; doch gibt es genug Hinweise, dass auf einem bescheideneren Niveau kulturelle Interessen weit verbreitet und Juden auf allen Ebenen der Verwaltung, als Ärzte und spezialisierte Handwerker sehr gesucht waren. Kulturelle Integration

Unter der Oberfläche muss es aber sehr wohl größere Spannungen gegeben haben, wie der 1066 in Granada ausgebrochene Aufstand zeigt: Damals fiel die moslemische Bevölkerung über die Juden der Stadt her und tötete viele, darunter Josef ha-Nagid, den Sohn und Nachfolger Samuels. Es war gefährlich, als Angehöriger einer Minderheit im Interesse eines Fürsten die Mehrheit zu regieren. Das «goldene Zeitalter» der Juden im moslemischen Spanien war auch keine heile Welt, auch wenn im Vergleich mit anderswo das Licht dominiert. Schon die frühe Wissenschaft des Judentums neigte dazu, die jüdische Geschichte Spaniens zu verherrlichen; anders als in der eigenen Welt, deren rabbinische Kultur man als eng empfand, und wo Juden noch lange nicht gleichberechtigt waren, sah man in Spanien einen Hort der Freiheit und Aufgeklärtheit. Etwas von dieser Verklärung Spaniens wirkt noch heute nach; eine nüchtern ausgeglichene Betrachtung sieht vieles differenzierter. Spannungen Xenophobie

Inzwischen hatte der kastilische König Alfons VI. (1065–1109) Toledo zurückerobert und bedrängte die islamischen Reiche im Süden. Die aus Nordafrika zu Hilfe eilenden Almoraviden waren strenge Moslems, die von religiöser Toleranz wenig hielten und die Almoraviden und Almohaden

Juden drängten, zum Islam zu konvertieren; die jüdische Gemeinde von Lucena entging nur durch Zahlungen der erzwungenen Konversion. Doch die Lage der Juden wurde noch schlechter, als ab 1146 die noch radikaleren Almohaden aus Marokko Andalusien zu erobern begannen. Die Ausübung des Judentums wurde verboten, Synagogen wurden geschlossen und die Juden standen vor der Wahl, zu konvertieren (insgeheim blieben viele aber weiter Juden) oder auszuwandern, in das nun auf einmal attraktivere christliche Spanien oder in andere islamische Länder (so die aus Cordoba stammende Familie des Maimonides). Die große Zeit der jüdischen Gemeinden Andalusiens war damit zu Ende. Doch Mitte des 13. Jhs. wurde dann auch der Islam durch Kastilien aus Andalusien verdrängt; einzig Granada hielt bis 1492 durch.

Reconquista

In der christlichen Rückeroberung des Landes, der Reconquista, spielten die aus den arabischen Gebieten geflohenen Juden eine wichtige Rolle. Die Könige bauten auf ihre Loyalität, setzten sie wegen ihrer Sprachkenntnisse gern in den eroberten Gebieten in der Verwaltung ein und nutzten ihre beruflichen Erfahrungen, die dringend gebraucht wurden. Begünstigt wurden auch die schon bestehenden jüdischen Gemeinden der neuen Gebiete; vielen wurde frei gewordenes Land zugewiesen, ihr Handel expandierte. Die jüdischen Viertel genossen gerichtliche und religiöse Autonomie (Aljama), durch königliche Privilegien gesichert. An Königs- und Adelshöfen waren Juden als Verwalter der Finanzen, als Übersetzer und Ärzte gesucht; so gerieten sie auch hier in Machtpositionen, die ihnen auf Dauer gefährlich werden sollten.

Neuregelung der Rechtslage

Als die Reconquista Mitte des 13. Jhs. fast alle ihre Ziele erreicht hatte (1248 Eroberung von Sevilla), setzte in der Lage der Juden eine langsame Wende ein. Alfons X. regelte um 1263 in seinem Codex (Las Siete Partidas) die Rechtsverhältnisse des Reiches neu. Er garantierte die religiöse Freiheit der Juden, beschränkte aber die Zahl und Größe der Synagogen und verbot Juden gemäß kirchlichem Recht, Autorität über Christen auszuüben. Es dauerte Jahrzehnte, bis alle Normen in der Praxis angewandt wurden, doch längerfristig verschlechterte der Codex die Lage der Juden. Noch immer wurden Hofjuden v. a. für die Verwaltung der Finanzen und die Eintreibung der Steuern gebraucht, doch machte das Misstrauen der Könige und die feindliche Haltung von Kirche, Adel und Städten die Aufgabe höchst riskant. Deutlich zeigt dies der Fall von Samuel ben Meir ha-Levi Abulafia, Schatzkanzler unter Pedro dem Grausamen (1350–69) und Erbauer der Synagoge El Tránsito in Toledo, der im Gefängnis starb, ebenso der des königlichen Steuerpächters Don Josef Picho, der auf Anordnung des Rabbinatsgerichts als Verräter im Geheimen hingerichtet wurde; als Folge nahmen 1380 die Cortes den jüdischen Gemeinden die Kriminalgerichtsbarkeit.

Schon die Disputation von Barcelona im Jahr 1263 (dazu später) zeigt, wie sehr der Druck der Kirche auf die Juden gestiegen war. Die eigentliche Wende markieren die Ereignisse des Jahres 1391. Nachdem ein fanatischer christlicher Prediger schon lange eine Kampagne gegen die Juden geführt hatte, kam es 1391 in Sevilla zu schweren antijüdischen Ausschreitungen mit vielen Toten; Synagogen wurden in Kirchen umgewandelt, viele Juden zur Taufe gezwungen. Die Unruhen griffen bald auf andere Städte über: die jüdische Gemeinde von Valencia wurde zerstört, die von Tortosa zwangsbekehrt; in Barcelona kamen über vierhundert Juden ums Leben. Die Behörden griffen viel zu spät und schwach ein. Druck der Kirche auf die Juden

Viele unter Druck getaufte Juden (Conversos oder Marranen) nahmen nun die Positionen der früheren Hofjuden ein und führten als Neuchristen ihre früheren Geschäfte fort, was sie ebenfalls zum Ziel von christlichen Übergriffen machte; zugleich standen sie im Verdacht, insgeheim doch noch als Juden zu leben, und gerieten so ins Visier der Inquisition. Als 1492 mit Granada der letzte moslemische Posten in Spanien fiel, wurde auch das Dekret unterzeichnet, wonach alle nicht getauften Juden das Land bis zum 31. Juli verlassen mussten. Man schätzt die Zahl der Vertriebenen auf 100–200 000 Personen. Manche von ihnen gingen nach Portugal, wo sie aber 1497 ebenfalls ausgewiesen wurden, die meisten aber zogen in vom Islam beherrschte Länder, nach Nordafrika und in die Türkei, viele auch nach Italien, andere nach Holland und Hamburg. Eine lange, auch kulturell hochbedeutsame Geschichte war damit nach einer längeren Zeit des Niedergangs für immer zu Ende gegangen. Vertreibung aus Spanien

Im Frankenreich findet man zahlreiche Hinweise auf Juden v. a. in den Schriften des Gregor von Tours (538–594); demnach scheinen die Juden mit der christlichen Bevölkerung meist in gutem Einvernehmen gelebt zu haben, wie auch die wiederholten Warnungen regionaler Konzilien vor zu engen sozialen Kontakten mit Juden andeuten. Doch berichtet Gregor auch vom Druck auf Juden, sich taufen zu lassen: so eine Massentaufe durch Avitus von Cler- Frankreich mont 576 und ein Taufbefehl König Chilperics 582 in Paris. 629 soll König Dagobert die Juden auf Drängen des Kaisers Heraklius vor die Wahl zwischen Taufe und Ausweisung gestellt haben. Der Beleg dafür ist spät und problematisch. Doch gibt es dann längere Zeit keine Nachrichten über Juden.

Ludwig der Fromme Juden im Fernhandel

Im 9. Jh. begegnen uns wieder Juden, die offenbar v. a. im Fernhandel tätig waren, in arabischen Quellen «Radaniten» genannte Kaufleute, die vom Frankenreich nach Nordafrika und weiter bis Indien reisten und mit Sklaven, Stoffen, Gewürzen und Medikamenten handelten. Dazu passt die Erwähnung des Juden Isaak, der eine Gesandtschaft Karls des Großen zu Harun al-Raschid begleitete. Der Hof schätzte die Juden als Lieferanten von Luxusgütern und stellte ihnen Schutzbriefe aus (so Ludwig der Fromme, 814–840), in denen er sie von lokalen Abgaben und Zöllen befreite, ihnen freie Ausübung der Religion zusicherte und auch die Beschäftigung von Christen erlaubte. Heidnische Sklaven, mit denen sie handelten, gegen den Willen der jüdischen Händler zu taufen, wurde streng verboten.

Agobard und Amolo von Lyon Missionierung

Bischof Agobard von Lyon (816–840) protestierte unter Verweis auf kirchliche Lehre gegen diesen letzten Punkt beim Kaiser. Da er damit erfolglos war, versuchte er es mit allgemeineren Schreiben gegen die Juden, bis er 828 aufgab. Sein Nachfolger Amolo (841–852) griff das Thema 846 nochmals auf; der Übertritt des Hofgeistlichen Bodo, der um 840 nach Cordoba reiste und dort zum Judentum übertrat, ließ die Sache noch dringender erscheinen. Auf der Synode von Meaux/Paris von 845/846, an der auch Amolo teilnahm, beschloss man, jüdische Kinder in Klöstern oder christlichen Familien aufzuziehen; Nachrichten aus dem Süden Frankreichs belegen Missionsversuche unter Juden und deren Kindern und beleuchten, wie wichtig das der Kirche war.

Wirtschaftliche Interessen England

Doch Karl der Kahle lehnte sämtliche Beschlüsse der Synode ab. Der Hof hatte am Beitrag der Juden zum Fernhandel und allgemein zur Wirtschaft des Landes Interesse, sie standen daher unter seinem Schutz. Dieses günstige Klima förderte die Zuwanderung von Juden aus Italien und Spanien und ließ die Gemeinden wachsen. Von Frankreich aus wanderten ab dem 11. Jh. Juden nach England weiter, kurz nach 1066 von Wilhelm I. offiziell zum Kommen eingeladen. Bis zu ihrer Vertreibung 1290 war die kleine jüdische Gemeinde Englands (nie mehr als etwa 6000 Personen) mit den Gemeinden Frankreichs stets in enger Verbindung.

Wie sehr inzwischen die Gemeinden in Frankreich gewachsen waren und in Blüte standen, sieht man deutlich am Aufkommen einer Tradition jüdischer Gelehrsamkeit, der Pflege der intensiven Befassung mit Bibel, Midrasch und Talmud. Zentren dafür waren Gemeinden im Süden wie Narbonne, wo Mosche ha-Darschan im 11. Jh. sich mit seinen Schülern der Midraschtradition widmete, im Nordosten Troyes mit Raschi (1040–1105), dem alle überragenden Gelehrten seiner Zeit (dazu später).

Jüdische Gelehrte

Inzwischen hatte sich aber manches zum Schlechteren gewandelt. Der antijüdische Einfluss der Kirche auf das Volk verstärkte sich, die Juden hatten auch nicht mehr den ungeteilten Rückhalt im Königtum wie früher. Ihr Nutzen für das Land war nicht mehr so offensichtlich, im lokalen Handel empfanden die Städte sie oft als unerwünschte Konkurrenz. Ab 1007 kam es Jahre lang zu Ausschreitungen gegen Juden, weil die Juden von Orléans, so die Beschuldigung, mit Sultan al-Hakim gegen die Christen konspiriert hätten. Als al-Hakim 1009 die Grabeskirche zerstören ließ, eskalierte die Lage weiter, zumal König Robert II. (996–1031) dem Treiben wohlwollend zusah. Erst auf jüdisches Drängen bei Papst Johannes XVIII. (1003–1009) griff dessen Legat in Frankreich für die Juden ein.

Verschlechterung im 11. Jh.

Die eigentliche Wende zum Schlechteren brachte 1096 der erste Kreuzzug nicht nur durch die Übergriffe der Kreuzfahrer, die in Rouen und Metz gegen die jüdischen Gemeinden wüteten, sondern noch mehr durch die durch die Kreuzzugbewegung ausgelöste religiöse Stimmung gegen alle «Ungläubigen». Ab 1238 war den Juden zu ihrem Schutz das Wohnen in kleinen Gemeinden untersagt; so wuchsen die städtischen Gemeinden an. 1306 kam es zur ersten großen Ausweisung der Juden aus Frankreich; bis zu 100 000 Personen sollen davon betroffen gewesen sein. Mehrmals in der Folgezeit wurden Juden aus finanziellen Interessen wieder zugelassen, dann wieder vertrieben. Endgültig wurden 1498 alle Juden aus Frankreich ausgewiesen; allein im Süden, im Elsass und in Lothringen durften Juden weiterhin bleiben.

Kreuzzüge Verfolgung Ausweisung

Aus jüdischer Sicht waren die Gemeinden im Nordwesten Frankreichs mit jenen im westlichen Deutschland (v. a. am Rhein) lange eine Einheit, Aschkenas. Im engeren Sinn bezeichnen zwar manche Quellen ab dem 12. Jh. nur noch die deutschen Gemeinden als Aschkenas; der aschkenasische Kulturbereich

Aschkenas

bleibt aber größer und schließt neben dem Norden Frankreichs auch England, bald auch Böhmen und Polen, später auch den Norden Italiens ein.

Juden in Deutschland

Im deutschen Raum wanderten Juden seit dem 9. Jh. aus Italien und Frankreich zu, um die neuen Chancen im Fernhandel zu nutzen; so kam im frühen 10. Jh. die für ihre Gelehrten bekannte Familie Kalonymos aus Lucca nach Mainz, wo 917 erstmals eine jüdische Gemeinde erwähnt wird. Juden ließen sich zuerst in den Bischofssitzen am Rhein nieder, neben Mainz Köln und Worms (in Speyer lud sie der Bischof 1084 zur Niederlassung ein); langsam breiteten sie sich auch Richtung Osten aus (Regensburg, Bamberg, Würzburg usw.). Um das Jahr 1000 waren es zusammen vielleicht fünftausend Personen, hundert Jahre später etwa 20–25 000. Die Juden waren somit eine kleine Minderheit, die sich ab dem 11. Jh. mit geänderten Wirtschaftsbedingungen immer mehr dem lokalen Handel zuwandte, aber auch als Ärzte und in anderen spezialisierten Berufen tätig war, doch nie in der Landwirtschaft, abgesehen vom Weinbau, in dem auch Raschi tätig war (von Nichtjuden produzierter Wein war aus religiösen Gründen problematisch).

Gerschom ben Jehuda

Mit Gerschom ben Jehuda (ca. 960–1028), der aus Metz kam, wurde Mainz ein wichtiges Zentrum rabbinischer Gelehrsamkeit, an dem später auch Raschi studieren sollte; auch die rabbinische Schule von Worms wurde bald berühmt. Gerschom werden eine Reihe von Taqqanot (Dekreten mit Gesetzeskraft) zugeschrieben, so das Verbot der nach biblischem Recht erlaubten Polygamie (in der Praxis wohl eher eine zweite Heirat bei langer Abwesenheit) oder der Scheidung ohne Zustimmung der Frau. Gerschom, in späteren Texten Me'or ha-Gola («Leuchte der Diaspora») tituliert, hatte keine offizielle Funktion. Auch wenn jüdische Gemeinden in vielen Punkten ähnliche Regelungen trafen (etwa die Maarufja genannte Regel, dass niemand einem Mitjuden dessen Kunden und Partner abwerben darf), gab es keine zentrale Autorität über die einzelne Gemeinde hinaus.

Vertreibung aus Mainz

Dass auch im deutschen Raum die frühe Entwicklung nicht immer positiv verlief, zeigt die Vertreibung der Juden aus Mainz um 1012; offenbar hat auch hier das Gerücht vom Zusammenspiel von Juden mit al-Hakim eine Rolle gespielt, ebenso wohl auch der Übertritt des Klerikers Wecelin zum Judentum und die immer wieder behauptete Verbindung von Juden mit Ketzern.

1. GESCHICHTE

Der große Einschnitt ist auch hier der erste Kreuzzug 1096. Schon in Rouen hatten die Kreuzfahrer die Devise ausgegeben, wenn man schon zum Kampf gegen die Ungläubigen in die Ferne ziehe, müsse man auch zu Hause die Feinde Gottes, die Juden, bekämpfen. Durch die Massaker von Rouen und Metz gewarnt, suchten die jüdischen Gemeinden am Rhein Schutz vor den nahenden Horden v. a. des Grafen Emicho. In Speyer schützte der Bischof die Juden; viele konnten sich in die Synagoge retten, mehrere andere wurden getötet. In Worms bot auch die Pfalz des Bischofs wenig Schutz; die Juden wurden erschlagen oder zur Taufe gezwungen; ebenso erging es ihnen in Mainz, wo der Bischof die Juden in seine Pfalz holte, und in Köln, wo die Bürger die Juden schützten und der Bischof manchen außerhalb der Stadt Zuflucht anbot. Der Schutz erwies sich überall als zu schwach. Die Judenviertel wurden geplündert, die Juden vor die Wahl Tod oder Taufe gestellt. Viele Juden zogen es vor, ihre Frauen und Kinder und dann sich selbst zu töten, eine Art Martyrium, Qiddusch ha-Schem («Heiligung des Namens [Gottes]»).

<small>Massaker beim ersten Kreuzzug</small>

Hebräische Berichte der Zeit beschreiben ausführlich die Massaker und den Heldentod der jüdischen Märtyrer; liturgische Gedichte hielten die Erinnerung an sie im Gottesdienst lebendig. Christliche Texte haben dazu fast nichts zu sagen. Seit einiger Zeit setzt man sich kritisch mit Tendenzen und historischem Wert der hebräischen Texte auseinander. Dazu kommt eine sehr kontroverse Diskussion über die jüdischen Martyrien und den Eindruck, den sie in der christlichen Bevölkerung machten. Die Motive der Kreuzfahrer – reine Geldgier oder doch eher religiöse Motivation, auch von Endzeiterwartungen bestimmt – sind umstritten.

<small>Jüdische Märtyrer</small>

Offen bleibt auch, wie weit man die Ereignisse von 1096 wirklich als scharfe Epochengrenze sehen darf, zumal die zerstörten Gemeinden bald wieder auflebten, wenn auch arg geschwächt, und ihre Traditionen fortführten. Auf lange Sicht beginnt hier sicher eine Entwicklung, die die Juden in einem christlichen Land immer mehr ausgrenzte: Zunehmend wurde ihnen der Besitz «christlichen» Bodens verboten; die Organisation von Handwerk und Gewerbe in christlichen Zünften schloss sie auch hier aus; der Kreuzzugsgedanke zeichnete sie als zu bekämpfende Feinde Gottes, eine Ideologie, die fortwirkte, auch wenn im zweiten Kreuzzug 1146 das energische Eintreten Bernhards von Clairvaux ähnliche Übergriffe verhinderte.

<small>Epochengrenze 1096?</small>

Mainzer Reichslandfrieden 1103

Die Katastrophe von 1096 machte klar, wie schutzbedürftig Juden geworden waren, zumal weder der Schutz der Bischöfe noch die Zusagen der Städte sie aus der Gefahr retten konnten. Kaiser Heinrich IV. (1056–1106), zur Zeit des Geschehens in Italien, erlaubte nach seiner Heimkehr den Zwangsgetauften die Rückkehr zum Judentum. Im Mainzer Reichslandfrieden von 1103 wurden die Juden, offenbar ganz Deutschlands, wie Frauen und Mönche unter besonderen Schutz gestellt, sofern sie auf das Tragen von Waffen verzichteten.

Kammerknechtschaft

Über mehrere Vorstufen kam es 1236 durch Friedrich II. (1212 bis 1250) zur Einrichtung der Kammerknechtschaft. Im Jahr zuvor wurden nach Ritualmordbeschuldigungen (dazu später) in Fulda 32 Juden noch während des Prozesses vom Pöbel getötet. Das nahm der Kaiser zum Anlass, die Juden Deutschlands als *servi camerae nostrae* unter seinen besonderen Schutz zu stellen. Übergriffe gegen Juden galten somit als Angriff auf die kaiserliche Finanzkammer. Dass finanzielle Interessen des Kaisers im Spiel waren, zeigt sich in der besonderen Steuer, die Juden für diesen Schutz zu zahlen hatten. Die daraus zu erzielenden Einnahmen, das Judenregal, verkaufte der Kaiser immer öfter an Städte und Bischöfe. Die Rechtssicherheit der Juden litt unter diesem Handel mit dem Judenregal, zumal der Anspruch, der Besitzer des Regals verfüge über Leben und Besitz der Kammerknechte, deren Bewegungsfreiheit sehr einschränkte. Wo Juden dem Inhaber des Regals nicht mehr genug Gewinn brachten, bestand stets die Gefahr der Vertreibung, nachdem man den letzten Besitz der Juden beschlagnahmt hatte (so bei der «Wiener Gesera» von 1421, als die armen Juden ausgewiesen, die Vermögenderen verbrannt und ihre Güter eingezogen wurden).

Entwicklung des Judenrechts

Die Entwicklung der Kammerknechtschaft wird seit langem heftig diskutiert. Es geht dabei um die Vorgeschichte des Instituts wie auch um seine theologischen Wurzeln, damit verbunden auch um die Frage, wie weit der Kaiser damit in Konkurrenz zu Papst und Kirche trat, die ja den Schutz der Juden als ihre Sache behauptete. Trug die Zuordnung aller Juden des Reichs zur Kammer des Kaisers auch zur Zentralisation der jüdischen Gemeinden etwa durch die Ernennung von Reichsrabbinern bei? Was bewirkte diese Regelung für die Entwicklung des Judenrechts und das tägliche Leben von Juden nicht nur im Reich, sondern auch unter den niedrigeren Inhabern des Judenregals? Diese und ähnliche Fragen sind für das Verständnis jüdischer Geschichte im Mittelalter zentral.

Von Anfang an waren Juden im Geldhandel tätig und trugen damit wesentlich zur wirtschaftlichen Entwicklung des Landes bei. Sie liehen sowohl dem Kaiser, dem Hochadel, Bischöfen und Klöstern, aber auch größeren Bauern und Handwerkern. Der Handel mit nicht eingelösten Pfändern spielte eine wichtige Rolle. Zinssätze wurden immer wieder in Schutzbriefen festgesetzt, zugleich aber auch oft versucht, die Juden in das kirchliche Zinsverbot einzubeziehen oder die Zinsen bei Juden zu erlassen (so etwa 1145/46 für die Teilnehmer des zweiten Kreuzzugs). Seit dem 12. Jh. drängte die Obrigkeit Juden zunehmend ins Geld- und Pfandgeschäft ab, deutsche Städte machten dies ab dem 14. Jh. meist zur Bedingung für die Zulassung von Juden (gesucht waren aber auch jüdische Ärzte und manche anderen Berufe). Man versteht leicht, dass Juden damit auch oft Opfer des Hasses der Schuldner und der Habgier ihrer «Schutzherren» wurden.

Abdrängung ins Geldgeschäft

Verbunden mit wachsenden religiösen Vorurteilen machte dies die Lage der Juden in Deutschland zunehmend unsicherer. Ein «Armleder» genannter verarmter Adeliger verwüstete mit einer Schar von Bauern in den Jahren 1336–38 zahlreiche jüdische Gemeinden im Elsass, in Schwaben, Franken und anderen Teilen Deutschlands. Religiöse Vorwürfe (Hostienschändung) und Klagen wegen jüdischen «Wuchers» waren dabei beliebte Begründungen.

Armleder Religiöse Vorurteile

Die große Katastrophe für die jüdischen Gemeinden Deutschlands brachte aber die Pestepidemie von 1348–50. Bald glaubte man die Ursache der Seuche zu kennen: Juden vergifteten die Brunnen. Vereinzelt war der Vorwurf schon in Savoyen aufgetaucht, dann in Basel, wo man die für schuldig befundenen Juden auf einer Sandbank im Rhein verbrannte. Von dort verbreiteten sich die Beschuldigungen über den ganzen süddeutschen Raum und griffen auch auf den Norden über. In zwei Jahren wurden über hundert jüdische Gemeinden zerstört, ihre Bewohner getötet oder vertrieben. Von dieser Katastrophe sollte sich das deutsche Judentum lange nicht mehr erholen, viele Gemeinden erstanden nie wieder, andere nur kurzfristig. Juden, die über die nötigen Mittel verfügten, wanderten ab, verstärkt in den Osten (ein schon mit den Kreuzzügen einsetzender Trend), nun aber auch in den Norden Italiens, wo sie das Judentum aschkenasisch prägten. Viele der Zurückgebliebe-

Pest 1348–50 Verfolgungen

nen wanderten, aus den Städten vertrieben, auf das Land ab und versuchten, sich dort als Handwerker und Hausierer durchzubringen.

Pfefferkorn Reuchlin und der Talmud

Ihrer miserablen Lage versuchten Juden vermehrt durch Konversion zum Christentum zu entkommen; Angriffe auf ihre früheren Gefährten sollten die Echtheit der Konversion belegen. Ein Beispiel dafür ist Johannes Pfefferkorn (1469–1523), der, 1505 in Köln getauft, vier Schriften gegen die Juden verfasste. Allein ihre Bücher, v. a. der Talmud, seien Schuld, dass sie nicht das Christentum annähmen. Von Kaiser Maximilian erhielt er 1509 den Auftrag, alle Bücher der Juden mit Ausnahme der Tora und der Propheten einzuziehen. Der Mainzer Kurfürst, der mit dem Fall betraut war, ließ mehrere Gutachten einholen. Nur das des Humanisten Johannes Reuchlin (1455–1522) trat für die Rückgabe des Talmud und anderer jüdischer Schriften ein und verteidigte die jüdische Sache, was ihm über Pfefferkorn ein langes Verfahren vor der Inquisition eintrug.

Josel von Rosheim

In dieselbe Zeit fällt der Aufstieg des Josel von Rosheim (ca. 1478–1554) zum Sprecher der Juden Deutschlands. Josel, ein rabbinisch gebildeter Geldleiher, intervenierte mehrfach bei Maximilian für die Elsässer Juden und wurde 1510 offiziell der Vertreter der Juden (Schtadlan) von Unterelsass. Eine Versammlung von Rabbinern in Günzburg an der Donau betraute ihn 1529, als durch einen Ritualmordvorwurf die jüdischen Gemeinden Mährens in Gefahr waren, bei Ferdinand I. von Böhmen ihre Sache zu vertreten. Seither wurde Josel, auch vom Hof, als der Vertreter der Juden ganz Deutschlands anerkannt und konnte manches für eine bessere rechtliche Absicherung der Juden erreichen (Privileg Karls V. 1544).

Reformation

Als Zeitgenosse der Reformation mühte sich Josel von Rosheim auch hier, die jüdische Sache zu vertreten. Der frühe Luther war den Juden gut gesinnt, vertrat die Sache Reuchlins gegen Pfefferkorn und äußerte sich in der Schrift *Dass Jesus Christus ein geborener Jude sey* (1523) positiv zum Judentum. Viele Juden erwarteten sich von der Spaltung der Christen die Schwächung des vierten Reichs Edom. Der portugiesische Marrane Samuel Usque (16. Jh.) war der Meinung, Nachfahren zwangsgetaufter Juden stünden hinter der Reformation; diese sei ein Vorzeichen der messianischen Erlösung. Ähnlich dachte Josef ha-Kohen (ca. 1496–1575), der von Usque beeinflusst in Italien Emeq ha-Bakha («Das Tränental»,

1558) schrieb, eine Geschichte jüdischen Leidens. Luther konnte gar als geheimer Jude gelten. Doch bald war Luther von den Juden enttäuscht, die sich auch von ihm nicht bekehren ließen, und wurde immer judenfeindlicher.

Josel hatte 1530 auf Weisung Karls V. in Augsburg gegen den Konvertiten Antonius Margaritha und dessen Schrift *Der gantz juedisch Glaub* erfolgreich disputiert. Der darauf ausgewiesene Margaritha ging nach Wittenberg und hatte starken Einfluss auf Luther. 1537 suchte Josel vergeblich das Gespräch mit Luther, damit dieser die drohende Ausweisung der Juden aus Hessen verhindere. Der Reformator äußerte sich immer härter über die Juden (so 1543 *Von den Juden und jren Luegen*) und empfahl den Landesherrn, sie zur Zwangsarbeit zu verpflichten oder auszuweisen. Nochmals versuchte Josel, öffentlich dagegen zu argumentieren, was aber der Strassburger Rat nicht zuließ. Die großen Hoffnungen, die die Juden in ganz Europa auf die Reformation gesetzt hatten, erfüllten sich nicht, auch wenn auf lange Sicht die Hochschätzung des Alten Testaments zu positiven Entwicklungen beitragen sollte.

_{Luther}

2. Die Auseinandersetzung mit dem Christentum

So verfehlt es ist, jüdische Geschichte auf eine Leidens- und Verfolgungsgeschichte zu reduzieren, so falsch wäre es auch, die jüdisch-christliche Geschichte als bloße Aneinanderreihung von Polemik und Unterdrückung zu sehen. Es gab immer wieder Zeiten friedlichen Zusammenlebens und gegenseitiger Anleihen im kulturellen wie im religiösen Bereich, etwa in der Auslegung der Bibel, aber auch sonst in so manchen Punkten. Je kürzer eine Darstellung zusammenfasst, umso mehr Gewicht erhalten negative Aspekte, die viel besser als der friedliche Alltag dokumentiert sind, sich aber auch langfristig viel stärker ausgewirkt haben, wie der Rückblick von heute aus lehrt.

Christliche Adversus-Judaeos-Literatur, die Heinz Schreckenberg umfassend dokumentiert hat, reicht in die Anfänge der Kirche zurück. Christliche Theologen sahen es immer als notwendig an, das Verhältnis des Christentums zum Alten Testament zu erklären, Übernahme der biblischen Tradition und gleichzeitig radikaler Bruch mit dieser (v. a. im Bereich des Gesetzes). Nur aus sündhafter

Historische Ambivalenz

Adversus-Judaeos-Literatur

Verblendung, so meinte man, hatten die meisten Juden Jesus nicht als den Messias, das Christentum nicht als Erfüllung der biblischen Tradition verstehen wollen. Angriff gegen das Judentum war v. a. Rechtfertigung der eigenen Position (daher die ständig neuen Versuche, aus der Bibel zu beweisen, dass Jesus der verheißene Messias war, die meisten Gesetze der Bibel seit seinem Kommen nicht mehr galten, das jüdische Volk verworfen und von der Kirche der Heiden abgelöst war). So galten auch die vielen Traktate gegen die Juden in Wirklichkeit einer christlichen Leserschaft, waren auch viele Disputationen mit Juden, die darin geschildert werden, rein literarische Einkleidung. Bald war alles Wesentliche gesagt, gab es keine neuen Argumente mehr, wiederholten sich diese Schriften immer fort. Auf lange Sicht trugen sie natürlich dazu bei, dass Juden von Christen immer mehr als Inbegriff des blinden, verstockten Unglaubens und rein negativ gesehen wurden.

Das Judenbild des Augustinus

Sobald sich das Christentum als Religion des Römischen Reichs durchgesetzt hatte, versuchte man, das Recht der Juden, weiter als solche zu leben, nicht mehr aus der römischen Tradition zu erklären, sondern theologisch zu begründen. Die klassische Antwort kommt von Augustinus (354–430): Die Juden müssen das Gesetz überall hintragen, den Heiden zum Zeugnis, sich selbst zur Schande, ohne es zu wissen. Das jüdische Volk wird Knecht seiner Brüder, Träger und Bewahrer der heiligen Schriften, deren tieferen Sinn nur die Christen begreifen. Solange Juden diese Funktion erfüllen, schützt sie das Kainszeichen (das 4. Laterankonzil von 1215 schrieb dann vor, dass Juden durch ein besonderes Zeichen erkenntlich sein müssen); sie dürfen nicht getötet werden, solange sie das Gesetz nicht vergessen.

Spätere Entwicklung

Diese Tradition bestimmte nicht nur die kirchliche und die kirchlich beeinflusste weltliche Gesetzgebung für Juden, sondern auch die christlichen Schriften gegen die Juden. Die genannten Schriften Agobards und Amolos nahmen all diese Traditionen auf; neu war, abgesehen von der Anwendung auf die konkreten Verhältnisse der eigenen Zeit, allein der Bezug auf spätere jüdische Traditionen, von denen man inzwischen vom Hörensagen wusste. Spätere Schriften dieser Gattung bedienen sich scholastischer Argumentationsweisen, bleiben aber sonst gewöhnlich im Rahmen der Tradition.

Toledot Jeschu

Juden konnten auf Dauer die Polemik nicht ignorieren. Reaktionen auf christliche Positionen gab es schon in der rabbinischen Li-

2. DIE AUSEINANDERSETZUNG MIT DEM CHRISTENTUM 121

Abb. 5: Haggada der John Rylands Bibliothek, 14. Jahrhundert. Manchester, John Rylands Bibliothek, Hebr. 6, fol. 29. Unter dem Litanei-artigen Dajjenu («Es wäre uns genug») der Pesach-Haggada ist eine Jagdszene dargestellt, die die Verfolgung der Juden (Hase) durch die Christen versinnbildet: Der Dalmatinerhund, weiß mit schwarzen Flecken, steht für die Dominikaner (domini canes, «Hunde Gottes»), Hauptträger der Inquisition, und die Farben ihres Ordenskleides.

Abb. 6: Parma Psalter, letztes Viertel des 13. Jahrhunderts. Parma, Biblioteca Palatina, MS Parm. 1870, fol. 118. Das Anfangswort von Ps 83 («Deine Feinde toben... Sie sagen: wir wollen sie ausrotten als Volk, an den Namen Israel soll niemand mehr denken») ziert ein Mönch, der drei mit Lanzen bewaffneten Rittern predigt, sie offenbar zum Vorgehen gegen die Juden auffordert.

teratur; der konkrete Nachweis bleibt oft schwierig. Auf volkstümlicher Ebene reagieren die *Toledot Jeschu* («Geschichte Jesu»), die romanhaft von Jesus erzählen: Jesus stamme aus einem Ehebruch; er habe den Tempel verunreinigt, Zauberei getrieben und gegen das Gesetz geredet. Pilatus habe ihn gefangen genommen und gehängt, doch seine Jünger hätten die Leiche entfernt und die Auferstehung verkündet. Diese Erzählung existiert in verschiedensten Formen bis in die Neuzeit. Frühe Stufen gehen in spättalmudische Zeit zurück und wurden immer wieder umgeformt. Schon Agobard weiß von solchen Erzählungen, die gegen die ständigen christlichen Angriffe auf das Judentum auf ihre Weise antworten.

Auf gehobenem Niveau reagierte man, indem jüdische Ausleger ab Raschi umstrittene Bibelstellen ausführlich und in direkter Abwehr christlicher Deutung kommentierten. Nun entstanden aber auch eigene Schriften, in denen man sich polemisch gegen christliche Ansprüche wandte. Jakob ben Ruben verwendete in seinem Milchamot ha-Schem («Kriege des Herrn») um 1170 schon kritisch das Mattäusevangelium; etwas später belegt Josef Qimchi in seinem Sefer ha-Berit («Buch des Bundes») schon eine breitere Kenntnis des Neuen Testaments. Die wesentlichen Polemiker des 13. Jhs. kennen dann schon alle vier Evangelien, haben aber auch vom übrigen Neuen Testament eine Ahnung: Meir ben Schim'on, wie Qimchi aus Narbonne, mit seinem Milchemet Mitswa («Pflichtkrieg»); in Nordfrankreich Josef ben Natan Official, dessen Buch Josef ha-Meqanne («Josef der Eiferer») die Form eines fortlaufenden Kommentars zur Bibel hat, wie dann auch das von ihm abhängige anonyme Sefer Nizzachon Vetus («das alte Buch der Polemik»), ebenfalls im Norden Frankreichs, vielleicht auch in Deutschland entstanden.

Jüdische Gegenschriften

Als spätere Beispiele jüdischer Apologetik gegen christliche Ansprüche seien nur einige Autoren aus Spanien genannt: Isaak Polgar (1. Hälfte 14. Jh.) schrieb Eser ha-Dat («Hilfe der Religion»), der Philosoph Chasdai Crescas (1340–ca. 1412) verfasste eine «Widerlegung der christlichen Dogmen» (Bittul Iqqare ha-Notsrim; Übersetzung des verlorenen katalanischen Originals) und Isaak Profiat Duran (gestorben um 1414) Klimmat ha-Gojjim («Die Schande der Heiden») und andere polemische Werke. In Verteidigung der eigenen Religion gegen die Kirche und zum Christentum übergetretene Juden gab es an solchen Schriften offensichtlich stets Interesse.

Spätere jüdische Apologetik

Vorwurf der Hostienschändung

Seit dem 12. Jh. kam es zu neuen folgenschweren Beschuldigungen von Juden, für die es kaum frühere Vorbilder gibt: der Vorwurf des Ritualmords und der Hostienschändung. Beim 4. Laterankonzil von 1215 wurde die Transsubstantiation – die Umwandlung des Brotes in der Eucharistiefeier in den Leib Christi – zum Dogma erklärt. In der Folge wurden neue Formen der Frömmigkeit (Anbetung der Hostie in der Monstranz, Prozessionen), bald auch das Fronleichnamfest eingeführt. Bald warf man Juden vor, Hostien zu stehlen und sie zu durchbohren, um so Christus nochmals zu töten: Man setzte also voraus, dass Juden ebenso wie Christen an die Gegenwart Christi in der Hostie glaubten. Von Blut verfärbte Hostien (wohl Feuchtigkeitsflecken, wo nicht betrügerische Manipulation) galten als Beleg. Der Vorwurf wurde ab Mitte 13. Jh. fast zur Mode. Im Jahr 1280 wurden Juden in Paris deshalb beschuldigt und von den Richtern des Parlaments zum Tod verurteilt. 1298 führte ein ähnlicher Vorwurf in Franken zu Massakern an den Juden von Röttingen an der Tauber, dann zu Mord- und Plünderaktionen gegen viele andere jüdische Gemeinden in Franken und Bayern unter Führung eines gewissen Rindfleisch. Schon erwähnt wurden die Ausschreitungen der Jahre 1336–38 unter Armleder, die immer wieder auch mit Hostienfreveln begründet wurden. Im bayrischen Deggendorf begründete man nachträglich die Verbrennung der Juden im Jahr 1338 mit einem Hostienfrevel und nutzte die Bluthostie für eine lukrative Wallfahrt. Mit der Reformation und deren geänderten Vorstellungen zur Eucharistie hörten dergleichen Beschuldigungen auf. Anders war es, wo man den alten Glauben zu bewahren suchte: So wurde auf der Synode von Lowitsch (Polen) unter Vorsitz eines päpstlichen Legaten 1555 das Dogma der Transsubstantiation nochmals bekräftigt; im Jahr darauf wurden vier Juden nahe Warschau unter Folter dazu gebracht, einen Hostienfrevel zu gestehen, unter Vorsitz des päpstlichen Legaten verurteilt und verbrannt.

Ritualmord

Noch viel hartnäckiger hielt sich der Vorwurf des Ritualmords. Zur Osterzeit, so wirft man Juden vor, entführen sie einen christlichen Knaben und wiederholen an ihm die Tötung Christi. Wunder, die am aufgefundenen Leichnam des Knaben geschehen, überführen die Täter und begründen eine Wallfahrt. Später kam dazu die Vorstellung, dass die Juden das Blut ihres Opfers zur Herstellung der Mazzen, der ungesäuerten Brote für Pesach, benötigten. Der früheste bekannte Fall ereignete sich 1144 in Norwich: am Ostersamstag wurde die Leiche des zwölfjährigen Wilhelm entdeckt; die des Mordes beschuldigten Juden wurden freigesprochen. Dennoch verbreitete sich bald die Legende und führte zu einer Wallfahrt. Theobald von Cambridge, ein getaufter Jude, behauptete, Juden glaubten, dass sie nur durch Vergießen von Menschenblut die Erlösung herbeiführen könnten; jährlich bestimmten sie durch Los, in welcher Stadt das Opfer stattfinden solle. In der Folge wiederholten sich solche Vorwürfe in England und Frankreich; 1171 wurde in Blois ein im Dunkeln an der Loire angetroffener Jude beschuldigt, die Leiche eines christlichen Knaben in den Fluss geworfen zu haben. Die Leiche wurde nicht gefunden, kein Kind vermisst. Dennoch wurden die Mitglieder der jüdischen Gemeinde festgenommen und über dreißig von ihnen auf dem Scheiterhaufen hingerichtet, wie der Zeitgenosse Efraim ben Jakob aus Bonn beschreibt.

1235 kam es zu ähnlichen Beschuldigungen gleich in mehreren Städten Deutschlands. Der Fall von Fulda wurde schon erwähnt: Bei einem Brand waren fünf Kinder ums Leben gekommen, worauf man die Juden beschuldigte, die Kinder entführt und den Brand gelegt zu haben, um das Verbrechen zu verdecken. Sie hätten das Blut der Kinder für Heilzwecke gebraucht (ähnlich behauptete der Dominikaner Thomas von Cantimpré 1267 nach einem angeblichen Ritualmord in Pforzheim, jährlich müsse eine Stadt alle Juden des Landes mit Christenblut versorgen). Ritualmordbeschuldigungen in Deutschland

Friedrich II. hatte schon 1236 darauf hingewiesen, dass Juden biblisch sogar das Blut von Tieren verboten sei, umso mehr das von Menschen, und daher die Juden von Fulda posthum freigesprochen. Ähnlich argumentierte Papst Innozenz IV. (1243–54) in einem Schreiben an die Bischöfe des ganzen Reichs 1247 und forderte sie auf, ihre Schutzpflicht gegenüber den so beschuldigten Juden zu erfüllen. Damit hatte er ebenso wenig Erfolg wie Papst Martin V. (1417–31), der sich 1422 dagegen wandte, dass Christen bei allen möglichen Unglücken die Juden beschuldigen, sie der Brunnenvergiftung bezichtigen oder dass sie menschliches Blut in ihre Mazzen gemischt hätten. Kaiser und Papst zum Schutz der Juden

Die Beschuldigungen gingen weiter. Größere Bekanntheit erlangte der Fall des Simon von Trient, eines zweijährigen Knaben, dessen Leiche 1475 in einem Teich beim Haus eines Juden gefunden wurde. Die jüdische Gemeinde wurde eingekerkert und nach unter der Folter erzwungenen Geständnissen wurden vierzehn Juden hingerichtet; ihr Vermögen zog der Bischof ein. Das Kind wur- Simon von Trient Spätere Ritualmordprozesse de im 16. Jh. heiliggesprochen, der Kult erst 1965 durch den Vatikan aufgehoben. V. a. in Polen kam es auch weiterhin zu Ritualmordprozessen, bis die Kirche 1763 dagegen einschritt. Seit den Hep-Hep-Krawallen um 1819 wurde der Vorwurf des Ritualmords in Deutschland Teil der antisemitischen Propaganda, die auch auf Böhmen, Ungarn und den Westen Russlands übergriff. Aufsehen erregte der Prozess von Tiszaeszlár 1883, in dem fünfzehn Juden des Mords an einem zu Ostern 1882 ertrunkenen Mädchen beschuldigt, aber schließlich freigesprochen wurden. Ähnliche Prozesse folgten in Deutschland. Auch christliche Gelehrte wandten sich öffentlich gegen die Beschuldigung, so der Erforscher rabbinischer Literatur Hermann L. Strack (1848–1922), dessen Werk *Der Blutaberglaube bei Christen und Juden* seit 1891 immer wieder neu bearbeitet erschien, gegen die antisemitische Propaganda aber wenig vermochte.

Erklärungsversuche

Das Thema der Blutbeschuldigung spielt in der schon erwähnten Diskussion der jüdischen Martyrien zur Zeit der Kreuzzüge eine Rolle: Wenn Juden schon bereit waren, ihre eigenen Kinder zu töten, war ihnen auch die Tötung fremder Kinder zuzutrauen. Manche Autoren sehen eine Argumentation dieser Art an der Wurzel des Vorwurfs. Andere denken eher, Schuldgefühle wegen der Vernachlässigung der eigenen Kinder wären auf Randgruppen der christlichen Gesellschaft übertragen worden, oder versuchen andere psychologische Erklärungen. Damit möchte man über simple Deutungen wie Geldgier, Fremdenhass usw. hinauskommen. Eine wirklich befriedigende Gesamtdeutung des Phänomens gibt es noch nicht.

Petrus Venerabilis und der Talmud

Vor dem 13. Jh. wusste man auf christlicher Seite wenig über rabbinische Literatur. Petrus Venerabilis von Cluny (ca. 1092–1156) widmete zwar das ganze fünfte Kapitel seiner Schrift gegen die Juden den «lächerlichen und äußerst törichten Fabeln der Juden», wozu er sich immer wieder auf den Talmud beruft. Wie er zu diesen Inhalten gekommen ist, ist noch immer ungeklärt. Die Schrift wurde wenig beachtet (nur vier Handschriften sind erhalten).

Pariser Talmuddisputation 1240

Doch ein Jahrhundert später geriet der Talmud schlagartig ins Zentrum christlichen Interesses. Nikolaus Donin aus La Rochelle, 1224 von Rabbinen wegen Ablehnung der mündlichen Tora gebannt, ließ sich 1236 taufen und wurde Franziskaner. 1238 legte er Papst Gregor IX. eine Schrift mit 35 Punkten gegen den Talmud vor. Der Papst forderte alle christlichen Herrscher auf, alle jüdischen

Schriften zu beschlagnahmen und die Vorwürfe zu prüfen, wonach der Talmud Christus lästere und den Juden zu einer alia lex, einem neuen Gesetz über der Tora, geworden sei. Allein Ludwig der Heilige (1226–1270) reagierte: 1240 ließ er in Paris die hebräischen Bücher konfiszieren und setzte eine Disputation an, in der die Juden, vertreten durch R. Jechiel, sich gegen die Vorwürfe zu verteidigen hatten. Jechiel erklärte, ohne Talmud, der Mose mündlich am Sinai gegeben wurde, könne man die Bibel nicht richtig verstehen.

Erst in dieser Disputation wurde der christlichen Seite klar, dass die Juden nicht mehr auf der Stufe des Alten Testaments allein standen, kein lebendes Fossil aus biblischer Zeit waren, sondern ihre eigene Tradition der Bibelauslegung hatten. 1242 wurden die hebräischen Bücher in Paris verbrannt. Doch 1247 schrieb dann Innozenz IV., er habe den Juden den Besitz des Talmud erlaubt, da sie ohne ihn nicht gemäß ihrer Religion leben konnten, zugleich aber seine Zensur angeordnet. *Verbrennung hebräischer Bücher* *Zensur des Talmud*

Hatte man 1240 noch den Talmud frontal angegriffen, versuchte man später einen anderen Weg. In der Disputation von Barcelona (1263), zu der Jakob I. von Aragon die Juden gezwungen hatte, argumentierte der ehemalige Jude Pablo Christiani nicht mehr *gegen* den Talmud, sondern versuchte ihn für seine eigenen Zwecke zu vereinnahmen. Wie es im lateinischen Protokoll heißt, wollte Pablo den Juden aus ihren eigenen authentischen Schriften beweisen, dass der Messias, zugleich Gott und Mensch, schon gekommen und für das Heil der Menschen gestorben sei. Ebenso wollte er aus dem Talmud belegen, dass mit Ankunft des Messias die Geltung der Zeremonialgesetze aufgehört habe. *Disputation von Barcelona 1263*

Der große Gelehrte Mosche ben Nachman (Nachmanides, 1194–1270) war der Sprecher der jüdischen Seite; von ihm stammt der hebräische Bericht über die Disputation. Er wehrte sich gleich zu Beginn der Disputation gegen den Versuch, den Talmud in den Dienst der christlichen Verkündigung zu stellen. Hätten die Rabbinen des Talmud, die lange nach Jesus lebten, tatsächlich an die Einzigartigkeit des Nazareners geglaubt, wären sie nicht bis zu ihrem Tod Juden geblieben, sondern Christen geworden. Die Argumentation mit erzählenden Texten aus Talmud und Midrasch lehnte er mit Hinweis auf ihre Unverbindlichkeit ab. *Mosche ben Nachman*

Die Disputation endete ohne Ergebnis, auch wenn Nachmanides kurz darauf ausgewiesen wurde. In Paris versuchte man 1268 nochmals auf diese Weise vorzugehen, wobei offenbar wieder Pa- *Zweite Pariser Disputation* blo Christiani die christliche Anklage vertrat, wie aus dem vor kurzem veröffentlichten hebräischen Text darüber hervorgeht. Über Folgen dieser zweiten Pariser Disputation ist nichts bekannt.

Disputation von Tortosa

In der langen Disputation von Tortosa (69 Sitzungen von 1413 bis 1414) vertrat der 1412 getaufte Arzt Joschua ha-Lorki, nunmehr Geronimo de Santa Fe, die christliche Seite; unter den jüdischen Sprechern ragte der Religionsphilosoph Josef Albo (ca. 1360 – ca. 1444) hervor. Auch hier versuchte man aus rabbinischen Texten zu beweisen, dass der Messias schon gekommen sei; die Belege waren weithin dieselben wie in Barcelona bzw. bei Raymund Martini (dazu anschließend). Das jüdische Argument, die Haggada sei nicht verbindlich, führte hier sofort zum Vorwurf, die Juden seien ihrer Tradition nicht treu, und der Drohung, gegen sie die Gesetze gegen Häretiker anzuwenden. Andererseits lehnte Geronimo rabbinische Aussagen, die ihm nicht passten, als indiskutabel ab und suchte, die Juden auf den nach seiner Meinung allein wertvollen Kern der rabbinischen Texte zu verpflichten. Der Talmud wurde nach der Disputation verurteilt, einige Juden ließen sich unter Druck taufen. Das Experiment, den Talmud für christliche Zwecke zu missbrauchen, war klar gescheitert.

Raymund Martini Christliche Hebraistik

Das christliche Interesse an jüdischer Tradition und Literatur, zuerst vom Gedanken an die Judenmission, dann aber auch von der Erwartung bestimmt, daraus für die Auslegung der Bibel lernen zu können, führte im 13. Jh. zur Einrichtung eigener Zentren zum Studium des Hebräischen. V. a. die Dominikaner waren hier aktiv. So lehrte in Barcelona Raymund Martini (1220–1285), der schon bei der Disputation von 1263 anwesend war und nachher als Zensor der hebräischen Bücher eingesetzt wurde. Breite Kenntnis rabbinischer Literatur bewies er schon in seiner Schrift *Capistrum Judaeorum* (um 1267), mehr noch in seinem *Pugio Fidei* («Glaubensdolch») von 1280, dessen dritter Teil eine Fülle rabbinischer Texte zitiert, die man für die christliche Argumentation verwenden könne. Das Werk war Jahrhunderte lang die wesentliche Quelle, aus der christliche Disputanten ihre Argumente schöpften, auch wenn schon bald niemand mehr imstande war, die Originaltexte zu lesen und zu prüfen. Zwischen 1518 und 1687 wurde das Werk vier Mal gedruckt, dann langsam durch die in vielem vom Pugio abhängige, aber auch auf eigenen Studien beruhende Sammlung von Johann Andreas Eisenmenger, *Entdecktes Judenthum* (2 Bände, Frankfurt 1700), verdrängt.

Da manche Texte, die Martini im *Pugio* zitiert, in rabbinischer Literatur nicht zu finden sind, wurde gelegentlich behauptet, er habe Quellen gefälscht. Doch konnte man manche der verdächtigen Texte in dem erst Mitte 20. Jh. publizierten Bereschit Rabbati aus der Schule des Mosche ha-Darschan nachweisen, andere stammen wohl ebenso aus nicht mehr bekannten Schriften. Da fast alle Texte im *Capistrum Judaeorum* klar belegt werden können und eine fast sklavisch genaue lateinische Übertragung durch Martini bezeugen, ist auch für den späteren *Pugio Fidei* ähnliches zu erwarten. Die Handschriften des viel benutzten Werkes weichen zum Teil stark voneinander ab. Eine kritische Edition ist daher dringend erwünscht. Sie könnte nicht nur die Überlieferung des *Pugio Fidei*, sondern auch die Verbreitung rabbinischer Texte im 13. Jh. erhellen.

<small>Gefälschte Zitate im Pugio Fidei?</small>

3. Bibel- und Talmudauslegung

Im geistigen Leben des jüdischen Mittelalters ist die Auslegung von Bibel und Talmud zentral. Für die Bibel legten die schon genannten Grammatiker Menachem ben Saruq und Dunasch ben Labrat in Spanien mit ihren Studien zu Sprache und Wortschatz der Bibel die Basis für die weitere Entwicklung, in der der traditionelle Midrasch immer stärker durch den Wortsinn ersetzt wurde. Saadja war darin vorausgegangen, doch im christlichen Europa kaum bekannt, da seine Kommentare arabisch waren. Über die Provence wurden die Werke der spanischen Grammatiker auch in Frankreich bekannt, das ab Mitte des 11. Jhs. Zentrum der Bibelauslegung wurde. Ein früher Ausleger der neuen Schule war Menachem ben Chelbo (ca. 1015–1085), von dessen Kommentaren zu Propheten und Hagiographen aber nur sehr wenig erhalten ist.

<small>Hebräische Grammatik</small>

Der Ausleger, der der neuen Schule zum Durchbruch verhalf, war Raschi (Salomo ben Isaak). Er kommentierte die ganze Bibel, wobei er einfache Exegese mit Midraschtradition verband. Mit dieser gewann er den einfachen Leser, dem auch die vielen Worterklärungen im Französisch seiner Zeit entgegenkamen. Für die Gelehrten und bald auch christliche Leser war dagegen der Wortsinn die Hauptsache, der auch Raschi selbst im Lauf der Zeit immer wichtiger wurde. Sein Kommentar wurde schnell äußerst populär und selbst wieder kommentiert; dabei dürften auch viele Zitate

<small>Raschis Bibelkommentar</small>

aus dem Midrasch erst später eingefügt worden sein, aber auch sonstige Glossen in den Text geraten sein. Da Raschi seinen Kommentar laufend überarbeitete, gibt es keinen Urtext im eigentlichen Sinn. Aufgabe einer kritischen Edition des in zahlreichen Handschriften erhaltenen und als eines der ersten hebräischen Bücher gedruckten Werks kann es daher nur sein, möglichst nahe an Raschi selbst heran zu kommen. Wie viel vom gedruckten Raschi-Text von ihm selbst stammt, beurteilen auch große Kenner seines Werks heute sehr unterschiedlich.

Josef Kara

Radikaler als Raschi, der mit der Tradition an der vielfachen Bedeutung der Bibel festhielt, traten seine Schüler für den Wortsinn ein. Josef Kara (ca. 1050–ca. 1125), ein Neffe und Schüler Chelbos, der mit Raschi in engem Kontakt stand, schrieb Kommentare zu den meisten, vielleicht sogar allen Büchern der Bibel. Auch seine Kommentare wurden vielfach ergänzt, zum Teil auch gekürzt. Viel ist verloren gegangen; erst Ende 19. Jh. wurden Kommentare zu einzelnen Büchern der Bibel gedruckt. Teile von frühen Handschriften wurden erst in den letzten Jahren in italienischen Archiven gefunden, wo sie als Einbände wiederverwertet waren. Das Werk Karas ist zu einen großen Teil erst wieder zu entdecken.

Raschbam und der Wortsinn

Raschis Enkel Samuel ben Meir (Raschbam, ca. 1080–ca. 1160) bemühte sich ebenfalls um den Wortsinn der Tora. Er erklärte, dass sein Großvater selbst an seinem Lebensende gewusst habe, dass er seine Kommentare gemäß dem Wortsinn neu schreiben müsse. In seinem Kommentar zur Tora zitiert er immer wieder Raschis Erklärungen, um ihnen seinen eigenen Wortsinn entgegen zu stellen. Wo aber die Bibel die Basis der Halakha ist, verweist Raschbam auf Raschi und betont, dass er selbst sich an die traditionelle Halakha halte, auch wo deren Basis nicht der Wortsinn ist.

Josef Bekhor Schor

Der letzte bedeutende Vertreter der nordfranzösischen Bibelauslegung war Josef Bekhor Schor, der um die Mitte des 12. Jhs. aktiv war. Sein Kommentar zur Tora legt zwar Wert auf den Wortsinn und die Motive der biblischen Personen bei ihrem Tun, zugleich aber hat er keine Schwierigkeiten, auch Elemente des Midrasch in seine Auslegung aufzunehmen.

Polemik gegen christliche Deutungen

Bezeichnend für alle genannten Bibelausleger Frankreichs ist ihre Polemik gegen christliche Interpretationen. Dennoch fanden die Auslegungen Raschis und seiner Schüler schnell in christliche Schriften. Besonders die Exegeten der Schule von St. Viktor in Paris nahmen im 12. Jh. bereitwillig Auslegungen von Raschi und anderen auf, zitieren aber nie explizit ihre Quellen, so dass unklar bleibt, ob sie ihre Kenntnisse aus Gesprächen mit Juden oder gelegentlich doch aus Handschriften hatten. Im 13. Jh. wurden dann Exzerpte aus Raschi übersetzt, sein Kommentar zum Hohenlied lateinisch bearbeitet. Nikolaus von Lyra (ca. 1270–1349) nahm in seine *Postilla litteralis* zahlreiche Zitate aus der jüdischen Auslegung auf und machte so die christliche Welt damit bekannt.

Viel diskutiert ist die Frage, warum gerade im Frankreich des 11.–12. Jhs. die Bibelauslegung und die Suche nach dem Wortsinn in Blüte kam und fast ebenso plötzlich, wie sie begonnen hatte, auch wieder endete. Erklärungen aus der inneren Entwicklung des Judentums stehen solchen gegenüber, die die allgemeine Kultur der Zeit – die Renaissance des 12. Jhs. mit Vorläufern schon ab Mitte des 11. Jhs. – dafür verantwortlich machen; andere wieder sehen die polemische Auseinandersetzung mit dem Christentum als die eigentliche Triebfeder. Gründe für die Blütezeit in Frankreich?

Der bedeutendste Vertreter der spanischen Schule dieser Zeit war Abraham Ibn Esra (1089–1164). Obwohl in der spanisch-arabischen Tradition groß geworden, hielt er sich lange in Frankreich, Italien und zuletzt in England auf. Daher schrieb er seine Kommentare auf Hebräisch. Er kommentierte fast die ganze Bibel, teils in zwei verschiedenen Fassungen. Wo die Halakha auf dem Spiel stand, übernahm er natürlich die traditionellen Erklärungen. In der Einleitung zu seinem Kommentar zur Tora erklärt er programmatisch, dass er, von jeder Autorität unabhängig, stets Problemen der Grammatik und dem Wortsinn den Vorrang gewähren wolle; von den nach seiner Meinung zu weitschweifigen Kommentaren der Geonim grenzt er sich klar ab, mehr noch von der christlichen Auslegung, die überall nur Rätsel sehe, aber auch von der Auslegung jüdischer Gelehrter in christlichen Ländern, die zu sehr der Midrasch-Tradition verhaftet seien (die Kommentare Karas und Raschbams kannte er offenbar nicht). Einzelne seiner Hinweise verwertete später Spinoza für seine historische Bibelkritik. Abraham Ibn Esra

Neben dieser dem Wortsinn verpflichteten Tradition der Auslegung findet man aber auch eine neue Form allegorischer Deutung im Versuch, in der Bibel die Lehren der Philosophie wieder zu finden. Schon bei Saadja findet man dazu Ansätze; voll entwickelte diesen Zugang dann Maimonides (1138–1204), dessen *More Nebukhim* in großen Teilen die Bibel systematisch allegorisiert. Da- Philosophische Allegorisierung mit fand er auch in Europa Nachfolger, die aber vorsichtiger waren, nachdem es schon große Kontroversen um Maimonides gab, in dessen Auslegung man eine Gefährdung traditioneller jüdischer Lehren wie Schöpfung und Auferstehung sah.

Kabbala Einer ganz anderen Form der Allegorisierung der Bibel begegnen wir in der Kabbala. Hier ist vor allem Mosche ben Nachman zu nennen. Sein Torakommentar ist traditionsgebunden, kombiniert verschiedene Zugänge und betont den Literalsinn. In der Einleitung schreibt Nachmanides: «Alles, was unserem Meister an den Toren der Einsicht gesagt wurde, alles wurde in der Tora geschrieben, ausdrücklich oder in Hinweis, in Worten oder Zahlenwert oder in der Form der Buchstaben»; die ganze Tora besteht in Wirklichkeit aus Namen Gottes. Doch wagt er seine kabbalistische Deutung nicht näher auszuführen. Seine Hinweise sind noch sehr verschleiert und wurden daher später selbst vielfach kommentiert.

Mehrfacher Schriftsinn Nachmanides verbindet harmonistisch verschiedene Ansätze, auch wenn ihm die esoterische Deutung der Höhepunkt ist. Ähnlich ist es wenig später im Zohar: Wörtliches Verständnis, midraschische und philosophische Deutung der Bibel haben ihr Recht, werden aber durch ihr Verständnis als Darstellung himmlischer Vorgänge überhöht. Radikaler ist der Ansatz des Abraham Abulafia (1240–ca. 1291), der sieben Sinnschichten der Tora annimmt. Der einfache Wortsinn (Peschat) gilt für die Ungebildeten, für Frauen und Kinder; es folgen die Deutung in Mischna und Talmud, die die Erfüllung der Gebote ermöglicht, und die haggadische Auslegung (Derusch). Über diesen drei Stufen steht die philosophische Allegorie, die sich an die Gelehrten wendet. Alle vier Methoden verwenden alle Völker. Eigentlich kabbalistisch sind dagegen die Deutung der Schreibweisen in der Tora, die Kombination der Buchstaben und der Weg der Prophetie.

Zohar
PaRDeS Am populärsten unter allen Vorstellungen vom mehrfachen Schriftsinn wurde jedoch die des Zohar, die den vierfachen Schriftsinn im Akronym PaRDeS zusammenfasst: Peschat, Remez (Hinweis, philosophische Allegorie), Derasch (homiletische Auslegung) und Sod (Geheimnis, mystische Deutung). Das Merkwort ist zu einem Kennwort jüdischer Bibelauslegung geworden, auch wenn kaum je ein Autor die Lehre systematisch angewandt hat.

Vierfacher Schriftsinn Nicht geklärt ist, woher die Lehre vom vierfachen Schriftsinn kommt. Viele verweisen auf das schon früher belegte christliche

Modell, wozu auch passt, wenn Abulafia von den ersten vier seiner sieben Methoden sagt, dass sie alle Völker verwenden, was Christen einschließt. Auf der anderen Seite gibt es inhaltliche Unterschiede in der Anwendung der Lehre. Auch waren die ersten drei Zugänge Mitte 13. Jh. schon lange traditionell, neu kam nur die kabbalistische Deutung hinzu, sodass die Lehre vom vierfachen Schriftsinn in der jüdischen Tradition eine unabhängige Parallelentwicklung sein könnte. von Christen übernommen?

Kabbalistische wie philosophische Kommentare gewannen in der Folge die Oberhand. Die übliche Auslegung hatte sich erschöpft; die frühen Meister schienen alles gesagt zu haben; ihre Kommentare wurden nun selbst in vielen Superkommentaren wieder kommentiert. Die letzten bedeutenden Exegeten wirkten in Italien: Isaak Abrabanel (1437–1508) und Obadia Sforno (1475 bis 1550), beide schon durch den Humanismus geprägt und in engem Kontakt mit der christlichen Welt; beide legten fast die ganze Bibel aus. Abrabanel versuchte seine Erfahrungen als Staatsmann in Lissabon und später in Neapel in Kommentaren zu den «früheren Propheten» (d. h. den historischen Büchern der Bibel von Josua bis Könige) zu nutzen; messianische Naherwartung prägt die Kommentare zu den Propheten. Im Übrigen bemüht er sich um einen Mittelweg, bietet mäßig philosophische Auslegungen und zitiert viel Midrasch. Sforno, der Reuchlin Hebräisch lehrte, bemühte sich um den Wortsinn, lehnte aber auch die allegorische Deutung nicht ab. Isaak Abrabanel Obadia Sforno

Die Ausrichtung an der Tradition der großen Klassiker zeigt sich in den nun entstehenden «Großen Bibelausgaben» (*Miqra'ot Gedolot)*, beginnend mit der Ausgabe Venedig 1524–25, die Kommentare von Raschi, Ibn Esra und anderen wiedergab. Diesem Beispiel folgend drucken bis heute zahlreiche Ausgaben der *Miqra'ot Gedolot* die Meister des Mittelalters in wechselndem Umfang ab. Seit 1992 erscheint eine kritische Ausgabe, die die mittelalterlichen Kommentare nach den besten Handschriften wiedergibt und damit die traditionellen Ausgaben ablöst: *Miqra'ot Gedolot «Haketer»* (Menachem Cohen, Hg.). Miqra'ot Gedolot

Zweiter wesentlicher Gegenstand der Auslegung war durch das ganze Mittelalter der Talmud, der spätestens im 9. Jh. über Nordafrika nach Europa gekommen war. Von der Anfrage der Gemeinde von Kairowan an Scherira Gaon war schon die Rede. Kairowan war das erste große Zentrum des Talmudstudiums fern von den Talmudauslegung rabbinischen Zentren. Chananel ben Chuschiel (ca. 990–1050), dessen Vater sich schon um die Verbreitung des Talmudtextes verdient gemacht hatte, kommentierte offenbar den ganzen babylonischen Talmud; doch sind nur Teile erhalten geblieben. Ein 953 aus Babylonien nach Spanien geschriebener Brief besagt, spanische Juden hätten Paltoi Gaon (842–858) um eine Handschrift des Talmud mit Erklärungen gebeten und auch erhalten.

<small>Gerschom ben Jehuda und die Mainzer Schule</small>

Das eigentliche Zentrum der Talmudauslegung sollten aber die aschkenasischen Schulen werden. Die von Gerschom ben Jehuda in Mainz gegründete Schule wurde schon genannt. Wo Gerschom selbst Talmud studiert hat, wissen wir nicht. Ihm werden Kommentare zu neun Traktaten des Talmud zugeschrieben, wohl stark erweiterte und zu Beginn des 12. Jhs. redigierte Vorlesungsmitschriften seiner Schüler. An der von Gerschom begründeten Schule studierten u. a. Raschi und Natan ben Jechiel, der im 11. Jh. in Rom ein Talmudlexikon (*Arukh*) verfasste, das bis heute von Bedeutung ist.

<small>Raschis Talmudkommentar</small>

Raschi hat schon in seiner Mainzer Studienzeit einen Kommentar zum Talmud begonnen und zeitlebens an dieser Arbeit festgehalten. Fast alle Traktate des Talmud hat er kommentiert; doch nicht alle ihm zugeschriebenen Kommentare stammen von ihm: Manche wurden von seinen Schülern vollendet, manche stammen überhaupt von anderen. Raschi konnte bei seinen Hörern sprachlich und inhaltlich nicht so viel wie die Meister in Nordafrika oder Spanien voraussetzen. So war ihm viel deutlicher, was erklärt werden musste. Er fasst das zum Verständnis des Textes Wesentliche so kurz wie möglich zusammen: Unbekannte Wörter erklärt er wo nötig auch durch altfranzösische Übersetzung, er zeigt den Gang der talmudischen Diskussion an, erläutert Bräuche und bringt geographische und historische Angaben. Auch bemüht er sich wie schon Gerschom, der Gründer seiner Schule, um einen möglichst korrekten Text des Talmud, stützt sich auf die erreichbaren Handschriften, schlägt aber aus seiner umfassenden Kenntnis der rabbinischen Literatur auch oft Konjekturen vor, die gewöhnlich in Talmudhandschriften aufgenommen wurden, so dass man direkt von einer Raschi-Rezension sprechen kann. Kein Talmudkommentar vor oder nach Raschi hat seinen an Einfluss und Bedeutung erreicht. Schon in der Erstausgabe des gesamten Talmud (Venedig 1520–23) wurde sein Kommentar dem Text des Talmud beigegeben und so haben es fast alle späteren Ausgaben des Talmud gehalten.

Raschis Schüler, v. a. seine drei Schwiegersöhne und seine En- Tosafisten
kel, haben sein Werk fortgeführt, dieses ergänzt und auch selbst
wieder kommentiert. Das eigentliche Werk dieser Gelehrten, die
v. a. in Frankreich und Deutschland wirkten, aber auch in England und anderswo Nachfolger fanden, waren die *Tosafot*, «Zusätze» zu den früheren Kommentaren und zum Talmud selbst.
Die wichtigsten Vertreter dieser Tosafisten waren der schon genannte Raschbam, Jakob Tam (auch Rabbenu Tam genannt) und
Isaak ben Meir, in Deutschland Meir von Rothenburg (ca. 1215
bis 1293).

Das uns erhaltene Werk der Tosafisten ist weithin kollektiv. Die Kollektives
Schriften geben die Diskussion im Lehrbetrieb wieder, verbinden Sammelwerk
den Vortrag des Meisters mit Einwänden der Studenten und Antworten darauf. Gewöhnlich sind es vom Meister korrigierte Schülermitschriften, die aber noch lange durch Lehrmeinungen der eigenen oder anderer Schulen ergänzt und wieder kurz gefasst wurden. Die erste wichtige Sammlung von Tosafot gehen auf Simson
von Sens zurück, einen Schüler des Isaak ben Samuel von Dampierre, der wieder ein Neffe von Jakob Tam war. Diese «Tosafot
von Sens» waren die Basis späterer Sammlungen wie jener des Elieser von Touques, die den Großteil der Tosafot ausmachen, die in
fast allen Talmudausgaben jeweils am Außenrand der Seite mit abgedruckt werden. Die vielen bedeutenden Talmudausleger, die neben oder nach ihnen wirkten (etwa Nachmanides oder Menachem
ben Salomo, meist Meiri genannt [1249–1306]), konnten Raschi
und die Tosafisten nie von ihrem Ehrenplatz verdrängen.

Ähnlich wie bei Raschis Bibelkommentar ist auch bei seinen Textkritik
Kommentaren zum Talmud die Frage nach dem korrekten Text
kaum lösbar, da er das Werk ständig überarbeitet hat. Dennoch
bleibt die Suche nach einem möglichst guten Text und die Frage
der Echtheit einer Reihe von strittigen Kommentaren eine wichtige
Aufgabe. Bei den Tosafisten ist die Überlieferung noch komplizierter, viele Texte müssen überhaupt erst publiziert werden.

Die gaonäische Tradition, die talmudische Halakha in eigenen Isaak Alfasi
Kompendien zusammenzustellen, wurde in Nordafrika durch Sefer ha-
Isaak ben Jakob Alfasi (1013–1103) weitergeführt, der nach Stu- Halakhot
dien in Kairowan in Fes lehrte (daher sein Beiname) und im Alter
der Schule von Lucena in Spanien vorstand. Sein *Sefer ha-Halakhot* («Buch der Gesetze») baut auf den schon genannten Halakhot
Gedolot auf. Es verbindet das geltende Gesetz des babylonischen

Talmud mit einer Kurzfassung dieses Werkes selbst und wird daher auch «kleiner Talmud» genannt.

Maimonides Mischne Tora

Das Werk Alfasis wurde schnell populär, dann aber für einige Zeit durch das Jugendwerk des Maimonides, Mischne Tora, verdrängt. Der Titel stammt aus Dtn 17,18 und bedeutet dort die Zweitschrift der Tora, die der König stets bei sich haben soll, eine «zweite Tora» (Deuteronomium). Das zeigt schon das hohe Selbstbewusstsein seines Autors, der erreichen wollte, dass man in Fragen der Halakha kein anderes Buch mehr brauche. Es fasst die Gesetze der Mischna in ein logisches Gebäude zusammen, ohne Quellen oder Meinungsverschiedenheiten in einzelnen Fragen anzugeben. Als systematische Darstellung der Halakha ist das Werk bis heute höchst geschätzt; doch wurde es auch vielfach aus der Sorge kritisiert, es könne zu einer Vernachlässigung des Talmudstudiums führen.

Arba'a Turim Schulchan Arukh

Ascher ben Jechiel (ca. 1250–1327), der aus Deutschland geflüchtet war und sich in Toledo niedergelassen hatte, nahm das Werk Alfasis wieder auf und ergänzte es durch viel zusätzliches Material und die dort fehlenden Quellenangaben. Sein Sohn Jakob ben Ascher (ca. 1270–1340) vollendete das Werk im Sefer ha-Turim oder Arba'a Turim («Buch der Reihen» bzw. «Vier Reihen»). Diese Schrift wieder kommentierte Josef Karo (1488–1575) im Bet Josef, dessen Kurzfassung, der Schulchan Arukh («Gedeckter Tisch»), 1554 in Safed in Palästina vollendet wurde. Im islamischen Raum schon bald der offizielle Codex, wurde das Werk durch den polnischen Gelehrten Moses Isserles (1520–1572) in der Mappat ha-Schulchan («Tischtuch») ergänzt und so zunehmend auch von den aschkenasischen Juden als geltendes Recht angenommen. Selbst immer wieder von neuem kommentiert, hat der Schulchan Arukh die Entwicklung der Halakha bis heute wesentlich bestimmt.

4. Philosophie

Vernunft und Offenbarung

Philosophie im traditionellen Sinn gab es im Judentum nach Philo kaum mehr, auch wenn man gewisse Aspekte der Mischna und der sonstigen rabbinischen Literatur wie auch den Sefer Jetsira (dazu im nächsten Abschnitt) sehr wohl als philosophisch bezeichnen kann. Erst ab dem frühen 10. Jh. entwickelt sich eine jüdische Philosophie unter dem Einfluss paralleler Entwicklungen im Islam. Arabische Philosophie baut auf dem klassischen Erbe der Griechen: Die Schriften Platos und des Aristoteles wurden früh ins Arabische übersetzt und wie schon in der Spätantike miteinander harmonisiert, auch durch neuplatonische Schriften wie Plotins Enneaden ergänzt. Ansatz aller philosophischen Bemühung war das Nebeneinander von drei Offenbarungsreligionen und die darauf gründende Skepsis und Religionskritik unter Berufung auf die Vernunft. Der bloße Hinweis auf die Offenbarung genügte nicht mehr; man musste vielmehr zeigen, dass Offenbarung und Vernunft zwei verschiedene Quellen von Wahrheit sind, die man miteinander vereinbaren kann.

In der arabischen Religionsphilosophie (Kalam) bemühte man sich v. a. um den Nachweis der Einheit und Gerechtigkeit Gottes, damit auch der Erschaffung der Welt und der Willensfreiheit. Auf jüdischer Seite, die vor ähnlichen Problemen stand, durch die Bibelkritik des persischen Juden Chiwi al Balkh (9. Jh.) wie auch die Traditionskritik der Karäer herausgefordert, musste man sich denselben Fragen stellen. Gottesbegriff im Kalam

Saadja Gaon tat dies in seinem arabisch geschriebenen, schon im 11. Jh. hebräisch frei paraphrasierten und 1186 von Jehuda Ibn Tibbon übersetzten «Buch der Glaubenslehren und Überzeugungen» (Sefer ha-Emunot we-ha-Deot). Eine erkenntnistheoretische Einleitung befasst sich mit Zweifel, Glaube und Irrtum und bejaht vier Quellen der Erkenntnis: evidente Prinzipien, Sinneswahrnehmung, Schlussfolgerung und Tradition. Vernunft und Offenbarung widersprechen einander nicht, die Offenbarung muss vernünftig sein. Wer immer dazu im Stande ist, muss über die religiösen Lehren nachdenken; dadurch werden die als Offenbarung empfangenen Glaubenslehren zu religiösen Überzeugungen. Die von Gott gegebenen Gesetze sind aus der Vernunft abzuleiten – in diesem Fall ist die Offenbarung primär pädagogisch, erleichtert die Erkenntnis des Richtigen und hilft den Ungebildeten – oder sie sind einfach gesetzt, traditionell, dann aber auch wieder in einem größeren Zusammenhang durch die Vernunft zu begründen. Saadja Gaon Emunot we-Deot

Im Abschnitt über die Einheit Gottes beginnt Saadja mit Beweisen dafür, dass die Welt geschaffen ist: Sie ist räumlich begrenzt, zusammengesetzt und veränderlich; die Zeit ist nicht unendlich. Damit widerlegt Saadja die These von der Ewigkeit der Welt. Die Schöpfung setzt den Schöpfer voraus, dessen Einheit aus der seines Ewigkeit der Welt?

Werkes hervorgeht. Die vielen Attribute Gottes sind nur verschiedene Ausdrücke für seine menschlich nicht erfassbare Natur und sprechen nicht gegen seine Einheit.

Willensfreiheit und Vergeltung

Die göttliche Gerechtigkeit erweist sich an der Willensfreiheit des Menschen und in der Vergeltungslehre. Wenn der Gerechte in der Welt leidet, gleicht dies die kommende Welt aus. In diesem Punkt hält sich Saadja an die völlig traditionell dargestellte Lehre vom Jenseits und nimmt gewisse Unstimmigkeiten seiner philosophischen Argumentation in Kauf. Doch hat Saadja mit seinem lange Zeit höchst einflussreichen Werk der jüdischen Philosophie des Mittelalters den Weg gebahnt.

Neuplatoniker Ibn Gabirol

Weniger als der Kalam an die religiöse Tradition gebunden war in der arabischen Philosophie die neuplatonische Richtung, die auf jüdischer Seite schon Isaak Israeli aus Kairowan (ca. 850–950) übernahm und die der Dichter Salomo Ibn Gabirol (ca. 1021 bis 1058) zur Vollendung brachte. Sein Grundproblem war der Zusammenhang zwischen dem einen Gott und der vielfältigen Schöpfung; denn nach neuplatonischer Lehre kann aus dem Einen immer nur Eines und nicht Vielfältiges hervorgehen. Ibn Gabirol löst das Problem mit seinem Materie-Begriff: Alles Sein außer Gott besteht aus Materie als tragendem Prinzip, das durch die Form diversifiziert wird. Die Materie ist das Primäre und Bleibende, nicht die Form. Problematisch ist die Verbindung dieser These mit einer hierarchischen Ordnung in seiner Emanationslehre: Aus dem völlig transzendenten, nur in Negationen erkennbaren Gott, der substantia prima, geht der göttliche Wille oder Logos hervor, der wiederum Prinzip der universalen Materie und Form ist. Von diesen gehen Intellekt, Seele und Natur aus. Am unteren Ende der Skala steht die wahrnehmbare Welt. Ziel des Lebens ist es, der Seele durch rechtes Verhalten und Erkenntnis den Aufstieg in die geistige Welt zu ermöglichen. Diese Lehre hat Ibn Gabirol v. a. in der Schrift Meqor Chajjim («Quelle des Lebens») vertreten. Das arabische Original ist nicht erhalten; lange Zeit kannte man nur die lateinische Übersetzung Fons Vitae und schrieb das Werk einem Moslem oder Christen Avicebron zu, bis man im 19. Jh. hebräische Fragmente entdeckte und die Identität Avicebrons mit dem Dichter Ibn Gabirol nachweisen konnte.

Jehuda Halevi

Viel skeptischer als andere jüdische Philosophen schätzt der große Dichter Jehuda Halevi (vor 1075–1141) die Möglichkeiten der Vernunft ein. Sein arabisch geschriebenes, von Jehuda Ibn Tibbon bald ins Hebräische übersetzte philosophische Werk «Buch der Begründung und des Beweises zur Verteidigung des missachteten Glaubens» wurde als Kuzari bekannt, da die Bekehrung des Chasarenkönigs zum Judentum seinen literarischen Rahmen bildet: Auf der Suche nach der wahren Religion diskutiert der König mit einem Philosophen, einem Moslem und einem Christen. Sie können ihn nicht überzeugen. Schließlich läßt der König einen Juden kommen, der ihm die Richtigkeit des Judentums zeigt und dessen Lehren erklärt. So kann der König dann den Meinungen des Philosophen entgegentreten.

Halevi anerkennt die Leistungen der Aristoteliker, lässt ihre Methode der Deduktion aber nur für die Physik gelten, nicht für die Metaphysik. Mit dem arabischen Philosophen al-Ghazali sieht Halevi im Streit der philosophischen Schulen in metaphysischen Fragen ihre Unzuständigkeit belegt. Er nimmt die Gottesbeweise der Philosophen an; doch ist die Philosophie nicht im Stande, das Verhältnis zwischen Gott und Welt zu erklären oder die Erschaffung der Welt zu beweisen. Sie bringt nur begrenztes Wissen über Gott, zum Leben mit Gott kann aber allein die Religion führen. Adam verlor durch die Sünde das religiöse Vermögen, das die Gemeinschaft mit Gott ermöglichte. Zwar können alle Völker durch das Sittengesetz Lohn und Strafe erwerben; die wahre Gemeinschaft mit Gott kann aber nur Israel erlangen. Ihm wurde diese Gabe von Gott wieder geschenkt, darin besteht seine Auserwählung, aber auch seine Aufgabe in der Geschichte, nämlich die ganze Menschheit zur Anerkennung des wahren Gottes zu führen. Die Beziehung des Menschen zu Gott und sein Weg in der Geschichte sind also Punkte, in denen die Vernunft versagt und der Mensch auf die Offenbarung angewiesen bleibt.

Die aristotelische Tradition, die der Philosoph im Kuzari vertritt und die Halevi in seinen Anfängen selbst akzeptierte, ehe er sich immer mehr davon abwandte, war in der arabischen Philosophie v. a. von Ibn Sina (= Avicenna, 980–1037) vertreten worden. Im Judentum übernahm sie zuerst Abraham Ibn Daud (ca. 1110 bis 1180), der Autor des Sefer ha-Kabbala, einer umfassenden Geschichte der jüdischen Tradition. Im arabisch geschriebenen, doch nur in hebräischer Übersetzung erhaltenen philosophischen Werk Ha-Emuna ha-Rama («Der erhabene Glaube») versucht er, die völlige Übereinstimmung von Judentum und wahrer, d. h. aristotelischer Philosophie zu erweisen: Was die Philosophie erst durch

Grenzen der Philosophie

Aristotelische Tradition

langes Forschen erarbeitet hat, war den Juden von Anfang an geoffenbart.

Abraham Ibn Daud — Der erste Teil ist eine Einführung in die aristotelische Philosophie, erklärt Begriffe wie Substanz und Akzidens, Kategorien, Materie und Form; es folgen Kapitel zu Physik, Psychologie und Astronomie. Im zweiten Teil erörtert Ibn Daud die Grundprinzipien des Judentums im Licht der Philosophie. In den Gottesbeweisen verbindet er den aristotelischen Gedanken vom ersten Beweger mit dem Argument Ibn Sinas, das mögliche Sein der Dinge setze ein notwendiges Sein voraus. Gott setzt also nicht nur eine vorhandene Welt in Bewegung, sondern ruft sie überhaupt erst aus der Möglichkeit ins Dasein. Durch dieses Argument beweist er dann auch die Einzigkeit Gottes. Die These einer allgemeinen Emanation lehnt er ab: Nicht nur widerspricht sie der biblischen Lehre der Schöpfung als eines willentlichen Aktes Gottes, sie ist auch unbeweisbar und überschreitet damit die Kompetenz der Philosophie. Ausführlich befasst er sich mit der Tora als echter Quelle der Erkenntnis, begründet in Moses Prophetie, der höchsten Ebene des Verstehens, und weitergegeben durch authentische Tradition. Erst zum Schluss kommt Ibn Daud zum Thema, das er zu Beginn des Werks als zentral genannt hat, wie die göttliche Bestimmtheit des Universums mit der freien Wahl und Verantwortlichkeit des Menschen zu vereinbaren ist.

Maimonides — Mosche ben Maimon, der größte jüdische Philosoph des Mittelalters, hat viele Probleme, die sich aus der Verbindung aristotelischer Philosophie mit jüdischem Glauben ergeben und denen Ibn Daud noch ausweicht, in Angriff genommen und im *Führer der Verwirrten* eine Synthese versucht. Maimonides schrieb das Werk in Arabisch; Samuel Ibn Tibbon übertrug es in Kontakt mit dem Autor als More Nebukhim ins Hebräische. Eine zweite Übersetzung unternahm der Dichter Jehuda al-Charizi; diese war die Basis der lateinischen Version, Dux Neutrorum, die Albertus Magnus, Thomas von Aquin und viele andere Meister der Hochscholastik tief beeinflusste.

Synthese von Philosophie und Glauben — Maimonides setzt die Metaphysik mit den mystischen Lehren des «Thronwagenwerks» gleich, die man nach rabbinischer Lehre nicht öffentlich vortragen, sondern nur Einzelne lehren darf. So widmet er die Schrift seinem Schüler Josef Ibn Schamun und schickt sie ihm kapitelweise nach Bagdad. Er beginnt mit dem Gottesbild der Bibel und geht dann über die Themen von Prophetie und Vorsehung zur Bedeutung der Gesetze über. Ziel ist eine Synthese von Philosophie und Glauben durch ein philosophisches Verständnis der Bibel.

Wie seine Vorgänger beschäftigt auch ihn die anthropomorphe Darstellung Gottes in der Bibel: Trotz der vielen Attribute Gottes in der Bibel ist er eins und unkörperlich. Man kann Gott keine positiven Attribute zuschreiben; die einzig positiven Aussagen über Gott sind aus seinem Wirken abzuleiten, wie auch die sittlichen Eigenschaften Gottes Aussagen über sein Wirken sind. Anthropomorphismen

Das Dasein Gottes beweist Maimonides wie Ibn Daud: Gott ist der erste Beweger und das einzige notwendige Sein. Doch lehnt er den Gottesbeweis des Kalam aus der Zeitlichkeit der Welt ab. Die Geschaffenheit der Welt ist zwar wahrscheinlicher als die von Aristoteles angenommene Ewigkeit, jedoch nicht endgültig beweisbar. Der Gottesbeweis muss daher auch bei Annahme einer ewigen Welt bestehen können. Die Argumente für Geschaffensein und Ewigkeit der Welt halten einander die Waage: So entscheidet sich Maimonides aus religiösen Gründen für die Erschaffung aus dem Nichts. Welt ewig oder geschaffen?

Die Frage nach der Ewigkeit der Welt ist bei Maimonides strikt theologisch: Geht die Welt notwendig aus Gott hervor oder ist sie in Freiheit geschaffen? Bejaht man die freie Schöpfung, muss man weiter nach dem Sinn der Schöpfung fragen: Es ist sicher nicht der Mensch, der ja vieles in der Schöpfung nicht braucht. Alles Seiende hat eine innere Zweckmäßigkeit, das Dasein an sich ist ein Gut, doch ein letzter Zweck kann nicht angegeben werden. Sinn der Schöpfung

Eine Dauerfrage religiöser Philosophie ist die nach Vorsehung und Freiheit des Menschen. Für Maimonides beschneidet die Vorsehung den freien Willen nicht, sondern waltet über dem Einzelnen in dem Maß, als sein Intellekt entwickelt ist. Die höchste Stufe des Intellekts ist die Prophetie. Der Prophet ist dem Philosophen vergleichbar, Offenbarung und Vernunft sind im Grunde identisch: Damit ist die Prophetie eine in allen Menschen angelegte Möglichkeit, auch wenn Gott sie manchen vorenthält (damit will Maimonides die Eigenart der biblischen Prophetie wahren). Prophetie

Auch die Gesetze sind auf die Erleuchtung der Vernunft gerichtet, sollen den Menschen von der Herrschaft der Sinne befreien und ihn in der Erkenntnis Gottes die höchste Vollkommenheit, damit auch die Unsterblichkeit finden lassen. Wenn Erkenntnis (und nicht einfach ethisches Verhalten) Voraussetzung der Unsterblich- Dreizehn Glaubensartikel keit ist, muss jeder Jude das nötige Minimum dieser Erkenntnis erreichen können: Daher formuliert Maimonides dreizehn Glaubensartikel als Voraussetzung der Teilhabe am ewigen Leben, dogmatisiert damit das Judentum.

Einfluss und Konflikte

Maimonides hat mit seinem Werk von Anfang an jüdisches Denken zutiefst beeinflusst, jedoch auch schwere Auseinandersetzungen hervorgerufen, die in Spanien und Frankreich bis ins 14. Jh. tobten, da viele in dem Werk eine Untergrabung religiöser Praxis und wichtiger Lehren des Judentums sahen.

Levi ben Gerschom

Levi ben Gerschom (1288–1344, Provence), auch als Talmudist und Mathematiker bekannt, vertrat die Lehren des Aristoteles in voller Konsequenz. In seinen «Gotteskämpfen» (Milchamot Adonai) versucht er in Auseinandersetzung mit dem von Maimonides noch nicht berücksichtigten Averroes, dessen Werke er übersetzte und kommentierte, eine neue Synthese von Philosophie und Theologie. Gott ist für ihn das höchste Denken und nicht der persönliche Gott der Bibel. Er hat die Welt erschaffen, wie aus ihrer Zweckmäßigkeit hervorgeht, die einen Planer voraussetzt, doch nicht aus dem Nichts: Er ist nur das allgemeine Formprinzip, dessen Wirken eine präexistente Materie als Substrat des Werdens voraussetzt. So kennt Gott auch nur die allgemeine Formordnung, doch nicht die Einzeldinge. Das garantiert auch die Freiheit des Menschen. Göttliche Vorhersehung kann nur allgemein sein, Wunder sind nicht Einzeleingriffe Gottes, sondern entsprechen den schon im Schöpfungsplan festgelegten Voraussetzungen. Die Unsterblichkeit des Menschen ist auf den erworbenen Intellekt beschränkt, der das individuelle Überleben garantiert, das Gefühlsleben jedoch nicht einschließt.

Reaktionen Chasdai Crecas Josef Albo

Die Reaktion auf diese viel stärker von Aristoteles als vom jüdischen Erbe geprägte Philosophie ließ nicht auf sich warten; in den jüdischen Gemeinden stieß sie, und mehr noch Aristoteles selbst, auf starken Widerstand. Chasdai Crescas versuchte in seinem Hauptwerk Or Adonai («Gotteslicht») eine philosophische Antwort. Die angeblich unbestreitbaren aristotelischen Thesen, die Maimonides zur Voraussetzung von Gottes Dasein, Einheit und Unkörperlichkeit gemacht hatte, findet er unhaltbar; unendlicher Raum, unendliche Zeit und endlose Kausalreihen seien sehr wohl möglich. Als einziger Gottesbeweis bleibt somit, dass die Aktualisierung des potentiell Seienden ein notwendiges Sein voraussetzt. Die Einheit Gottes ist nicht logisch, sondern nur aus der Bibel zu beweisen, seine Unkörperlichkeit ist eine Folge der Einheit. Dieser Gott weiß alles a priori, kümmert sich in seiner Vorsehung um alles, hat Macht und ist mit den Menschen in der Prophetie verbunden. Beherrschendes Motiv ist nicht das Wissen, sondern die Liebe, Grundlage der Vorsehung, aber auch der Prophetie, die der Höhepunkt der Liebe und nicht der Vernunft ist. Die Liebe ist das höchste Ziel des Menschen. Die Unsterblichkeit hängt nicht vom Intellekt ab; nicht der erworbene Intellekt überlebt, sondern die als einfache Substanz unsterbliche Seele. Das Denken des Crescas hat die weitere jüdische Philosophie, so etwa die Synthese seines Schülers Josef Albo, Sefer ha-Iqqarim («Buch der Grundlehren»), aber auch die Mystik stark beeinflusst, und christliche Denker wie Pico della Mirandola und Giordano Bruno, ja sogar Spinoza geprägt.

Die zentrale Gestalt der jüdischen Philosophie des Mittelalters war ohne Zweifel Maimonides. Die Kommentierung seines Werks begann mit seinem Übersetzer Ibn Tibbon und bestimmte durch Jahrhunderte den weiteren Gang der Philosophie im Werk von Chasdai Crescas, Mosche Narboni, Josef Kaspi und vielen anderen. Das Problem, das bis heute diskutiert wird, hat Maimonides selbst provoziert: In der Einleitung schreibt er, man müsse, wenn man von sehr dunklen Dingen spricht, manches verbergen, anderes klarlegen; die Annahmen, die der Diskussion an einer Stelle zu Grunde liegen, können denen an einer anderen Stelle widersprechen. Der nicht Eingeweihte darf diesen Widerspruch nicht merken, der Autor muss ihn daher unter allen Umständen verbergen.

Kommentare zu Maimonides

Sowohl die größten Anhänger des Philosophen wie auch seine Gegner haben sich immer wieder darauf gestützt. Verbergen seine Aussagen mystische Geheimnisse der höchsten Art, das eigentliche Verständnis der Tora, das auch Mose schon verborgen hat, oder ist Maimonides wörtlich zu nehmen? Sind seine Aussagen über die Geschaffenheit der Welt, über die Prophetie als Gabe Gottes oder die Willensfreiheit ernst zu nehmen oder nur eine Finte, um seine wahren Ansichten zu verbergen, wie seine Gegner meinten? Welche Rolle spielt die philosophische Allegorisierung der Bibel? Sucht er damit nur seine Philosophie biblisch zu legitimieren oder geht es ihm wirklich um Erkenntnis aus dem Text selbst? Dergleichen Fragen stehen hinter den bis heute sehr kontroversen Auslegungen zu Maimonides. Auf der Suche nach Antworten ist nicht nur das Werk immer neu zu analysieren; es gilt auch immer genauer seine Quellen und Voraussetzungen zu erforschen und der Ge-

Was wollte Maimonides wirklich?

schichte seiner Auslegung nachzugehen. Damit umfasst das Studium des «Führers der Verwirrten» bis heute den gesamten Komplex jüdischer Philosophie im Mittelalter.

5. Hekhalotmystik und Kabbala

Esoterische Tradition

Maimonides hat, wie wir gesehen haben, seine Philosophie als esoterische Lehre verstanden, die nur Wissenden weitergegeben werden darf. Damit reiht er sich in eine esoterische Tradition im Judentum ein, deren Anfänge man in die Apokalyptik, auf jeden Fall aber in talmudische Zeit zurückverfolgt.

Sefer Jetsira

Ein erratischer Block in dieser Tradition ist der Sefer Jetsira («Buch der Schöpfung»), der in knappster Sprache Entstehung und Konstitution der Welt darstellt. Sie wurde durch die «32 Pfade der Weisheit» erschaffen, die zehn Grundzahlen, die zugleich die vier Grundelemente und die sechs Dimensionen des Raums bedeuten, und die 22 Buchstaben des hebräischen Alphabets. Diese sind in drei Gruppen aufgeteilt, die drei Mütter (A M S), die sieben auf zweifache Weise auszusprechenden und die zwölf verbleibenden Buchstaben. Jede Buchstabengruppe wird kosmologisch und auch auf den Menschen gedeutet. Alles Seiende existiert durch die Kombination dieser Buchstaben. Die Schrift kann als eine Art Grammatik verstanden werden, die zugleich der Bauplan der Welt ist.

Datierungsprobleme

Die Schrift ist erstmals im 10. Jh. belegt, und zwar gleich in drei Rezensionen: Dunasch ben Tamim kommentierte eine kurze Fassung, Sabbatai Donnolo eine Langfassung, Saadja Gaon eine dieser verwandte Rezension; in den folgenden Jahrhunderten wurde sie immer wieder kommentiert. Die Schrift ist schwer zu datieren: Man sieht sie im Palästina des 3. bis 6. Jhs. entstanden, andere gehen an den Anfang dieser Periode oder gar noch weiter zurück. Es ist wohl zwischen der Entstehung der beiden Teile über Zahlen und Buchstaben und ihrer Verbindung zu einem Ganzen vielleicht zu Beginn der islamischen Zeit zu trennen, genauere Aussagen sind aber nach wie vor unmöglich.

Hekhalottexte

Kann man den Sefer Jetsira dem «Schöpfungswerk» als dem einen Zweig esoterischer Tradition im Judentum zuordnen (Spekulation zu Gen 1), so gehören die Hekhalottexte zum «Thronwagenwerk», das an die Vision von Ez 1 anknüpft und die himmlische Welt zu verstehen und zu erfahren sucht (Hekhalot sind die himmlischen «Paläste» oder «Thronhallen»). Die Texte bereiten den mystischen Aufstieg zum Thronwagen (Merkaba) Gottes vor bzw. schildern ihn. Der Weg durch die sieben Himmel und sieben Thronhallen ist voller Gefahren; man überwindet sie nur, wenn man die rechten Formeln weiß. Ein Großteil der Texte ist der himmlischen Liturgie gewidmet: Sie zitieren Hymnen, die die Engel oder die vier Lebewesen singen, die den göttlichen Thron tragen. Die feierliche Einförmigkeit der Hymnen soll vielleicht die Ekstase fördern. Eine Reihe von Texten (Schiʿur Qoma, «Maß der Gestalt» genannt) schildert die Gestalt des Thronenden im Anschluss an die Beschreibung des Geliebten in Hld 5,10ff; unendliche Zahlen werden für die einzelnen Körperteile und Gliedmaßen des Thronenden angegeben, offenbar eine geheime Harmonie der einzelnen Glieder zueinander, deren Maße alle Vorstellung übersteigen. Wichtig ist auch das Geheimnis der Tora, das der Engelsfürst der Tora den Aufsteigenden vermittelt und wodurch sie in den Stand versetzt werden, die Tora richtig zu verstehen und nicht mehr zu vergessen.

Haupttexte dieser Literatur sind der große und der kleine Traktat von den Hekhalot (Hekhalot Rabbati und Hekhalot Zutrati), traditionell mit R. Jischmael bzw. R. Aqiba verbunden. Hierher gehört auch der Sefer Hekhalot (auch als Drittes Buch Henoch bekannt), in dem eine Himmelsreise des R. Jischmael unter Führung Henochs geschildert wird, die an magischen Passagen reiche Schrift Merkaba Rabba und eine Reihe anderer Texte. Haupttexte

Gershom Scholem (1897–1982), der Begründer der modernen Erforschung der jüdischen Mystik, hat diese Schriften in talmudische Zeit datiert, in ihnen eine Art jüdische Gnosis gesehen, von der wichtige Elemente durch zum Christentum übergetretene Juden im 2. Jh. an christliche Gnostiker weitergegeben wurden und diese beeinflussten. Jüdische Gnosis?

Seit der Veröffentlichung der wichtigsten Sammelhandschriften mit Hekhalottexten durch Peter Schäfer (*Synopse zur Hekhalot-Literatur*, 1981) ist die Datierung der Texte sehr umstritten: Die je verschiedene Zusammensetzung von Textblöcken in den einzelnen Handschriften zeigt, dass es noch lange keine klar abgegrenzten Schriften wie Hekhalot Rabbati usw. gegeben hat, sondern ihre Einheiten verschieden kombiniert werden konnten. Zugleich ist deutlich geworden, wie stark die Texte noch von den Chaside Aschkenas, also im mittelalterlichen Europa, bearbeitet Probleme der Texte wurden. Die Vorstellung einer jüdischen Gnosis ist problematisch geworden, ebenso die Rolle der magischen Elemente in den Texten: Sind sie von Anfang an zentral oder nur Teil einer späteren Popularisierung? Die in den letzten Jahren verstärkte Erforschung jüdisch-magischer Texte hängt eng mit der Problematik zusammen. Geht es in den Hekhalottexten wirklich um den Versuch eines Aufstiegs in die himmlische Welt, stehen dahinter Mystiker im eigentlichen Sinn, oder ist das Element der Schriftauslegung zentral? Waren die Autoren und Leser dieser Texte Teil der rabbinischen Bewegung oder eher einfachere Leute, die durch magische Riten am Wissen der Elite der Tora-Gelehrten teilhaben wollten? Waren sie Außenseiter oder im Zentrum der jüdischen Gemeinden? Die Fragen werden seit zwanzig Jahren lebhaft diskutiert und werden es wohl noch länger bleiben.

Chaside Aschkenas

Die schon genannten Chaside Aschkenas sind eine mystische Bewegung, die ab Mitte 12. Jh. im Rheinland (Worms, Mainz, Speyer), aber auch in Regensburg und anderen Gemeinden aktiv war. Ihre wichtigsten Vertreter entstammen der aus Italien gekommenen Familie Kalonymos: Samuel ben Kalonymos, auch Samuel he-Chasid («der Fromme») genannt (Speyer), sein Sohn Jehuda he-Chasid (gest. 1217; Regensburg) und dessen Schüler Eleasar ben Jehuda von Worms (ca. 1165–1230).

Sefer Chasidim

Das bekannteste Werk aus diesem Kreis ist der Sefer Chasidim, das «Buch der Frommen», im Wesentlichen von Jehuda he-Chasid verfasst, jedoch wohl auch mit Beiträgen seines Vaters und anderer. Diese ethische Schrift bietet sittliche Maximen und dazu passende Beispielerzählungen, oft etwa aus den Judenverfolgungen der Kreuzzüge. Höchstes Ideal ist die Gottesliebe, die über die wörtliche Erfüllung der Halakha geht. Das Buch spricht für das einfache Volk, gibt auch Aberglauben breiten Raum und engagiert sich für soziale Gerechtigkeit. Es vertritt eine pietistische, zur Mystik neigende Frömmigkeit mit manchen Parallelen im christlichen Mönchtum der Zeit.

Eleasar von Worms

Die eigentlich mystische Tradition dieses Kreises hat Eleasar von Worms in seinem Werk Sode Razajja («Geheimnisse der Geheimnisse») zusammengefasst. Darin behandelt er die Schöpfung durch die 22 Buchstaben des Alphabets, dann das «Thronwagenwerk» – die geheimen Namen der Engel, den himmlischen Thron und seinen Wagen sowie die Offenbarung. Nach einer Erklärung der Namen Gottes bietet er einen Kommentar zum Sefer Jetsira, dessen Einfluss schon im einleitenden Teil über die Schöpfung deutlich war. Eine Seelenlehre schließt das Buch, das offenbar aus ursprünglich selbständigen Schriften zusammengesetzt ist.

Eine große Rolle spielten bei den Chaside Aschkenas die Traditionen zum Schi'ur Qoma, nicht aber die Traditionen über den Aufstieg in die himmlische Welt; somit ergibt sich die Frage, welche Texte der Hekhalotliteratur sie kannten, was davon sie vielleicht bewusst ignorierten. Jedenfalls ist für sie nicht der Aufstieg die Möglichkeit, mit Gott und seinen Kräften in Verbindung zu kommen, sondern die Konzentration auf die Gebete und jedes einzelne ihrer Worte, ja Buchstaben, die eine mystische Harmonie darstellen. Deshalb verfasste schon Jehuda he-Chasid einen Kommentar zu den Gebeten, aus dem Zitate in Sodot ha-Tefilla («Geheimnisse des Gebets») enthalten sind, ebenso dann Eleasar von Worms. {Konzentration auf die Gebete}

Viele Schriften der Chaside Aschkenas, auch solche aus anderen Kreisen als dem um Jehuda he-Chasid, sind noch nicht ediert und entsprechend wenig erforscht. Sie selbst berufen sich auf alte Traditionen aus dem Orient, die schon in Italien ihre Vorfahren überliefert bekamen. Die genauere Herkunft ihrer Gedankenwelt ist noch weithin unbekannt, ebenso nicht wirklich geklärt, warum diese Bewegung sich gerade um diese Zeit entfaltete. Der Hinweis auf die geänderten Verhältnisse seit den Kreuzzügen und ihre Auswirkungen in der jüdischen Spiritualität ist sicher richtig, erklärt aber nicht alles. {Orientalische Herkunft?}

Das sieht man daran, dass fast gleichzeitig auch in der Provence eine neue mystische Bewegung entstand, die Kabbala («Tradition»). Ihr erster wichtiger Text ist das Buch Bahir («Glanz»), im späten 12. Jh. in Südfrankreich entstanden und pseudepigraph Lehrern rabbinischer Zeit zugeschrieben. Nach dem zu Beginn genannten R. Nechunia wird das Buch auch «Midrasch des R. Nechunia» genannt. Es legt eine Reihe von Bibelversen auf eine kosmogonische Lehre hin aus. Als wesentliche Basis ist der Sefer Jetsira zu sehen. Doch die dort genannten Grundzahlen werden hier zu den Sefirot im späteren Sinne, am Schöpfungswerk beteiligten Mächten, die zusammen den Weltenbaum bilden, von dem alle Seelen ausgehen; auch die Seelenwanderung wird hier vorausgesetzt. {Kabbala Buch Bahir}

Noch schärfer als bei den Lehren der Chaside Aschkenas stellt sich hier die Frage nach der Herkunft der Ideen. Scholem deutete die Gottesvorstellung des Buches und andere seiner Elemente vor {Thesen Gershom Scholems} dem Hintergrund der antiken Gnosis, womit sich die Frage nach der Vermittlung seit der Spätantike und ihrem plötzlichen erneuten Auftauchen gerade hier stellt. Parallelen zu zeitgleichen Gedanken der Katharer drängen sich auf, womit jedoch die Frage nur weitergereicht wird. Scholems Annahme einer alten, gnostisch gefärbten esoterischen Tradition, aus der die frühe Kabbala viele Vorstellungen und Symbole schöpfte, wird von Joseph Dan scharf abgelehnt: Das Buch Bahir ist nicht eine Anthologie geheimer jüdischer Traditionen, die bis in die Antike zurückgehen, sondern das Produkt eines radikalen religiösen Erneuerers, der Bausteine früherer Texte «umformte, so daß sie seinen neuen, revolutionären Konzepten der göttlichen Welt entsprachen» (in Scholem 2001, 445).

Gerona Zentrum der Kabbala

Aus der Provence kam die Kabbala nach Spanien, wo Gerona ein wichtiges Zentrum wurde: Im frühen 13. Jh. wirkten hier Esra und Asriel von Gerona; vom zweiten stammen u. a. esoterische Kommentare zu Liturgie und talmudischen Haggadot. Hier vermittelte etwas später Nachmanides die neue Lehre aus dem intimen Kreis in eine breitere Öffentlichkeit. Hier müsste man auch Abraham Abulafia nennen, den wichtigsten Vertreter der prophetischen Kabbala, sowie Isaak ben Jakob ha-Kohen aus Soria im späteren 13. Jh., bei dem man erstmals die These einer linken, dämonischen Emanationsreihe findet, die den zehn Sefirot entspricht, ihnen seit der Schöpfung gegenübersteht. Damit steht man wiederum vor dem Problem der Parallelen zwischen jüdischer Mystik und Gnosis.

Zohar

Das umfangreichste und wichtigste Werk der spanischen Kabbala ist der Zohar («Lichtglanz»), pseudepigraph R. Schim'on bar Jochai (2. Jh.) zugeschrieben, eine Synthese der philosophisch (neuplatonisch) orientierten Kabbala von Gerona mit stärker mythologischen Formen. Schon bald erkannte Anachronismen im teils hebräisch, teils in einem künstlichen Aramäisch verfassten Werk führten bald zur Entdeckung des wirklichen Autors: Mosche ben Schem Tov von Leon (gest. 1305), der den Zohar zwischen 1280 und 1286 als Abschrift eines alten Werks in Lieferungen veröffentlicht hatte. Nach dem Tod des Verfassers wurde das Werk überarbeitet und ergänzt. Dennoch konnte sich lange unter Kabbalisten die Zuschreibung an Schim'on bar Jochai halten.

Zohar als Kommentar zur Tora

Der wichtigste Teil des Zohar ist ein kabbalistischer Kommentar zu den Wochenabschnitten der Tora. In diesen Text eingearbeitet sind ein Midrasch Ne'elam («verborgener Midrasch») zu Tora,

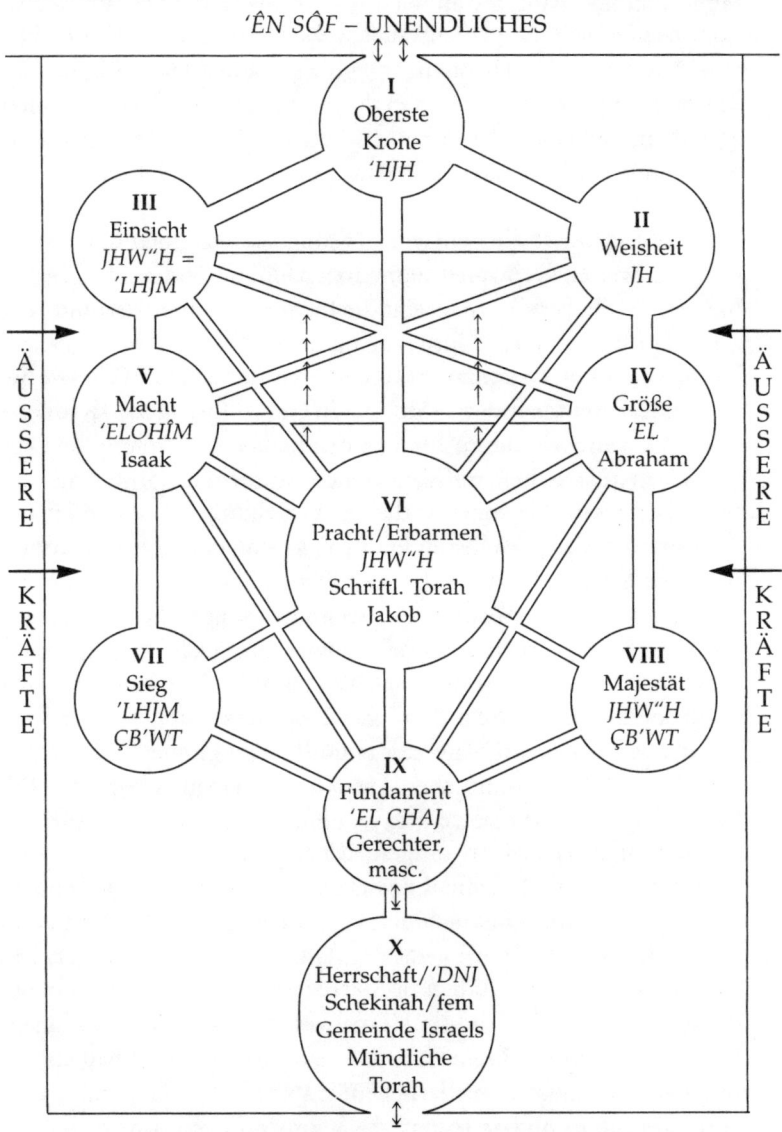

Abb. 7: Die zehn Sefirot als Wirkungsweisen der Gottheit und ihre hierarische Struktur nach dem Buch *Zohar*. (Aus Johann Maier, Die Kabbalah. Einführung. Klassische Texte – Erläuterungen, München 1995)

Hoheslied und Rut, dessen wichtigste Themen die Schöpfung, die kommende Welt und die mystische Bedeutung der Gebote sind, eine Auslegung der Thronvision von Ez 1 und andere Stücke. Die üblichen Ausgaben umfassen in den ersten drei Bänden den Zohar zum Pentateuch, gefolgt in Band 4 von den Tiqqune Zohar («Verbesserungen zum Zohar») und dem Zohar Chadasch («Neuen Zohar») in Band 5.

Sefirotlehre

Der Zohar fasst die Lehren der Kabbala zusammen und entwickelt sie weiter. Dem unerkennbaren Dunkel Gottes, des En Sof (des «Unendlichen»), entspricht die Lichtwelt seiner Attribute, der zehn Sefirot, in denen Gott erkennbar ist. Die Sefirot sind nicht Zwischenstufen zwischen Gott und der sinnlichen Welt wie im Neuplatonismus, sondern «Stufen» in Gott selbst, seine «Kronen» oder «Gewänder», die zusammen den heiligen Baum und den Urmenschen ausmachen, auf den sich die Anthropomorphismen der Bibel beziehen. Die innergöttlichen Beziehungen sind durch das Böse gestört, die Verselbständigung des richtenden Urteils Gottes, die linke Seite. Das Böse ist damit primär nicht Sünde des Menschen, sondern Zerstörung der Zusammenhänge, die der Mensch durch Gebet und Befolgung der Gebote ausgleichen kann. Somit wird der Mensch in engster Beziehung mit der Gottheit gesehen – seine oberste Seele ist ein göttlicher Lichtfunke, den nur ein Kabbalist erwerben kann. Theogonie und Kosmogonie sind für den Zohar im Prinzip nur zwei Aspekte desselben Vorgangs. Die Schöpfung ist nicht eine creatio ex nihilo, sondern eine natürliche Entwicklung der in Gott tätigen Kräfte.

Verbreitung des Zohar und der Kabbala

Der Zohar wurde schnell das grundlegende Buch der Kabbala und immer wieder kommentiert, seit 1558 trotz des Widerstandes auch von Kabbalisten oft gedruckt. Die Kabbala breitete sich aus, kam im 14. Jh. nach Italien und verdrängte auch in Deutschland die eigene mystische Tradition. Eine wesentliche Neugestaltung erlebte sie aber im 16. Jh. in Palästina, wo sich viele aus Spanien vertriebene Kabbalisten niederließen; Safed in Galiläa, nahe dem Grab des Schim'on bar Jochai, des vermeintlichen Autors des Zohar, wurde das wichtigste Zentrum der Kabbala.

Die Schule von Safed Mosche Cordovero

In Safed wirkte Josef Karo, der Verfasser des Schulchan Arukh, aber auch ein bedeutender Kabbalist, um den sich zahlreiche Schüler sammelten. Einer der wichtigsten davon war Mosche Cordovero (1522–70), der den Zohar kommentierte und dessen Gottesbegriff systematisch zu fassen suchte. Sein Grundproblem war das

Verhältnis des transzendenten Gottes (En Sof) auf dem Weg über die Sefirot zur Welt. Die Sefirot gehören zwar zu Gottes Substanz, sind aber zugleich seine Werkzeuge, aus ihm nicht notwendig emaniert, sondern durch einen Willensakt hervorgegangen. Der Wille ist die erste Sefira, schon außerhalb der göttlichen Substanz und nur eine Annäherung an die Gottheit. Die Emanationen versteht Cordovero als Stufen göttlichen Denkens und dialektischen Prozess: Gott verbirgt sich, um offenbar zu werden; dabei entstehen die Sefirot in einer doppelten Bewegung des «direkten Lichts», durch das die Emanationen sich nach unten entfalten, und des «reflektierten Lichts», das diese Entfaltung nach oben spiegelt.

Der größte Kabbalist von Safed war Isaak Luria (1534–72), ein als heiligmäßig verehrter Mann, der seine Lehre, abgesehen von einem Kommentar zum Anfang des Zohar, nicht niederschrieb; erst seine Schüler, darunter Chajjim Vital (1543–1620), schrieben Lurias Lehre nieder und propagierten sie.

Isaak Luria

Ausgehend von Cordovero, hat Luria etwas Neues geschaffen, eine gnostisch anmutende Mystik, deren zentrale Thesen der Tsimtsum, der «Bruch der Gefäße» und der Tiqqun sind. Der Tsimtsum besagt bei Luria, dass der überall gegenwärtige Gott durch seinen eigenen «Rückzug» Raum für die Schöpfung freigeben musste. Gott zog sich in sich zurück, um in den so frei werdenden Raum sein Licht strahlen zu lassen. Das Licht gestaltete sich zum «Urmenschen», aus dessen Körperöffnungen das Licht der Sefirot ausstrahlt. Gefäße sollten das Licht auffangen, doch zerbrachen alle außer jenen der drei obersten Sefirot. Dieser «Unfall» hatte reinigende Wirkung; denn dadurch wurden die «Schalen» des Bösen aus dem Urmenschen ausgeschieden. Die an den Scherben klebenden Funken des Lichts wurden in dämonische Welten eingefangen. Im Tiqqun (der «Berichtigung») muss Gott nun durch einen Lichtstrahl aus der Stirn des Urmenschen die zerstreuten Lichter wieder sammeln und damit sich selbst vollenden. Der Mensch kann durch Erfüllung der Tora und Gebet mithelfen, das göttliche Licht einzusammeln. Hier hat auch die Seelenwanderung ihren Platz: Erst eine völlig gereinigte Seele kann wieder in die göttliche Welt zurückkehren und das Exil beenden.

Tsimtsum und Bruch der Gefäße

Die nach ihrem Begründer benannte lurianische Kabbala war somit ein zutiefst messianisches System; die Geschichte ist ein einziger Weg zur Erlösung, die den Urzustand wieder herstellt und mit der Einsammlung der göttlichen Funken auch auf Gott ein-

Einsammlung der göttlichen Funken

wirkt. Diese Lehre fand große Verbreitung; durch ihre häretische Umformung durch Sabbatai Zwi, aber auch ihre Umgestaltung im Chasidismus Osteuropas ist sie ein bestimmendes Element auch der Neuzeit geworden.

Judentum und Gnosis Die Frage nach der Beziehung des Judentums zur Gnosis wird bei Luria nochmals zentral. Sind es einfach parallele Entwicklungen ohne historische Verbindung, hat das Judentum aus der antiken Gnosis bestimmte Elemente übernommen oder sind es genuin jüdische Elemente, die auch die spätere Gnosis bestimmt haben, ohne dass die jüdische Mystik auf diese zurückgreifen musste? Die Einordnung der Kabbala in die Religionsgeschichte (so etwa die vergleichende Analyse von Hekhalotmystik und Schamanismus durch James Davila) ist weithin erst zu leisten. Auch versteht sich, dass ihre Erforschung aus dem Dialog mit jenen, die sie heute noch praktizieren, der Psychologie zur Erhellung in den Texten geschilderter Phänomene und allgemein einem interdisziplinären Ansatz noch viel lernen kann. Grundlegend aber bleibt Veröffentlichung und Studium ihrer Texte.

Zeittafel

586	Westgote Rekkared katholisch	Unterdrückung spanischer Juden
711	Spanien arabisch	Beginn einer Blütezeit
814–840	Ludwig der Fromme, Schutzbriefe für jüdische Händler	Agobard von Lyon, antijüdische Schriften
960–1028	Gerschom ben Jehuda	Rabbinische Schule in Mainz
993–1056	Samuel ha-Nagid, Granada	Höhepunkt jüdischer Kultur
1040–1105	Raschi, Troyes	Bibel- und Talmudkommentar
1096	Erster Kreuzzug	Jüd. Gemeinden am Rhein zerstört
1103	Mainzer Reichslandfrieden	Unbewaffnete Juden unter Schutz
1138–1204	Maimonides	Mischne Tora, More Nebukhim
1194–1270	Nachmanides	Bibelkommentar
1215	4. Laterankonzil	Juden müssen Kennzeichen tragen
1236	Kammerknechtschaft	Schutz führt zu Ausbeutung
1240	Talmuddisputation von Paris	Verbrennung hebräischer Bücher
1263	Disputation von Barcelona	Zensur des Talmud
1280–86	Zohar (Mosche von Leon)	Blüte der spanischen Kabbala
1290	Vertreibung der Juden aus England	
1336–38	Armleder-Unruhen in Deutschland	Vorwurf der Hostienschändung
1348–50	Pestepidemie in Europa	Vorwurf der Brunnenvergiftung
1391	Pogrome in Sevilla, Valencia usw.	Ergebnis christlicher Polemik
1421	Wiener Gesera	Juden verbrannt oder vertrieben
1478–1554	Josel von Rosheim	Sprecher der deutschen Juden
1492	Fall Granadas, Ende der Reconquista	Ausweisung der Juden aus Spanien
1497	Vertreibung der Juden aus Portugal	
1498	Ausweisung aus Frankreich	
1534–72	Isaak Luria	Safed wird Zentrum der Kabbala
1554	Josef Karo	Schulchan Arukh
1648	Chmielnicki-Pogrome	Beginn jüdischer Abwanderung Richtung Westen

VI. Vierter Hauptteil: Neuzeit

Dieser Abschnitt ist notgedrungen noch knapper als die vorangehenden; viele Bereiche dieser Epoche werden auch durch andere Studienrichtungen wie Geschichte, Philosophie, Germanistik, Soziologie und Politologie mit betreut. Schwerpunkt der Darstellung sind die Entwicklungen in Osteuropa und v. a. im deutschen Sprachraum, zum Schluss auch Palästina und Israel.

1. Geschichte

Rückgang der jüdischen Bevölkerung in Mitteleuropa

Man schätzt, dass um 1650 etwas über eine Million Juden lebten, davon die Hälfte im Osmanischen Reich – der Türkei, Persien, den arabischen Ländern sowie auf dem Balkan. Etwa 450 000 Juden gab es im Königreich Polen-Litauen, das damals auch das Baltikum, die Ukraine, den Großteil Weißrusslands und den Westen Russlands umfasste. Im übrigen Europa lebten nur etwa 100 000 Juden, sie waren somit im deutschen Sprachraum eine ganz kleine Minderheit von nicht einmal einem halben Prozent. Verfolgungen seit den Kreuzzügen und wiederholte Vertreibungen hatten eine stete Wanderbewegung von Juden in den Osten zur Folge; die Pest des 14. Jhs., immer wieder auftretende Seuchen und die Wirren des Dreißigjährigen Kriegs hatten ebenso ihren Anteil am drastischen Rückgang der jüdischen Bevölkerung in Mitteleuropa.

Osteuropa

In Osteuropa waren Juden lange Zeit wegen ihres Beitrags zur Wirtschaft des Landes willkommen. Sie waren im Fernhandel, dem Export landwirtschaftlicher Produkte, ebenso vertreten wie im lokalen Handel, als Geldleiher, in der Verwaltung adeliger und kirchlicher Domänen, als Pächter von Mautstellen und Mühlen, als Hersteller von Branntwein und als Wirte, in Erzeugung und Handel von Kleidung und Pelzen. Schon bald entstanden auch Jeschiwot als Zentren des Studiums von Talmud und Halakha. Die einzelnen Gemeinden konnten sich auf von Adel und Städten gewährte verbriefte Rechte stützen, waren autonom organisiert und im Verbund der Vierländersynode und der Synode Litauens zusammengeschlossen (ab 1519 für Großpolen belegt, nach 1533 für Litauen; Gesamtorganisation bis 1764); diese zentralen Institutionen vertraten die Gemeinden vor der Krone und ihren Behörden, verteilten die der Gemeinschaft auferlegten Steuern, fungierten als jüdisches Höchstgericht und gesetzgebende Instanz.

Doch die zu enge Bindung der jüdischen Gemeinden an Krone und Adel, als deren Werkzeuge sie von der Bevölkerung angesehen wurden, sollte für sie bedrohlich werden. Besonders in der Ukraine wuchs die Unzufriedenheit wegen dort neu eingeführter Steuern und entlud sich 1648, als nach dem Tod von Ladislaus IV. ein Interregnum entstand, in Aufständen der von Chmielnicki geführten Kosaken, deren erste Opfer überall die jüdischen Gemeinden wurden. Etwa 30 000 Juden wurden allein in diesem Jahr getötet, viele auch von Tataren als Sklaven in die Türkei verkauft. Es folgten Jahre von Unruhe, Seuchen und allgemeinem Niedergang, zu dem auch der schwedisch-polnische Krieg (1654–60) beitrug; so wurden viele verzweifelte Juden für die messianische Bewegung des Sabbatai Zwi (dazu weiter unten) empfänglich. Auch wanderten viele aus Polen ab, in die Türkei (v. a. Saloniki und Istambul) und nach Deutschland. Nach Jahrhunderten der Bewegung Richtung Osten beginnt ab Mitte 17. Jh. somit eine Bewegung in den Westen, die im 19. und frühen 20. Jh. durch das starke Wachstum der jüdischen Bevölkerung, wirtschaftliche Probleme und steigende Judenfeindschaft (Pogrome in Russland) ihren Höhepunkt erreichen sollte, nunmehr über Deutschland hinaus ging und v. a. Amerika zu einem Land der Hoffnung werden ließ. *Chmielnicki-Aufstand Pogrome*

In Deutschland und Österreich begannen sich im 17. Jh. eine Vielzahl neuer Gemeinden zu bilden. Im Dreißigjährigen Krieg wurden Juden, die schon immer Waren zwischen Land und Stadt vermittelt hatten, immer mehr zu Stützen der Versorgung nicht nur der Städte, sondern auch der Truppen, Lieferanten von Krediten, Waffen, Pferden und Kleidung für katholische wie protestantische Heerführer. Der Westfälische Frieden (1648) enthielt das Prinzip von Toleranz und Religionsfreiheit für Protestanten und Katholiken, doch konnte das Prinzip nicht völlig vor den Juden Halt machen. Dazu kam, dass das alte System der Kammerknechtschaft seine Bedeutung verloren hatte; nicht mehr der Kaiser konnte sich als Schutzherr der Juden durchsetzen, sondern die in kleinste Territorien zersplitterte regionale und lokale Herrschaft. Zu- *Dreißigjähriger Krieg; Juden als Heereslieferanten* gleich verloren auch jüdische Gemeinden als solche an Bedeutung, da immer mehr Juden als Einzelpersonen wegen ihrer wirtschaftlichen Nützlichkeit in Städte oder Territorien zugelassen wurden, Schutzjuden, geduldete Juden (Tolerierte) oder gar als Hofjuden.

Hofjuden in Wien Samuel Oppenheimer

Schon im frühen 17. Jh. wuchs so in Wien eine jüdische Gemeinde, die zum Großteil aus «Hofbefreiten» und deren Personal bestand; sie waren als Hoflieferanten tätig und waren wegen des Interesses, das die kaiserliche Verwaltung an ihnen hatte, von Abgaben an Stadt und Land befreit und auch sonst mit Privilegien ausgestattet. Schon um 1625 konnte die Gemeinde den bekannten Gelehrten Jomtob Lipmann Heller (1579–1654) als Rabbiner gewinnen. Dann aber gab Leopold I. (1657–1705) dem Druck der Stadt Wien nach und ließ gegen den Rat seiner Finanzbeamten 1670 die Juden ausweisen. Doch schon 1673 berief der Kaiser Samuel Oppenheimer (1630–1703) als Heereslieferanten im Krieg gegen Ludwig XIV. nach Wien. Auch in der Abwehr der Türken, die 1683 Wien belagerten, musste Oppenheimer nicht nur Ausrüstung und Waffen für die kaiserlichen Truppen liefern, sondern diese zugleich vorfinanzieren. Samson Wertheimer, der seit 1684 als Mitarbeiter Oppenheimers in Wien war, wurde nach dessen Tod selbst Oberhoffaktor.

«Jud Süß»

Ähnlich waren die Funktionen, die Hofjuden an vielen anderen deutschen Fürstenhöfen im 17. und 18. Jh. ausübten. Bei allem Prunk, den sie entfalteten, und dem großen Reichtum, den sie schon zur Erfüllung ihrer Aufgaben brauchten, waren sie stets gefährdet, beim Volk oft als Steuereintreiber verhasst, zugleich voll von ihren Herren abhängig. So annullierte die kaiserliche Kammer nach dem Tod von Samuel Oppenheimer einfach die enormen Schulden, die sie bei ihm hatte. Bekannt wurde der Fall des Joseph Süß Oppenheimer («Jud Süß», 1698–1738), Hoffaktor des Herzogs von Württemberg, der sich durch seine Wirtschaftspolitik sehr unbeliebt gemacht hatte und nach dem Tod seines Herrn wegen Hochverrat und anderer Vorwürfe hingerichtet wurde.

Toleranzgedanke C. W. Dohm

Einzelprivilegien einflussreicher Juden und ihres Haushalts konnten auf Dauer nicht genügen. Die Aufklärung förderte den Gedanken allgemeiner Toleranz und bürgerlicher Gleichstellung der Juden. In England hatte John Toland (1670–1722) schon 1714 anonym die Schrift *Reasons for Naturalising the Jews in Great Britain and Ireland* veröffentlicht; 1753 billigte das Parlament ein entsprechendes Gesetz, zog es aber unter öffentlichem Druck wieder zurück. Doch der Gedanke ließ sich nicht mehr aufhalten. 1781 veröffentlichte Christian Wilhelm Dohm (1751–1820) auf Anregung von Moses Mendelssohn in Berlin das Buch *Über die bürgerliche Verbesserung der Juden*. Darin vertrat er, dass die den Juden vorgeworfenen Eigenschaften durch die Verhältnisse bedingt seien, in denen sie leben müssten, und schlug Maßnahmen vor, wodurch sie nützlichere Glieder der Gesellschaft werden könnten.

Einen wichtigen Durchbruch bedeutete das Toleranzpatent Josephs II. (1780–90), 1781 für Böhmen und Mähren erlassen, wo schon immer die meisten Juden der Monarchie gelebt hatten, 1782 für Wien, 1789 für Galizien (durch die erste polnische Teilung von 1772 war der Großteil an Österreich gefallen, weitere Teile 1795). Das Patent gewährte eine gewisse bürgerliche Gleichstellung der Juden: Der Leibzoll wurde abgeschafft (andere Sondersteuern blieben), die allgemeine Schulpflicht (in deutscher Sprache) eingeführt, der Zugang zu den meisten Berufen ermöglicht, eine Quote für jüdische Soldaten festgesetzt. Eine jüdische Gemeinde oder Synagoge wurde in Wien explizit ausgeschlossen; Aufenthaltsrecht hatten nur die tolerierten Juden als Einzelpersonen bzw. Familien.

Toleranzpatent Josephs II.

Die Toleranz war somit begrenzt, viel wurde auch nach dem Tod Josephs nicht durchgeführt, gegen die Schulpflicht außerhalb des eigenen traditionellen Systems wehrten sich jüdische Gemeinden. Dennoch war das Patent ein Fortschritt, manches davon wurde in anderen deutschen Gebieten nachgeahmt. Viel weiter ging das Gesetz der französischen Nationalversammlung von 1791, das die Juden (deren große Mehrheit im Elsass und in Lothringen wohnte) bürgerlich völlig gleichstellte und die sie betreffenden Privilegien und Sondergesetze aufhob. Napoleon sah es als Mangel, dass damit nur die Rechte der Einzelnen geregelt waren, nicht aber die der jüdischen Gemeinden. 1807 wurde dazu ein Großer Sanhedrin einberufen; die darin vertretenen Rabbiner verzichteten auf die autonome Jurisdiktion der Gemeinden über ihre Mitglieder. 1808 wurde darauf per Dekret die hierarchische Organisation der Gemeinden unter einem Zentralkonsistorium in Paris festgelegt, ebenso aber auch Kreditgeschäft und Handel von Juden unter staatliche Aufsicht gestellt, ein Rückschritt gegenüber 1791.

Gleichstellung der Juden in Frankreich

Die französischen Revolutionstruppen brachten die rechtliche Gleichstellung der Juden nach Mitteleuropa. 1808 wurde ein entsprechendes Gesetz für das Königreich Westfalen erlassen; es

Judenedikt in Preußen

folgten 1809 Baden und 1813 Bayern, wo aber die Zahl der Juden streng begrenzt wurde. Im Königreich Preußen war schon 1812 ein Judenedikt erlassen worden, das die schon bisher geduldeten Juden unter gewissen Auflagen (Familiennamen, Geschäftsbücher in Deutsch) als Staatsbürger anerkannte, alle Sondersteuern und beruflichen Beschränkungen aufhob. Nur der Zugang von Juden zum Staatsdienst sollte später geregelt werden, was aber nie geschah. In den übrigen deutschen Territorien nahm man im Gefolge des Wiener Kongresses von 1815 die von den Franzosen eingeführten Gesetze zu Gunsten der Juden wieder zurück.

Allmähliche Gleichstellung in Europa

Erst ab etwa 1830 bekam die Emanzipationsbewegung neuen Schwung. Die Revolution von 1848 erneuerte die Forderung, bürgerliche Rechte ohne Ansehen der Religion zu gewähren. Das wurde 1850 in der preußischen Verfassung verankert, doch bald de facto wieder zurückgenommen. Erst 1869 beschloss der Norddeutsche Bund die rechtliche Gleichstellung der Juden; ab 1871 galt sie für das gesamte Deutsche Reich. Ähnlich hatte die Verfassung von 1849 in Österreich die Rechte des Einzelnen vom religiösen Bekenntnis getrennt, doch wurde die Verfassung schon 1851 wieder aufgehoben. Erst 1867 wurde die Gleichstellung der Juden endgültig geregelt. Die Schweiz zog unter Druck von außen 1874 nach. In Russland kam es zur völligen Gleichberechtigung erst durch die Revolution von 1917.

Gegenbewegung

Parallel zu den Bemühungen um die rechtliche Gleichstellung der Juden formierten sich die Judengegner. Seit dem Wiener Kongress von 1815 wurde eine Vielzahl von Schriften veröffentlicht, die gegen die Emanzipation der Juden argumentierten. Der Berliner Historiker Friedrich Christian Rühs (1779–1820) vertrat in der Schrift *Über die Ansprüche der Juden an das deutsche Bürgerrecht* (1816) die Position, die Christen müssten vor den Juden geschützt werden, die durch unproduktiven Handel die Christen aussaugen und ihnen als Fabrikanten die Arbeit wegnehmen. Nur wenn Juden Christen werden und sich zum Deutschtum bekennen, dürfe man ihnen gleiche Rechte gewähren. Andere formulierten noch schärfer und plädierten für die Beschränkung oder gar Vertreibung der Juden.

Hep-Hep-Krawalle

Das wirtschaftliche Argument gegen die Juden spielte offenbar auch in den Hep-Hep-Krawallen (nach dem Schlachtruf gegen die Juden benannt) eine Rolle, die 1819 in Würzburg begannen und bald auf ganz Bayern, Baden und Württemberg übergriffen. Die

Debatte des bayrischen Parlaments zur Rechtsstellung der Juden erfolgte zu einer Zeit, da wegen stark gestiegener Brotpreise und anderer wirtschaftlichen Probleme das Volk schon sehr unzufrieden war. Händler, Handwerker und bei Juden verschuldete Bauern lasteten alle Probleme den Juden an und wandten sich gewalttätig gegen sie.

Die großen wirtschaftlichen Veränderungen des 19. Jhs., die Industrialisierung und die Verdrängung des Handwerks aus vielen Bereichen, dazu die Erleichterung des Warenverkehrs auf große Entfernung durch das Aufkommen der Eisenbahn verursachten soziale Probleme, die man oft mit jüdischen Unternehmern verband. Dazu kam die Zuwanderung zahlreicher Juden aus dem Osten und die Tatsache, dass immer mehr Juden studierten, jedoch zum öffentlichen Dienst und zum Lehrberuf kaum Zugang hatten und daher in freien Berufen – als Ärzte, Anwälte, Schriftsteller und Journalisten – weit überproportional vertreten waren und Neid und Aufmerksamkeit auf sich zogen. Industrialisierung

Die soziale Frage verband sich so für viele mit der Judenfrage. Bei frühen Sozialisten wie Karl Marx (1818–1883) kam dazu das antireligiöse Element; was er fordert, ist eine Emanzipation nicht nur der Juden, sondern der Gesellschaft als solcher vom Judentum («Zur Judenfrage», 1844). Auf christlicher Seite ließ sich das antijüdische Argument aber ebenso nutzbar machen: Der Berliner Hofprediger Adolf Stoecker (1835–1909) gründete 1878 die Christlich-Soziale Arbeiterpartei und bekämpfte die Sozialdemokratie als Teil des internationalen Judentums. Den jüdischen Einfluss in gewissen Berufen sowie in Presse und Literatur suchte er mit allen Mitteln zurückzudrängen. Karl Vogelsang (1818–90) entwickelte in Österreich auf katholischer Seite ähnliche Ansätze. Politisch umgesetzt hat sie Karl Lueger (1844–1910), der die Christlich-Soziale Partei in Wien auf klar antisemitische Linie brachte und die Lösung der sozialen Frage allein in der Lösung der Judenfrage sah, doch nach seiner Bestätigung als Wiener Bürgermeister 1897 dieses Wahlkampfthema nicht mehr weiter forcierte. Sozialismus und Antisemitismus Stoecker Lueger

Dass auch die traditionelle christliche Judenfeindschaft noch weiterlebte, zeigt August Rohling (1839–1931), katholischer Alttestamentler an der Universität Münster, ab 1876 in Prag. Seine Schrift *Der Talmudjude* (1871) erschien in zahlreichen Auflagen und wurde in mehreren Zeitschriften in Fortsetzungen abgedruckt. Das Buch war ein Plagiat von Eisenmengers *Entdecktes Ju-* August Rohling *denthum*; Rohling selbst kannte den Talmud nicht oder kaum. Jahre galt er als Autorität in jüdischen Fragen auch für Gerichte und bezeugte auch die Tatsache von Ritualmorden. Auch die Wiener Christlich-Sozialen stützten sich in ihrer Polemik auf ihn, bis der Rabbiner und Reichstagsabgeordnete Joseph S. Bloch (1850 bis 1923) Rohling 1895 mit der Behauptung, dieser könne gar nicht den Talmud lesen, zu einem Prozess provozierte. Rohling erschien nicht vor Gericht und verlor wenig später seine Professur.

«Nationalismus» Turnvater Jahn Rassengedanke

Ein neues Element im Kampf gegen die Juden war der deutsche Nationalismus, wie ihn «Turnvater» Friedrich Jahn (1778–1825) und andere propagierten. Hartwig von Hundt-Radowsky (1759 bis 1835) lehnte es völlig ab, Juden zu taufen, man müsse sie vielmehr vertreiben oder wie Ungeziefer vertilgen. Juden galten ihm als nicht in das deutsche Volk integrierbar. Theoretisch begründete dies Graf Joseph Arthur de Gobineau (1816–82) in seinem *Essai sur l'inégalité des races humaines* (1853–55), wo er die schöpferische Überlegenheit der arischen Rasse preist, die sich allein im deutschen Volk erhalten habe.

Wilhelm Marr Begriff des Antisemitismus

Diese Gedanken wurden in Deutschland populär; durch den Rassengedanken entsteht erst der Antisemitismus im eigentlichen Sinn. Der Begriff wurde 1879 durch den Journalisten Wilhelm Marr (1818–1904) bekannt, als er in Berlin die «Antisemiten-Liga» mitbegründete. Die 1881 an Bismarck gerichtete Antisemiten-Petition verlangte, dass der Staat die Juden bekämpfe, da sie die Rasseeigentümlichkeiten der Deutschen gefährden.

Eugen Dühring und H. St. Chamberlain

Einer der radikalsten Antisemiten war Eugen Dühring (1833 bis 1921), der in Berlin Volkswirtschaft lehrte. In der Schrift *Die Judenfrage als Racen-, Sitten- und Culturfrage* (1881) empfahl er, «die Welt gründlich von allem Judenwesen zu erlösen» (113); das Buch blieb bis in die NS-Zeit populär. Wohl noch mehr Einfluss erlangten *Die Grundlagen des XIX. Jahrhunderts* (1899) von Richard Wagners Schwiegersohn Houston Stewart Chamberlain (1855–1927), der die Überlegenheit der arischen Germanen über die anderen Völker verkündete, das Judentum als minderwertig deklarierte, das aber doch eine Macht geblieben sei, in seinem Streben nach Weltherrschaft eine dauernde Bedrohung.

Gegenpositionen

In Reaktion auf den Antisemitismus bildete sich in Deutschland 1891 der Verein zur Abwehr des Antisemitismus, der von Juden wie Nichtjuden getragen wurde und lange eine beachtliche Aktivität entwickelte. Sein Pendant in Österreich, von Bertha von Suttner (1843-1914) und ihrem Mann wesentlich getragen, entstand im selben Jahr, war aber nicht lange erfolgreich. Innerjüdisch organisierte sich der Centralverein deutscher Staatsbürger jüdischen Glaubens 1893, der bald Zehntausende Mitglieder hatte; schon früher, 1886, hatte Joseph Bloch die Österreichisch-Israelitische Union gegründet.

Diese Organisationen waren um die volle Integration der Juden in Deutschland und Österreich bemüht. Andere zweifelten an einem Erfolg dieser Bestrebungen und setzten auf eine nationale Erneuerung des Judentums. Moses Hess (1812-75) veröffentlichte 1862 *Rom und Jerusalem. Die letzte Nationalitätenfrage*. Darin fordert er die nationale Unabhängigkeit der Juden, die politische Erneuerung des Volkes in Palästina, wo die jüdische Nation als ganze den Boden besitzt und das gesamte Leben nach mosaischen, d. h. sozialistischen Grundsätzen organisiert. In einem jüdischen Staat, in dem ein Sanhedrin die religiösen Gesetze an die Zeitverhältnisse anpasst, soll das Judentum seine geschichtliche Aufgabe erfüllen, den Sabbat der Geschichte herbeizuführen.

Moses Hess

Der wachsende Antisemitismus in Russland veranlasste Leon Pinsker (1821-1891) in Odessa, die Lösung der Judenfrage nicht in Assimilation zu suchen, da dabei die Juden nie mehr als geduldete Gäste würden. Wie er in der Schrift *Autoemanzipation* (1882) darlegt, haben die Völker vor den Juden Angst, da sie nicht verstehen, dass dieses Volk nicht stirbt, obwohl es kein Land besitzt; die Angst zeugt Hass. Die einzige Lösung ist ein jüdischer Staat, den ein jüdischer Nationalkongress planen sollte und wozu man einen nationalen Fonds zur Ansiedlung armer Juden gründen müsse.

Leon Pinsker «Autoemanzipation»

Wie Hess und Pinsker stand auch Theodor Herzl (1860-1904) der jüdischen Religion ziemlich fern. Als Journalist erlebte er 1894-95 in Paris den Prozess gegen den jüdischen Offizier Alfred Dreyfus (1859-1935), der von einem Kriegsgericht wegen Hochverrat verurteilt und auf die Teufelsinsel (Französisch Guyana) verbannt wurde. Erst 1906 wurde er rehabilitiert, doch schon im Prozess war der antisemitische Hintergrund der Anklage deutlich. Das und wohl auch der zeitgleiche antisemitische Wahlkampf Luegers in Wien führten Herzl dazu, sich wieder mit der Judenfrage zu befassen; ohne Pinskers Schrift zu kennen, erarbeitete er schließlich eine Lösung: *Der Judenstaat. Versuch einer modernen Lösung der jüdischen Frage* (1896). Die Juden sind eine Nation, daher gibt es nur eine politische Lösung: Die Juden müssen ein eigenes Terri-

Theodor Herzl «Der Judenstaat»

torium bekommen, in Palästina oder Argentinien (auch Uganda zog er später kurz in Betracht). Eine Society of Jews sollte die völkerrechtliche Seite regeln, eine Jewish Company sich um die finanziellen Fragen kümmern.

Vorläufer Herzls Kalischer, Alkalai, Chibbat Zion

Der Gedanke war, wie wir schon gesehen haben, nicht neu. Schon 1836 hatte Zwi Hirsch Kalischer (1795–1874) Meyer Amschel Rothschild zu überreden versucht, ganz Palästina oder zumindest Jerusalem zu kaufen, um so den Auftakt zur Erlösung zu bewirken. Ähnliche Ideen vertrat Jehuda Alkalai (1798–1878), Rabbi einer kleinen Gemeinde bei Belgrad, der später nach Palästina auswanderte. Auch gab es unter aufgeklärten Juden in Osteuropa die Bewegung Chibbat Zion («Liebe zu Zion»), die um 1880 in Russland und v. a. Rumänien schon gut organisiert war und als Antwort auf die steigende Judenfeindschaft die Auswanderung nach Palästina anstrebte. 1882 war schon die erste größere Gruppe dort eingetroffen. Auch in Wien gab es Anhänger dieser Bewegung: Schon 1882 hatte Nathan Birnbaum (1864–1937) die Studentenvereinigung Kadima mitgegründet, die protozionistische Ziele vertrat, und gab seit 1895 die Zeitschrift Selbstemanzipation heraus; auch der Begriff Zionismus stammt von ihm. Birnbaum war anfangs eine der wichtigsten Stützen Herzls, wandte sich aber bald zu Gunsten eines Diaspora-Nationalismus und der jiddischen Kultur von Herzl ab.

Politische Vision

Was Herzl von seinen Vorläufern unterschied, war eine politische Vision, für die er sich tatkräftig einsetzte, Organisationstalent und die Fähigkeit, für seine Ziele auch das nötige Geld aufzubringen. Der Erfolg seines Buches führte rasch zur Bildung zionistischer Gruppen. Der Widerstand des Rabbinats, von Moritz Güdemann in Wien bis zum Allgemeinen Rabbinerverband Deutschlands, der das Judentum als Religion und nicht als Nationalität verstehen wollte, konnte die Entwicklung nicht aufhalten. Schon 1897 tagte in Basel der erste Zionistenkongress. Als Ziel definierte er «die Schaffung einer öffentlich-rechtlich gesicherten Heimstätte in Palästina» für das jüdische Volk. Als wesentliche Mittel zur Erreichung des Ziels wurden die Förderung der Besiedlung Palästinas mit Juden und Schritte zur Erlangung der für das Ziel des Zionismus notwendigen Regierungszustimmungen genannt.

Diplomatie und Propaganda

Jährliche Zionistenkongresse dienten der inneren Organisation und der Propaganda; die meisten Anhänger und Delegierten kamen aus Osteuropa. Zugleich begann Herzl eine rege diplomatische Reisetätigkeit: in Konstantinopel versuchte er den Sultan mit dem Angebot, über jüdische Bankiers eine Finanzhilfe für die Türkei zu organisieren, zu bewegen, einer jüdischen Besiedlung Palästinas zuzustimmen. Seit 1902 traf er wichtige britische Politiker wie Arthur Balfour und Joseph Chamberlain, die daran interessiert waren, jüdische Einwanderung nach England auf andere Ziele abzulenken. Der russische Innenminister empfing ihn und Kaiser Wilhelm gewährte ihm auf seiner Palästinareise eine kurze Audienz. Als er 1904 starb, hatte er praktisch zwar kaum etwas erreicht, doch die Bewegung und ihr Ziel waren bekannt geworden.

Die Balfour-Erklärung von 1917, dass die britische Regierung sich für die Schaffung eines Nationalheimes für das jüdische Volk in Palästina einsetzen werde, war ein später Erfolg von Herzls Bemühungen. 1918 fiel Palästina an Großbritannien; 1922 übertrug ihm der Völkerbund offiziell das Mandat und verpflichtete es zur Umsetzung der Balfour-Erklärung. Die Voraussetzung dafür hatte der praktische Zionismus geschaffen: Seit 1882 waren in mehreren Wellen zahlreiche Juden hauptsächlich aus Osteuropa nach Palästina gekommen, hatten landwirtschaftliche Siedlungen und Kibbuzim aufgebaut und 1909 Tel Aviv gegründet. Spätere Zuwanderer v. a. aus Polen zogen vornehmlich in die Städte. Es entstanden Organisationen wie die Gewerkschaft, die auf die spätere Staatsbildung vorbereiteten, ein hebräisches Schulwesen und die Hebräische Universität in Jerusalem (1925 eröffnet). *Balfour-Erklärung Palästina-Mandat*

Beim Ausbruch des Ersten Weltkriegs hatten sich zahlreiche deutsche Juden freiwillig zu den Waffen gemeldet, um ihren Patriotismus zu beweisen. Das zeigte auch die von Antisemiten, die das Gegenteil behaupteten, 1916 geforderte «Judenzählung» im Heer. Dennoch wurde vielfach nach 1918 den Juden die Schuld am Zusammenbruch gegeben. Die Veröffentlichung der *Protokolle der Weisen von Zion* auf Deutsch (1919, mehrere Auflagen, russisch zuerst 1905) heizte die antijüdische Stimmung an; die Ermordung von Walther Rathenau (1867–1922), der die deutschen Reparationszahlungen verhandelt hatte und zuletzt Außenminister gewesen war, hing eng damit zusammen. Später ging nach außen der Antisemitismus zurück, brach aber mit der Wirtschaftskrise ab 1929 wieder voll aus und trug zu den Wahlerfolgen der NSDAP bei, deren Programm die Ausgrenzung, notfalls Vertreibung, der Juden schon 1920 gefordert hatte. *Jüdischer Patriotismus in Deutschland*

Hitlers Machtergreifung und der Holocaust

Mit Hitler an der Macht begann ab 1933 die Umsetzung mit dem Ermächtigungsgesetz, der Entlassung von Juden (mit Ausnahme von Frontsoldaten und deren Söhnen) aus dem Staatsdienst, ihrem Ausschluss aus dem Kulturleben und dem Boykott jüdischer Geschäfte. Die Nürnberger Gesetze von 1935 schlossen Juden von der Reichsbürgerschaft aus und verboten Ehen zwischen Juden und Personen deutschen Bluts. 1938 wurde die Ausschaltung der Juden aus der deutschen Wirtschaft beschlossen und versucht, sie zur Auswanderung zu drängen und Ostjuden abzuschieben. In der «Kristallnacht» vom 9.–10. November 1938 wurden Synagogen und Häuser in jüdischem Besitz zerstört, Tausende Juden gefangen und in Konzentrationslager gebracht. 1939 begann mit der Besetzung Polens die Errichtung von Ghettos und die planmäßige Deportation von Juden in den Osten, 1941 die Massenvernichtung der jüdischen Bevölkerung. Formal wurde die «Endlösung» auf der Wannsee-Konferenz im Januar 1942 beschlossen.

«Erklärungen»

Versuche, den Holocaust (bzw. die Schoa, «die Katastrophe») historisch zu «erklären», können immer nur an der Oberfläche bleiben, die historischen Voraussetzungen und den Ablauf des Geschehens herausarbeiten. Doch schon die Frage, ob der Rassenantisemitismus eine Folge christlicher Judenfeindschaft oder etwas völlig anderes ist, findet keine einheitliche Antwort, noch weniger die Frage, wie weit das Ganze mit einem spezifisch deutschen Charakter zu verbinden ist und dergleichen mehr. Der Betonung der Unvergleichlichkeit und der historischen Einmaligkeit des Holocaust steht die Warnung vor einer möglichen Wiederholung gegenüber. Der Historikerstreit der späten achtziger Jahre hat so manches Dilemma in der Diskussion wieder schärfer bewusst gemacht. Ein historisches Thema wie jedes andere, dem man sich mehr oder weniger neutral nähern kann, kann der Holocaust nicht werden.

Konflikte in Palästina

In Palästina versuchte England schon länger, die jüdische Zuwanderung zu limitieren, um auf die Wirtschaftlage des Landes, mehr noch auf die arabische Bevölkerung Rücksicht zu nehmen. Trotz ansteigender Flüchtlingszahlen wurde die Quote 1939 nochmals drastisch zurückgenommen. Als Folge stieg die illegale Einwanderung; bewaffnete jüdische Organisationen, aus denen später das israelische Heer hervorgehen sollte, schreckten vor Gewalttaten gegen die Engländer nicht zurück, arabische Unruhen nahmen ebenfalls zu.

Staat Israel

Noch unter dem Eindruck des Holocaust beschlossen die Vereinten Nationen, nachdem Großbritannien das Palästinamandat zurückgelegt hatte, 1947 die Teilung Palästinas in ein jüdisches und ein arabisches Gebiet, was von arabischer Seite abgelehnt wurde. Am 15. Mai 1948 sollten die Briten das Land verlassen haben; noch am Tag zuvor wurde die Unabhängigkeit Israels proklamiert und der Staat Israel ausgerufen. Truppen der umliegenden arabischen Staaten marschierten ein; der Krieg wurde mit einer Reihe von Waffenstillstandsabkommen zwischen Februar und Juli 1949 beendet. Damit konnte der Aufbau des Staates Israel beginnen, mehrfach durch Kriege mit den arabischen Nachbarn unterbrochen. Seit dem Sechstagekrieg von 1967 steht das gesamte Land westlich des Jordan unter israelischer Verwaltung. Mit Ägypten und Jordanien konnte Israel offiziell Frieden schließen. Eine Einigung mit Syrien und v. a. mit den Palästinensern steht nach wie vor aus und stellt das Land vor eine Zerreißprobe. Die endgültige Bewährung der zionistischen Lösung steht damit noch aus.

2. Sabbatianismus, Frankismus, Chasidismus

An der Schwelle zur Neuzeit entstand auf dem Boden der lurianischen Kabbala eine Bewegung, die gar nicht zur Neuzeit zu passen schien und doch die jüdische Welt lange in Bann halten sollte. Sabbatai Zwi (1626–1676), in Smyrna geboren, studierte Talmud und Zohar und schwankte schon in jungen Jahren zwischen tiefster Depression und höchster Euphorie, in der er öffentlich die Halakha übertrat und das Tetragramm, den unaussprechlichen Namen Gottes, aussprach, die Anrede Gottes im Achtzehngebet «der die Gefangenen befreit» (*mattir asurim*) zu «der die Verbote erlaubt» (*mattir issurim*) umdeutend. 1648, nach einer Deutung des Zohar das Jahr der Erlösung, scheint er sich erstmals als Messias bezeichnet zu haben. Da er als krank galt, unternahm die Gemeinde zuerst nichts gegen ihn, verbannte ihn aber dann zwischen 1651 und 1654. Nach einer Zeit der Wanderung ließ er sich 1662 in Jerusalem nieder. Von dort in offizieller Funktion nach Kairo gesandt, besuchte er 1665 auf der Rückreise den jungen Kabbalisten Nathan von Gaza (1644–80), der im Ruf besonderer Seelenkenntnis stand. Von ihm erhoffte er Heilung seiner Zustände. Nathan, der Sabbatai von Jerusalem kannte, erklärte diesen auf Grund einer Vision zum Messias und trat von da an als sein Prophet auf.

_{Sabbatai Zwi}

Messianische Begeisterung	Die jüdische Gemeinde von Gaza anerkannte Sabbatai als Messias. Die messianische Begeisterung breitete sich schnell über Palästina und Syrien nach Kleinasien aus und erreicht auch die jüdischen Gemeinden in Deutschland, Holland und Italien. Sabbatai erklärte, mit der gekommenen Zeit des Messias sei die Halakha nur noch symbolisch zu verstehen; den Sabbat verlegte er auf Montag und hob auch sonst viele zentrale Gesetze auf. Im Herbst 1665 kehrte er nach Smyrna zurück. Die Chmielnicki-Massaker von 1648 verstand er als erste Phase der messianischen Zeit; die volle Erlösung erwartete er am 18. Juni 1666. Ende 1665 zog er nach Konstantinopel, wo er von den um die öffentliche Ruhe besorgten Behörden verhaftet wurde und im Herbst 1666 zum Islam übertrat. Seine Anhänger deuteten dies als größtes Opfer des Messias, der in die Tiefen der Sünde hinabsteigen musste, um von dort auch die letzten Lichtfunken zu befreien, und blieben ihm treu. Etwa zweihundert Familienväter folgten Sabbatai in den Islam. 1673 wurde er nach Dulcino in Albanien verbannt, wo er 1676 starb, was seine Anhänger als bloßes Verbergen vor der endgültigen Offenbarung des Messias deuteten.
Dönme Miguel Cardozo	Die von Sabbatai Zwi entfachte Bewegung lebte lange weiter. Seine zum Islam übergetretenen Anhänger, die insgeheim jüdische Bräuche weiterführten, hatten ihr Zentrum in Saloniki; sie werden als Dönme bezeichnet. Aber auch in Polen (v. a. Litauen) und Italien gab es noch lange starke Gruppen von Anhängern, kleinere Gruppen auch anderswo. Hier blieben sie innerhalb des traditionellen Judentums, waren aber bald überall als Häretiker verdächtigt. Neben Nathan von Gaza, der seine letzten Jahre auf dem Balkan verbrachte, entwickelte besonders Abraham Miguel Cardozo (1626–1706), ein spanischer Marrane, der in Italien zum Judentum zurückgekehrt war, eine sabbatianische Theologie; in Tripolis als religiöser Führer der Gemeinde anerkannt, wurde er wegen seiner sabbatianischen Ideen 1673 ausgewiesen. Seither führte er ein unstetes Leben und veröffentlichte zahlreiche Schriften zur Verbreitung des Sabbatianismus.
Jonathan Eybeschütz	Anhänger von Sabbatai Zwi waren in Polen noch lange aktiv; Kabbalisten färbten ihre Vorstellungen mit seinen Ideen, ebenso auch asketisch geprägte chasidische Gruppen, von denen ein Teil 1700 nach Palästina zog, um die Wiederkunft Sabbatai Zwis zu erwarten, sich aber dann schnell auflösten. Eine heftige Kontroverse wogte viele Jahre um den Kabbalisten und Talmudgelehrten Jona-

than Eybeschütz (ca. 1690–1764), der schon früh als Sabbatianer verdächtigt wurde, aber 1725 mit anderen Rabbinern in Prag einen Bann gegen die Sekte unterschrieb. 1750 wurde er Rabbiner der «Drei Gemeinden» Hamburg, Altona und Wandsbek. Hier brach der Streit wieder auf, da von ihm geschriebene Amulette sabbatianisch gedeutet wurden; sein Rivale Jakob Emden (1697 bis 1776) verhängte 1755 über ihn den Bann. Etwas später entdeckte man sabbatianische Elemente unter seinen Studenten, sein eigener Sohn bekannte sich als Sabbatianer. Bis heute herrscht keine Einigkeit, ob Eybeschütz selbst je Sabbatianer war, vielleicht nur in seiner Jugend, oder ob er bis zum Schluss an deren Ideen festhielt.

Eine neue Form des Sabbatianismus entstand im 18. Jh. um Jakob Frank (1726–91). In Podolien geboren, kam er mit seinen als Sabbatianern angefeindeten Eltern nach Bukarest; später zog er nach Konstantinopel und Saloniki, wo er mit den Dönme in Kontakt kam und sich bald als Prophet und messianische Gestalt ausgab. In seine polnische Heimat zurückgekehrt, wurde er 1756 von der jüdischen Gemeinde bei den Behörden wegen Orgien angezeigt, auf Rat Emdens auch die Kirche in den Streit gezogen. Der Bischof von Kameniec lud beide Seiten zu einer Disputation vor, die mit einer Talmudverbrennung endete. Frank war inzwischen in der Türkei zum Islam übergetreten, dann aber doch wieder nach Polen gekommen. Nun machte er der Kirche das Angebot, nach einer weiteren Disputation mit der rabbinischen Seite, in der auch die Ritualmordbeschuldigung besprochen werden sollte, sich mit seinen Anhängern taufen zu lassen. Die Disputation fand im Juli und August 1760 in der Kathedrale von Lemberg statt, die Frage des Ritualmords wurde aber nicht entschieden. Im September wurden Hunderte von Anhängern Franks in Lemberg und Umgebung getauft, er selbst ließ sich wenig später in Warschau taufen, ohne seine Positionen aufzugeben. Als der Klerus davon erfuhr, wurde er in der Klosterfestung Tschenstochau in Haft genommen. 1772 von russischen Truppen befreit, lebte er zuerst in Brünn, ab 1786 in Offenbach. Lehre und Entwicklung Franks sind aus den nach seinem Tod redigierten Schriften zu erschließen, die Bildsprache und unsystematische Art des Werks lässt jedoch viele Rätsel offen. Sabbatianische Traditionen unter Franks Anhängern v. a. in Böhmen und Polen lebten jedenfalls noch lange weiter.

Jakob Frank

Chasidismus

Nur im Zusammenhang mit der Erfahrung der Chmielnicki-Massaker von 1648 und den seither im polnischen Judentum verstärkten kabbalistischen Tendenzen und messianischen Hoffnungen, die in die sabbatianische und frankistische Bewegung mündeten, sind auch die Anfänge des osteuropäischen Chasidismus zu verstehen. Die rabbinische Führung war in diesen Jahrzehnten in die Krise geraten; die traditionell talmudisch-halakhische Gelehrsamkeit konnte auf Dauer der Frömmigkeit des einfachen jüdischen Volks nicht genügen.

Baal Schem Tov

Als Begründer des Chasidismus gilt Israel ben Elieser (ca. 1700–60), der als Amulettschreiber Baal Schem Tov («Meister des guten Namens»), abgekürzt dann BeSCHT, genannt wurde. Als frommer Kinderlehrer und Prediger, der mit seinen Amuletten und Gebeten Kranke heilte, war er bald vom einfachen Volk gesucht, das ihn den streng asketischen Chasidim jener Zeit mit ihren oft viel deutlicheren sabbatianischen Neigungen vorzog. Auf weiten Wanderungen verbreitete er seine Auffassungen, wie man Gott nicht nur im Torastudium und in strenger Übung der Halakha, sondern überall, in den einfachsten Dingen, finden könne. Mit dieser Frömmigkeit der einfachen Leute zog er viele Anhänger an, die seine Aussprüche tradierten und legendenhafte Erzählungen über ihn verbreiteten, die nach seinem Tod in den Schibche ha-Bescht (den «Preisungen des Bescht») gesammelt und der Prototyp der chasidischen Erzählungen wurden, die im 20. Jh. Martin Buber ästhetisiert und auch einem nichtjüdischen Publikum nahe gebracht hat.

Dob Bär von Meseritsch

Nach dem Tod des Bescht wurde bald, wenn auch nicht ohne Widerstand, Dob Bär von Meseritsch (1772 gestorben), gelehrt in Talmud und Kabbala und nicht so volksverbunden wie der Bescht, sein Nachfolger. Der als «der große Maggid» («Prediger») bekannt gewordene Dob Bär gab der neuen Bewegung eine stärkere theoretische Grundlage. Die aus der lurianischen Kabbala bekannten Begriffe wie Tsimtsum und «Bruch der Gefäße» deutet Dob Bär positiv um, sieht darin Elemente der Offenbarung Gottes, der in allem ist und dem man daher auch in jedem physischen Lebensvollzug begegnen kann; mit allem Tun kann man dazu beitragen, die göttlichen Funken empor zu heben. In jeder Handlung kann somit debequt («Anhaftung»), die Verbindung mit Gott, verwirklicht werden. Diese ist zwar Aufgabe jedes Juden, voll aber kann sie nur vom Zaddik (dem «gerechten» Führer der Bewegung) geleistet werden. Durch sein selbstloses Streben nach Heiligkeit wird er zum Mittler zwischen der himmlischen Welt und seiner Gemeinde, eine bei Dob Bär noch wenig betonte Rolle, die aber für den weiteren Chasidismus höchst wichtig werden sollte.

Die starke Betonung der debequt konnte die Bedeutung der konkreten Erfüllung der Halakha als sekundär erscheinen lassen. Dagegen betonte der Maggid die Wichtigkeit der Gebote, da Gottesdienst durch körperliche Existenz nur von wenigen durchgehalten werden kann. Trotz dieses konservativen Zugangs zur Halakha zog sich der Maggid die Gegnerschaft führender Rabbiner zu, zumal er in der Liturgie manches nach lurianischer Art änderte, auf Körperbewegungen im Gebet und Ekstase großen Wert legte und viele junge Leute, die zu ihm strömten, so vom Studium in den traditionellen Jeschiwot abhielt. Das Rabbinat von Wilna unter Elija Gaon verhängte über die chasidische Bewegung kurz vor dem Tod von Dob Bär den Bann. Als der Maggid starb, war aber durch die Werbung seiner Sendboten die Bewegung längst von Wolhynien aus in der Ukraine und in Litauen verbreitet und hatte auch im westlichen Polen Wurzeln gefasst. [Rabbinische Gegnerschaft]

Nach dem Tod des Maggid gab es keine zentrale Führung mehr; eine Reihe seiner Schüler errichteten ihre eigenen «Höfe», um die sie ihre Anhänger sammelten. So breitete sich der Chasidismus weiter aus und entstanden verschiedene Dynastien chasidischer Führer, die zum Teil bis heute eine wichtige Rolle spielen. Am wichtigsten wurden Menachem Nachum Twersky (1730–1787), Aaron Perlow der Große (1736–72) von Karlin-Stolin und Salomo Halevi von Karlin (gestorben 1792), Levi Isaak von Berdiczew (ca. 1750–1809/10) und Schneur Salman von Ljadi (1748–1813). [Chasidische Höfe]

In keine der Schulen gehörte Nachman von Bratzlaw (1772 bis 1811), ein Urenkel des Baal Schem Tov. 1798 unternahm er eine Reise nach Palästina, musste aber bald wieder heimkehren. In der Provinz Kiew scharte er um sich einen chasidischen Hof, geriet aber bald mit anderen Zaddikim in Konflikt, die ihm sabbatianische und frankistische Neigungen vorwarfen. Schon seine Palästinareise soll messianisch motiviert gewesen sein; nachher begann er immer stärker die messianische Rolle des Zaddik hervorzuheben und erwartete, dass einer seiner Nachkommen der Messias sein werde. Vor dem Zaddik, der sich als Heilsmittler versteht, hat der Chasid bei der Aufnahme in die Gruppe ein Sündenbekenntnis abzulegen und auch später regelmäßig zu wiederholen. [Nachman von Bratzlaw]

Fortleben der Bewegung

Nachmans Schüler Nathan ben Naftali Hertz Sternhartz (1780 bis 1845) diente ihm in seinen letzten Jahren als Sekretär, der noch zu Lebzeiten Nachmans einen ersten Band seiner Lehren herausgab (Likkute Moharan, 1806, «Auswahl [der Lehren] des Meisters R. Nachman»), einen zweiten Band 1811, und der auch die Erzählungen über Nachmans Reisen edierte (Sippure Ma'asijot, 1815). Nach dem Tod Nachmans hielt er dessen Bewegung zusammen, die bis ins 20. Jh. überdauerte und nun in den USA fortlebt.

Chabad-Chasidismus

Auf Schneur Salman, dessen Nachfahren sich Schneerson nannten, geht die heute bekannteste chasidische Bewegung zurück, der Chabad-Chasidismus (Akronym von Chokhma, Bina, De'a, «Weisheit, Verständnis, Wissen»); nach der Stadt Lubawitsch, in der sich sein Sohn und Nachfolger Dob Bär niederließ, sind ihre Anhänger auch als Lubawitscher bekannt. Schneur war schon ein bekannter Gelehrter von Talmud, Halakha und Kabbala, als er sich dem Chasidismus anschloss, und brachte eine stark intellektuelle Note in die Bewegung, betonte die Notwendigkeit des Studiums der Tora und der rabbinischen Tradition, was später auch die anderen Zweige der anfangs dem traditionellen Studium eher feindlichen Bewegung immer mehr übernahmen.

Das Buch Tanja

Anonym veröffentlichte Schneur Salman 1796 eine Sammlung seiner Lehren (Likkute Amarim, «Auswahl von Sprüchen», gewöhnlich als Tanja, «es wird gelehrt» bezeichnet), die in der erweiterten Fassung von 1814 bis heute als täglich zu studierende Basis der Chabad-Bewegung gilt, «das geschriebene Gesetz von Chabad» (deutsch *Likkutej Amarim. Tanja von Rabbiner Schneor Salman von Ljadi*, 2000). Demnach ist der von Geburt an erwählte Zaddik dazu bestimmt, die völlige Verbindung zur göttlichen Welt anzustreben, jeder andere aber als «durchschnittlicher» Mensch verpflichtet, sich um Vollendung im praktischen Leben zu bemühen. In der materiellen Erfüllung der Gebote sucht er die Verbindung mit Gott, aus dessen Substanz ja die materielle Welt kommt, intellektuellen und emotionalen Fortschritt, letzteres auch durch regelmäßige Meditation, die Negation des Ich und die Identifikation mit dem Willen Gottes.

Lebendige religiöse Strömung

Schon im 19. Jh. hatte die Bewegung Niederlassungen in Palästina (Hebron); 1897 wurde die erste Jeschiwa von Chabad gegründet. Joseph Isaak Schneerson (1880–1950) wurde 1927 nach Haft aus der Sowjetunion ausgewiesen, ließ sich zuerst in Riga, später in

Polen nieder und gründete Chabadzentren in aller Welt. Nach der deutschen Besetzung Polens gelang es, ihn in die USA zu bringen, wo sich schon andere chasidische Gruppen angesiedelt hatten. Brooklyn wurde das Zentrum der Bewegung, das unter Menachem Mendel Schneerson (1902–1994) ein umfassendes System von Schulen und Jeschiwot in vielen Ländern errichtete, über eigene Verlage, Zeitungen und andere Medien eine lebhafte innerjüdische Mission aufbaute. Menachem Mendel, schon zu Lebzeiten als messianische Gestalt betrachtet, dessen Wiederkunft nach seinem Tod viele erwarten, hat bisher noch keinen Nachfolger gefunden. Der Chasidismus in seinen verschiedenen Ausprägungen, mit Schwerpunkten v. a. in den USA und in Israel, ist eine der lebendigsten religiösen Strömungen im heutigen Judentum.

3. Aufklärung, Reform, Neo-Orthodoxie

Lange Zeit hatte das Judentum weithin abgegrenzt von der geistigen Kultur der Umwelt leben können, unter der Jurisdiktion der jüdischen Gemeinde und im eigenen Kosmos talmudischer und allgemeiner jüdischer Traditionen verankert. Ausnahmen gab es zwar schon im Italien des 16. Jhs., wie etwa Jehuda ben Isaak Abrabanel (Leone Ebreo, ca. 1460–1523) mit seinen Dialoghi di amore, einem wichtigen Werk der Renaissance-Philosophie, oder der schon genannte Azaria dei Rossi zeigen, etwas später Leone (Jehuda Arie) Modena (1571–1648), ein vielseitiger Gelehrter, zugleich Musiker und Alchemist, der eine erstaunlich offene Autobiographie hinterließ. V. a. ist hier natürlich Baruch Spinoza (1632 bis 1677) zu nennen, dessen *Tractatus theologico-politicus* (1670) die wesentlichen Probleme jüdischer Religionsphilosophie kritisch aufgreift und neu zu denken sucht. Das Werk wurde zwar erst lange nach seinem Ausschluss aus der Amsterdamer Gemeinde (1656) publiziert, doch allein die Tatsache, dass Spinoza nicht mehr zwischen jüdischer Gemeinde und Christentum wählen musste, sondern eine Lebensform dazwischen fand, zeigt den Wandel der Zeiten.

Spinoza

Ein Jahrhundert später konnte Moses Mendelssohn den Anschluss an die allgemeine Kultur und Philosophie Deutschlands finden, ohne deshalb mit seinem Judentum in Konflikt zu geraten. 1743 als Vierzehnjähriger mit traditioneller jüdischer Ausbildung

Mendelssohn

nach Berlin gekommen, studierte er als Autodidakt profane Fächer, v. a. Philosophie, und lernte sich in Deutsch in bestem Stil auszudrücken, für einen Juden damals noch keine Selbstverständlichkeit, war doch Jiddisch die allgemeine jüdische Umgangssprache. Mit G. E. Lessing befreundet und mit vielen Vertretern des kulturellen Lebens in Kontakt, erwarb er sich Ansehen durch philosophische Schriften. Diese sind heute weithin vergessen. Was seinen Ruhm auf Dauer begründete, war sein Eintreten für die jüdische Emanzipation (sein Einfluss auf Dohm wurde schon erwähnt) und eine Reform des jüdischen Lebens.

Geoffenbarte Gesetzgebung Vernunftreligion

In *Jerusalem oder Über religiöse Macht und Judentum* (1783) erklärte Mendelssohn, das Judentum sei keine geoffenbarte Religion, sondern eine geoffenbarte Gesetzgebung. Nur das Gesetz unterscheide den Juden von seiner Umgebung, nicht aber die durch Vernunft ohne Offenbarung erkennbare Wahrheit der Religion, die den Verstand überzeugen und deshalb frei von jedem Zwang sein muss. Die gerichtliche Autonomie der jüdischen Gemeinde und den rabbinischen Bann lehnte er konsequent ab. Das von ihm vertretene Judentum beruhte auf Treue zur Halakha, jedoch ohne Zwangsmaßnahmen einer jüdischen Gemeinde, und der Annahme als vernünftig anerkannter religiöser Wahrheiten.

Mendelssohns Bibelübersetzung

Mit seiner ab 1770 erarbeiteten deutschen Bibelübersetzung, die ab 1780 im Druck erschien, in hebräischer Schrift und mit einem hebräischen Kommentar, der zum großen Teil von seinen Mitarbeitern stammte, wollte Mendelssohn junge Juden vom Jiddischen weg zu einer besseren Kenntnis der deutschen Sprache führen, zugleich aber auch das Studium der Bibel fördern. Dass dies zu Lasten des traditionellen Talmudstudiums gehen würde, darüber hinaus gute Deutschkenntnisse ein erster Schritt zur Assimilation sein könnten, sahen viele Rabbiner sofort und völlig richtig und leisteten daher lange erbitterten Widerstand. War Mendelssohn selbst auch stets seinem Judentum treu geblieben, so zeigt doch die Konversion fast aller seiner Nachfahren zum Christentum, wohin diese Ansätze führen konnten. Die Rabbiner mit ihren Ängsten hatten Recht, doch ließen sich die früheren Zustände auf Dauer nicht halten.

Wegbereiter der Haskala

Mit seinem Denken wurde Mendelssohn der wichtigste Wegbereiter der jüdischen Aufklärung (Haskala, von sekhel, «Verstand»). Dazu trug auch sein Bemühen um eine Renaissance des biblischen Hebräisch bei. 1758 gab er eine kurzlebige hebräische

Zeitschrift heraus und arbeitete auch an der seit 1783 erscheinenden Zeitschrift Ha-Meassef («Der Sammler») mit, dem wichtigsten Organ der nach ihm Meassefim genannten Haskala-Schriftsteller; Maskilim als Selbstbezeichnung dieser Aufklärer findet sich ebenfalls seit 1783.

Auf Dauer hatte der Versuch, Aufklärung über hebräische Publikationen zu fördern, nur in Osteuropa Erfolg. Im deutschen Sprachraum schwanden die Hebräischkenntnisse der jüdischen Jugend schnell, als der Staat auf den Besuch deutschsprachiger Schulen drängte: In Österreich wurde 1786 das Recht zu heiraten vom erfolgreichen Besuch der Normalschule abhängig gemacht. Naphtali Herz Homberg (1749–1841), ein enger Mitarbeiter Mendelssohns, ging nach dem Toleranzpatent Josephs II. nach Wien, wo ihm 1786 die Aufsicht über die deutschsprachigen jüdischen Schulen Galiziens übertragen wurde. Sein Kampf gegen die hebräische Sprache und die rabbinische und kabbalistische Literatur führte jedoch zu heftigem Widerstand der Eltern gegen diese Staatsschulen, in denen sie nur eine Gefahr für das Judentum ihrer Kinder sahen. Auch die deutschen und hebräischen Religionsbücher, die Homberg schrieb, wurden als Neuerung weithin abgelehnt; nur sein Katechismus Imre Schefer («Schöne Worte»), der nicht radikal aufklärerisch war und einem echten Bedürfnis entgegenkam, erlebte mehrere Auflagen.

<small>Naphtali Herz Homberg</small>

Auch in Preußen war mit dem Judenedikt von 1812 der allgemeine Zugang von Juden nicht nur zu öffentlichen Schulen, sondern auch zum Studium an der Universität möglich geworden. Damit lasen und schrieben die nach Bildung strebenden Juden bald nur noch deutsch, Hebräisch wurde eine Sprache von Rabbinern und Gelehrten, war für den nicht besonders traditionsbewussten Juden kaum noch notwendig.

<small>Preußisches Judenedikt 1812</small>

Mit der Eingliederung in die deutsche Kultur kam bald der Ruf nach Anpassung. Das Einhalten der Halakha und das Festhalten an jüdischer Tradition war mit Wegfall des sozialen Drucks der jüdischen Gemeinden weithin persönliche Entscheidung des Einzelnen geworden. Wo Reform vielen dringend nötig schien, wenn man die Gemeinde zusammenhalten wollte, war hingegen der Gottesdienst. Man rief nach würdigeren Formen und Kürzung, wollte aramäische Gebete durch hebräische Texte ersetzen und Pijjutim, deren Sprache man kaum verstand, ganz auslassen. Die deutsche Predigt konnte sich auch in traditionellen Synagogen

<small>Reform des Gottesdienstes</small>

bald durchsetzen. Weiter greifende Reformen waren längere Zeit jedoch nur in privatem Rahmen möglich, so im Israelitischen Tempelverein in Hamburg: 1819 veröffentlichte dieser ein hebräisch-deutsches Gebetbuch, in dem die Hoffnung auf die Rückkehr aller Juden nach Israel beim Kommen des Messias und die Erneuerung des Opferkultes im Tempel nicht mehr erwähnt wurde. Der Kampf der Orthodoxen gegen die Verwendung des Deutschen und einer Orgel im Gottesdienst konnte hier nichts ausrichten; in Preußen dagegen hatten sie bei der Regierung im Widerstand gegen die reformierten Gottesdienste in einem Privathaus Erfolg und auch in Wien verbot die Regierung, der jede Neuerung suspekt war, die Verwendung von Deutsch als Gebetssprache.

Samuel Holdheim In den folgenden Jahrzehnten traten viele junge Rabbiner ihr Amt an, die eine akademische Ausbildung hatten und zu größeren Reformen bereit waren. Der schon genannte Abraham Geiger war einer der wichtigsten Vertreter der Reformbewegung; im Interesse der Einheit der Gemeinde wurde er im Lauf der Zeit immer gemäßigter. Samuel Holdheim (1806–60) entwickelte sich aus orthodoxen Anfängen auf den Rabbinersynoden 1844–46 zum Sprecher der extremen Reformer; 1847 von der neuen Berliner Reformgemeinde zum Rabbiner gewählt, verlegte er bald die Gottesdienste auf den Sonntag und erklärte die Beschneidung für nicht unbedingt verbindlich.

Neuerungen Doch auch in anderen Gemeinden kam es in dieser Zeit zu großen Neuerungen. Abraham Geiger, der anfangs Hebräisch als Sprache der Gebete abgelehnt hatte, gab 1854 für Breslau ein Gebetbuch heraus, das die Liturgie stark kürzte, aber in der hebräischen Fassung zurückhaltender als im deutschen Text blieb, in dem er etwa Auferstehung durch ewiges Leben ersetzte. Die endzeitliche Rückkehr nach Zion strich er aber auch im hebräischen Text. Insgesamt zeigte die Reform des Gebetbuchs am deutlichsten die Veränderungen im Bereich der Glaubensauffassungen. Auch die biblischen Lesungen kürzten die Reformer sehr, ließen sie auch weithin nur noch deutsch vortragen. Auch hoben sie die strikte Trennung von Männern und Frauen in der Synagoge auf. Die Bar Mitzwa für Knaben wurde oft durch eine Konfirmationsfeier ergänzt oder ersetzt und diese auch für Mädchen eingeführt. Die Halakha galt, wo sie nicht allgemeinen ethischen Normen entsprach, immer mehr als zeitgebundenes «Zeremonialgesetz»; Speisegesetze, aber auch die Sabbatruhe, betrachteten die meisten Reformer nicht mehr als verpflichtend. Die Praxis jüdischer Religion hatte sich so in wenigen Jahrzehnten in weiten Kreisen radikal gewandelt.

Die traditionelle Orthodoxie hatte der Reform in Deutschland lange nichts entgegenzusetzen. Eine wichtige Wende brachte Samson Raphael Hirsch (1808–88). Nach einer traditionellen rabbinischen Ausbildung in Hamburg studierte er ein Jahr an der Bonner Universität klassische Philologie und Geschichte; dort freundete er sich auch mit Abraham Geiger an. Schon 1830 wurde er Landesrabbiner von Oldenburg. Er war Neuerungen gegenüber offen, befürwortete profane Studien neben der traditonellen Ausbildung und lehnte auch die deutsche Sprache in Gebet und Bibelstudium nicht ab; er selbst übersetzte die Tora, die Psalmen und die Gebete ins Deutsche. Samson Raphael Hirsch

Was Hirsch grundlegend von den Reformern unterschied, war seine Betonung der Offenbarung als Basis des Judentums. Nicht ewige Wahrheiten, sondern die Gebote waren ihr wesentlicher Inhalt. Diese Auffassungen legte er unter dem Pseudonym Ben Uzziel in den *Neunzehn Briefen über das Judenthum* (1836) und der Schrift *Choreb, oder Versuche über Jissroels Pflichten in der Zerstreuung* (1837), später auch in verschiedenen Aufsätzen seiner Zeitschrift Jeschurun ab 1854 vor. Die Gebote, die er in verschiedene Gruppen einteilt und rational zu begründen versucht, lassen sich nach ihm alle auf drei Prinzipien reduzieren: Liebe zu Gott, Gerechtigkeit, Erziehung seiner selbst und der Mitmenschen. Sie wurden in der Wüste gegeben, bevor die Israeliten in das Gelobte Land einzogen. Daher hängt ihre Geltung auch nicht vom Bestehen eines Staates Israel ab; Israel ist als Volk nicht durch ein Land, sondern durch die Tora geeint (viele Anhänger von Hirsch lehnten deshalb später den Zionismus ab). Gebote als Mitte der Offenbarung

1846–51 wirkte Hirsch als Landesrabbiner von Mähren in Nikolsburg. Den dortigen strikt Orthodoxen war aber auch Hirsch zu liberal; besonders seine Betonung des Bibelstudiums lehnten sie als Vernachlässigung der Halakha ab. So nahm Hirsch den Ruf der neu gegründeten Israelitischen Religionsgesellschaft in Frankfurt an (1851), wo er sein Konzept einer modernen Orthodoxie voll entwickeln und auch in anderen Städten verbreiten konnte. Die Losung der neuen Bewegung war aus Mischna Abot 2,2 abgeleitet: *Tora im derekh erets*, «Tora mit weltlicher Lebensweise/Bildung». Sie propagiert absolute Treue zur überkommenen Halakha und Israelitische Religionsgesellschaft Frankfurt dem Studium der Tora in Verbindung mit Offenheit gegenüber weltlicher Wissenschaft und allen anderen Errungenschaften der Neuzeit, damit auch eine weit gehende Eingliederung in die deutsche Kultur.

«Trennungsorthodoxie»

Die Frankfurter Gesellschaft, die Hirsch leitete, hatte sich von der Gesamtgemeinde getrennt, um keine Kompromisse eingehen zu müssen. Schnell angewachsen, konnte sie bald eine eigene Synagoge und eine Schule errichten, die den Schülern jüdische Fächer mit einer vollen deutschen Bildung vermittelte. Dies wurde der Prototyp der «Trennungsorthodoxie», die bald Nachahmung fand. In Berlin entstand so 1869 die Adass Jissroel, die Esriel Hildesheimer zum Rabbiner wählte, der wenig später das orthodoxe Rabbinerseminar gründen sollte. Durch das Austrittsgesetz von 1876 wurde in Deutschland die Spaltung jüdischer Ortsgemeinden auch vom Staat anerkannt. Schon 1871 war auch in Ungarn ein ähnliches Gesetz erlassen worden: Die Reformer, hier Neologen genannt, wollten auf dem allgemeinen jüdischen Kongress von 1868 die Gemeindeführung übernehmen. Die Orthodoxen, als Schomre Das («Wahrer der Religion») organisiert, wandten sich dagegen an den Staat, beriefen sich auf die Gewissensfreiheit und das Recht jedes Einzelnen, seine Gemeinde zu wählen, und hatten Erfolg. Die meisten jüdischen Gemeinden in Ungarn spalteten sich in orthodoxe und neologische Gemeinden auf, die ihre jeweiligen Landesverbände bildeten. In Österreich, wo die Kontraste in der Wiener Gemeinde viel weniger extrem waren, blieb es dagegen beim gesetzlichen Prinzip der Einheitsgemeinde.

Deutschland nach 1945 Einheitsgemeinde

Nach 1945 mussten die wieder erstandenen jüdischen Gemeinden in Deutschland und Österreich schon wegen der geringen Zahl an Mitgliedern sich um Geschlossenheit bemühen. Die orthodox dominierte Einheitsgemeinde setzte sich überall durch, auch wenn sie das Spektrum des tatsächlichen jüdischen Lebens nicht abdecken konnte. Erst in den letzten Jahren sind Bestrebungen, progressive oder liberale Gemeinden, gewöhnlich noch im größeren Verband der Gesamtgemeinde, zu gründen, erfolgreicher geworden, und auch das orthodoxe Spektrum fächert sich etwa durch die Chabad-Bewegung mehr auf. In der Schweiz gibt es dagegen schon länger eine größere Vielfalt, ebenso in den relativ großen jüdischen Gemeinschaften Englands und Frankreichs.

Orthodoxie in Israel

In Israel ist bisher die Orthodoxie offiziell allein befugt, rabbinische Funktionen zu besetzen, auch wenn sogar da andere Strö-

mungen langsam das Monopol aufzubrechen beginnen; wie die Bandbreite in
Entwicklung weiter geht, ist noch nicht abzusehen. Die volle USA
Bandbreite jüdischer Strömungen mit je eigenen theologischen Seminaren und Synagogenverbänden gibt es nur in den USA, schon durch die große Zahl von Juden ermöglicht, aber auch durch die strikte Trennung von Religion und Staat gefördert. Etwa die Hälfte der praktizierenden Juden gehört dort Reformgemeinden an, ein Drittel den Konservativen, die in der Tradition des Breslauer Seminars stehen, zehn Prozent den Orthodoxen, zwischen ein und zwei Prozent den Reconstructionisten, die aus der konservativen Bewegung kommen. In Wirklichkeit ist die Vielfalt jüdischen Lebens natürlich bedeutend größer, die Abgrenzungen untereinander sind nicht immer ganz klar.

4. Philosophie und Theologie

Mit Mendelssohn hatte das deutsche Judentum sich erstmals breiter Hermann
mit philosophischen Fragen befasst. Im Jahrhundert nach ihm Cohen
war dann die Wissenschaft des Judentums kaum an derlei Fragen interessiert, wo es nicht um die Werke der jüdischen Philosophie des Mittelalters ging. Erst mit Hermann Cohen (1842–1918) begann eine Reihe jüdischer Philosophen, sich systematisch mit ihrer Tradition auseinander zu setzen. Der Marburger Neukantianer Cohen befasste sich ausführlicher mit jüdischen Themen erst, als er ab 1912 an der Berliner Hochschule für die Wissenschaft des Judentums zu unterrichten begann. Seine Vorstellung der jüdischen Religion legte er in dem erst posthum erschienenen Werk *Die Religion der Vernunft aus den Quellen des Judentums* (1919) dar. Er versteht Gott nicht mehr wie früher nur als Idee, sondern als die letzte Wirklichkeit, von der der menschliche Geist ausgeht. Zwischen dem seienden Gott und der werdenden Welt besteht eine Korrelation: Werden gibt es nur, wenn es ein Sein gibt; doch auch Gottes Sein hat nur in der Schöpfung Sinn. Die Korrelation zwischen Gott und der Welt verwirklicht sich in der Beziehung des Menschen zu seinem Mitmenschen. Dies hat am besten das Judentum verwirklicht. Es arbeitet am Schöpfungswerk mit, das auf eine geeinte Menschheit hinstrebt; in seinem Leiden für die Völker erwirbt es das Recht, die Völker zu bekehren. Endziel der Geschichte ist die völlige Einheit der Menschheit, die messianische Zeit, die

aber angesichts der Ewigkeit der Welt ständig utopischer Horizont bleibt.

Vernunft als Quelle der Religion

Die Vernunft bleibt für Cohen die eigentliche Quelle der Religion, auch wenn er sie nun aus jüdischen Schriften illustriert und Riten und Gebeten die Funktion zuweist, trotz der steten Erfahrung des Versagens einen gnädigen Gott zu finden, mit ihm in Verbindung zu bleiben. Die dialogische Beziehung des Menschen zu Gott wird Cohen immer wichtiger, voll entfaltet wird sie jedoch erst bei Rosenzweig und Buber.

Leo Baeck

Zuvor ist jedoch Leo Baeck (1873–1956) zu nennen. Als Baeck zugleich mit Cohen an der Berliner Hochschule zu unterrichten begonnen hatte, war er schon als jüdischer Theologe bekannt: Adolf von Harnack (1851–1930) hatte in seiner höchst erfolgreichen Schrift *Das Wesen des Christentums* (1900) Jesus als entscheidenden Bruch in der Geschichte scharf von der jüdischen Welt abgehoben; darauf antwortete Baeck in *Das Wesen des Judentums* (1905). Darin betont er die bruchlose Kontinuität jüdischer Religion, die mit der wahren Gotteserkenntnis auch das Wissen gibt, was es zu tun gilt. Als höchster Ausdruck sittlicher Weltanschauung ist diese Religion universal, historisch aber an das jüdische Volk gebunden. Das Judentum kennt kein Dogma, Erlösung hängt nicht von religiösem Wissen ab. Anders als das Christentum, eine romantische Religion des Gefühls, ist das Judentum eine Religion der Tat, arbeitet an der Verbesserung der Welt. Das Denken jüdischer Reformer des 19. Jhs. findet hier einen klassischen Ausdruck, auch wenn Baeck in späteren Auflagen das dialektische Gegenüber von Geheimnis und Gebet in den Vordergrund rückt, damit Themen der mystischen Tradition aufgreifend.

Franz Rosenzweig

Franz Rosenzweig (1886–1929) hätte sich schon fast taufen lassen, ehe ihn das Erleben der Liturgie von Jom Kippur 1913 zum Judentum zurückführte und er bei Cohen jüdische Tradition zu studieren begann. Auch mit Martin Buber schloss er damals Freundschaft. Nach dem Kriegsdienst als Freiwilliger begann er 1918 die Arbeit an seinem Hauptwerk *Der Stern der Erlösung* (1921); damals kannte er schon das Manuskript von Cohens Buch, dessen Begriff der Korrelation ihm wichtig werden sollte. Gegen den Anspruch der idealistischen Philosophie, alle Erfahrung in eins reduzieren zu können, betont Rosenzweig Gott, Welt und Mensch als drei durch die Erfahrung gegebene Wesenheiten, die nicht von einander abgeleitet werden können, doch durch die

Prozesse von Schöpfung, Offenbarung und Erlösung ineinander wirken. Die Schöpfung ist der Anfang der Offenbarung, wie diese nicht an einen bestimmten Zeitpunkt gebunden, sondern ständig weitergehender Prozess. Die Offenbarung führt nicht zu allgemeinen Wahrheiten, sondern ist nur in der persönlichen Erfahrung des Einzelnen verifizierbar. Sie ist persönliche Anrede Gottes an den Einzelmenschen, knüpft ein Band der Liebe zwischen Gott und Mensch; in der Weitergabe dieser Liebe kommt die Erlösung näher. Dies ist die besondere Aufgabe des Judentums, das im liturgischen Jahr mit seinen Festen schon jetzt die Ewigkeit erlebt und sich außerhalb der Geschichte gestellt sieht.

Martin Buber (1878–1965) war mit Rosenzweig befreundet und durch das gemeinsame Projekt einer Bibelübersetzung eng verbunden (*Die Schrift*, 15 Bände, 1925–37, revidiert 4 Bände, 1954–60). Auch im philosophischen Ansatz, v. a. im dialogischen Denken, gab es viele Gemeinsamkeiten. Doch gehen Bubers Ansätze weiter zurück. Seine Beschäftigung mit dem Chasidismus führte ihn zu Nachdichtungen chasidischer Erzählungen (*Geschichten des Rabbi Nachman*, 1906; *Die Legende des Baal Schem*, 1908); sie bestimmte aber auch seine Vorstellung einer individualistisch-anarchischen Religion, die im Gegensatz zur organisierten Religion des Rabbinats und der Synagoge steht und in der es für die Gebote keinen Raum gibt. In der jüdischen Jugendbewegung hatte er durch seine *Drei Reden über das Judentum* (1911) großen Eindruck gemacht, ergänzt durch die Schrift *Vom Geist des Judentums* (1916). Auch hier kontrastierte er das offizielle Judentum mit dem unterirdischen Judentum des Propheten. Der Jude muss erst das Jüdische in sich wieder beleben, Einheit im Leben finden, in dem der geheiligte Alltag und die Ausrichtung auf eine bessere Zukunft zentral sind, was sich nur in Palästina verwirklichen lasse (wohin er aber erst 1938 ging).

Während Rosenzweigs *Stern der Erlösung* lange wenig Beachtung fand, hatte Buber mit der in manchen Punkten verwandten Schrift *Ich und Du* (1937) größten Erfolg. Buber unterscheidet die Ich-Du-Beziehung, die gegenseitig, offen und ein Dialog unter Gleichen ist, von der Ich-Es-Beziehung, wo der andere nicht Partner, sondern Objekt ist. Gott ist das Ewige Du, nicht in metaphysischer Spekulation erkennbar, sondern in den täglichen Ich-Du-Erlebnissen des Menschen. Offenbarung ereignet sich im Alltag. Dieser Dialog zwischen Gott und den Menschen hat sich in der Bibel niedergeschlagen: Dass diese noch immer lebendige Rede des Ewi-

<small>Martin Buber</small>

<small>Ich-Du-Beziehung</small>

gen Du ist, wollte er mit Rosenzweig in der neuen Übersetzung der Bibel bewusst machen. Die Antwort des Menschen im Dialog mit Gott waren einst die Gebote und ist jetzt die Meisterung des täglichen Lebens. Die ungeteilte Hingabe der Person in der Heiligung des Alltags, in der der Mensch Gemeinschaft mit Gott erlebt, ist die wahre Religion. Innerhalb des Judentums hat Buber mit seinem religiösen Anarchismus viel weniger Einfluss gehabt als außerhalb, wo er vielfach als der eigentliche Repräsentant jüdischer Tradition empfunden wurde.

Abraham Heschel

Abraham Heschel (1907–1972) vereinte chasidische Tradition (er war ein Nachfahre des Dob Bär von Meseritsch) und frühes Lernen von Talmud und Kabbala mit einem Philosophiestudium in Berlin, wo er aber auch die Hochschule für die Wissenschaft des Judentums frequentierte. 1937 setzte ihn Buber zu seinem Nachfolger im Jüdischen Lehrhaus in Frankfurt ein. Schon 1938 nach Polen abgeschoben, ging er 1940 in die USA, wo er am Hebrew Union College in Cincinnati jüdische Philosophie lehrte, ab 1945 dann Ethik und Mystik am Jewish Theological Seminary in New York. Im Anschluss an chasidisches Denken, in manchem auch ähnlich zu Rosenzweig und Buber, betont Heschel die existentielle Begegnung mit Gott im Alltag und in der Welt. Rationales Denken kann höchstens die Alternativen zeigen, zwischen denen der Mensch wählen muss; entscheidend aber ist das Wecken religiöser Emotionen, die Erfüllung der Gebote, wodurch man sich beherrschen lernt und das Mysterium des Daseins erlebt, und schließlich das Hören der Tora: Dort erfährt man, dass Gott den Menschen ebenso braucht wie dieser ihn, erkennt man Gottes Liebe zu den Menschen und sein Mitleiden mit ihnen. Seine Theologie, die er in *God in Search of Man* zusammenfasste (1966; deutsch: *Gott sucht den Menschen. Eine Philosophie des Judentums*, 1980), führte ihn dazu, sich in allen Bürgerrechtsfragen zu engagieren, in Zusammenarbeit u. a. auch mit Martin Luther King. Es fällt auf, dass in seinem Denken der Holocaust, dem auch mehrere seiner Angehörigen zum Opfer fielen, keine Spuren hinterlassen hat; religiöser Optimismus dominiert sein ganzes Denken.

Mordecai Kaplan Reconstructionism

Am Jewish Theological Seminary lehrte auch Mordecai M. Kaplan (1881–1984), dessen Denken radikal von der traditionellen jüdischen Theologie abweicht. Aus den verschiedenen Vorstellungen von Gott, die im Lauf der Geschichte vorgetragen wurden, leitet er ab, dass es nicht darauf ankommt, wie man über Gott denkt;

die Idee des Göttlichen ist die allgemeine Erfahrung, in der natürlichen Welt unerwartet immer wieder eine Förderung menschlicher Ideale und Werte zu entdecken. Gott ist kein höheres Wesen außerhalb des Menschen, sondern eine Funktion seiner Selbstverwirklichung. Wesentlich ist, wie man die Idee Gott in das Tun umsetzt, sie als Impuls sieht, für Gerechtigkeit und ein erfülltes Leben zu arbeiten. Die Tora ist ein Text, der auf Bedeutung wartet, sie durch die Gemeinde erhält, auf die sie einwirkt. Sie ermöglicht den spezifisch jüdischen Zugang zu allgemein menschlichen Fragen, zeigt den Weg zu einer wahren Demokratie. Mit diesem naturalistischen, stark auf soziales Engagement ausgerichtetem Denken begründete Kaplan die Richtung des Reconstructionism. Sein Hauptwerk ist *Judaism as a Civilization. Toward a Reconstruction of American-Jewish Life* (1967).

Am Holocaust als Anstoß jüdischer Philosophie und Theologie kam man natürlich nicht vorbei; die Frage der Theodizee war damit so scharf wie nie zuvor aufgeworfen. Für Richard L. Rubenstein (geb. 1924) gibt es aus Auschwitz zu lernen, dass Gott tot ist, sonst hätte er den Holocaust nicht zugelassen (*After Auschwitz. Radical Theology and Contemporary Judaism*, 1966). Daraus folgt eine Entmythologisierung des jüdischen Glaubens, in dem die Tora aber ein wesentliches Erbe bleibt, zusammen mit Tradition und religiöser Gemeinschaft in einer Welt jenseits von Gott notwendiger denn je. Emil Fackenheim (geb. 1916) hört aus Auschwitz den Aufruf an das Judentum, zu überleben, um nicht Hitler einen posthumen Triumph zu gewähren; das jüdische Volk muss seine kosmische Aufgabe erfüllen, die Menschheit ein neues Gespür für soziale und politische Wirklichkeiten lehren und so zum Aufbau des Gottesreichs beitragen (*The Jewish Return into History. Reflections in the Age of Auschwitz and a New Jerusalem*, 1978).

Aus traditionell jüdischem Denken bezieht Eliezer Berkovits (geb. 1908) seine Position, wobei er eine Antwort auf die Theodizeefrage explizit ablehnt. In *Faith After the Holocaust* (1973) verweist er auf die traditionelle Vorstellung vom Hester Panim (dem «Verbergen des Antlitzes» Gottes), wie ja auch Buber von der «Gottesfinsternis» sprach. Zu gewissen Zeiten wendet sich Gott von der Welt ab, um so dem Menschen die Freiheit zu lassen, zu tun, wozu er fähig ist. Der Holocaust ist nur eine weitere Katastrophe in der jüdischen Geschichte, und gibt dem Juden die Möglichkeit, den Namen Gottes zu heiligen und auch im größten Leiden

Theodizee nach dem Holocaust

«Gottesfinsternis»

die Heiligkeit Gottes zu verkünden. Man könnte hier noch eine Reihe anderer Autoren wie Eugene B. Borowitz (geb. 1924) oder Arthur A. Cohen (1928–86) mit ihren Positionen anführen, alles Ansätze, einen Zugang zum Unverständlichen zu finden; eine «Lösung» der Frage ist natürlich nicht zu erwarten.

> Lyotard
> Derrida
> Lévinas

Jüdisches Denken blieb aber nicht bei Auschwitz stehen. In den letzten Jahren sind eine Reihe jüdischer Philosophen zunehmend Gegenstand des allgemeinen Interesses geworden. Jean-François Lyotard (1924–98) und Jacques Derrida (geb. 1930) wären hier zu nennen, v. a. aber Emmanuel Lévinas (1906–1995). Lévinas kam aus der Tradition talmudischen Lernens in Litauen, studierte in Frankreich und war während der NS-Zeit in Deutschland gefangen. Stark von Rosenzweig beeinflusst, viel mehr noch in Tora und Talmud daheim, deren philosophische Lektüre für ihn ein wesentliches Ausdrucksmittel wurde, entwickelte Lévinas eine theologische Ethik, in der der Begriff des Andern zentral ist. Der Jude ist ein Anderer, der sich nicht assimilieren, seine Fremdheit nicht aufgeben darf, Gerechtigkeit in der Welt einfordern muss, was immer es koste. Aus der Lektüre der Tora und des Talmud leitet Lévinas Orientierung für das Leben ab, wobei die Nicht-In-Differenz ein weiterer Leitbegriff wird, Aufforderung, das Gesicht des Andern zu respektieren, ihm gegenüber Verantwortung anzunehmen, ihn zu lieben und nicht zu töten. Aus jüdischer Tradition weiß man, das entsprechendes Handeln kindliches Vertrauen voraussetzt, das ein von außen gegebenes Gesetz wie am Sinai akzeptiert, bevor man durch Vernunft darin Einsicht gewinnt. Wo der Wille zum Wissen verselbständigt wird, ohne Glauben/Vertrauen auskommen will, ist das für Lévinas eine Degeneration der Vernunft und dadurch auch schon eine Korruption der Moral.

> Verankerung
> in der
> Tradition

Lévinas fasziniert viele Leser gerade durch die traditionell jüdische Verankerung seiner Argumentation, die sich nicht an den Anderen anbiedert und die seinen Beitrag zur Ethik wahrhaftig wirken lässt. Es ist aber auch sein aus dem Umgang mit dem Talmud gewonnener Zugang zur Sprache, der auch heutiger Sprachphilosophie wertvolle neue Ansätze vermittelt, die aus talmudischem Denken gespeiste Hermeneutik, die man heute wohl als wichtigsten Beitrag jüdischer Denker zum allgemeinen philosophischen Diskurs betrachten. Damit schließt sich der Kreis: Ohne tiefe Kenntnis der rabbinischen Traditionsliteratur ist auch zu modernen Erscheinungsformen jüdischen Denkens ein Zugang nur schwer möglich.

Zeittafel

1665–66	Messianische Erregung um Sabbatai Zwi (1626–76) in ganz Europa	Sabbatianische Häresie bedroht die jüdischen Gemeinden
1700–60	Baal Schem Tov	Osteuropäischer Chasidismus
1726–91	Jakob Frank	Neue Form des Sabbatianismus
1729–86	Moses Mendelssohn	Höhepunkt jüdischer Aufklärung
1781/82	Toleranzpatent Josephs II.	Emanzipationsbewegung hat erste Erfolge
1791	Bürgerliche Gleichstellung der Juden durch französ. Nationalversammlung	
1794–1886	Leopold Zunz	Wissenschaft des Judentums
1808–88	Samson Raphael Hirsch	Begründer der Neoorthodoxie
1810–74	Abraham Geiger	Reformbewegung
1819	Hep-Hep-Krawalle	Antijüdische Reaktion
1854	Seminar Breslau	Erste jüdische Hochschule
1860–1904	Theodor Herzl	Zionismus
1867	Gleichstellung in Österreich-Ungarn	Weitgehender Abschluss der Emanzipationsbewegung
1871	Gleichstellung im Deutschen Reich	
1894–95	Dreyfus-Prozess	Bringt Herzl zum Zionismus
1897	Erster Zionistenkongress, Basel	
1917	Balfour-Erklärung	England unterstützt Zionismus
1922	Britisches Mandat über Palästina	Arabisch-jüdische Spannungen
1935	Nürnberger Gesetze	Entrechtung der Juden
1939–45	Holocaust	Millionen Juden ermordet
1947	UN beschließen Teilung Palästinas	Zugleich langsamer Wiederaufbau jüdischer Gemeinden in Europa
1948	Staat Israel, Unabhängigkeitskrieg	
1967	Sechstagekrieg	Palästinenserfrage

VII. Anhang

1. Wichtige Adressen

Umfassende Adressenliste inkl. e-mail und web: Academic Jewish Studies Internet Directory: http://jewish-studies.virtualave.net/
European Association for Jewish Studies (EAJS): EAJS Secretariat, Yarnton Manor, Yarnton, GB-Oxford OX5 1PY, Great Britain. e-mail: *eajs@herald.ox.ac.uk*. Web: *http://nonuniv.ox.ac.uk/~eajs*.
Winkelmann, Annette, Hg., Directory of Jewish Studies in Europe. Published by the European Association for Jewish Studies, Oxford 1998.
Verband der Judaisten in der Bundesrepublik Deutschland: *http://jewish-studies.virtualave.net/judaistik/index.htm*

Studienorte im deutschen Sprachraum

Basel: Institut für Jüdische Studien, Heuberg 33, CH-4051 Basel. e-mail: *Institut-Judaistik@unibas.ch*. Web: *www.unibas.ch/judaistik/*. Verbindet (derzeit) wenige eigene Lehrveranstaltungen mit solchen verschiedener Institute der Universität Basel (Geschichte, Germanistik, Romanistik, Volkskunde) zu einem Studiengang.
Berlin: Institut für Judaistik der Freien Universität Berlin, Schwendenerstr. 27, D-14195 Berlin. Web: *http:/userpage.fu-berlin.de/~jewstud/*.
Zentrum für Antisemitismusforschung, Technische Universität Berlin, Ernst-Reuter-Platz 7, D-10587 Berlin. e-mail: *zfa10154@mailszrz.zrz.tu-berlin.de*. Web: *www.zrz.tu-berlin.de/~zfa*.
Duisburg: Fach Jüdische Studien, Gerhard-Mercator-Universität/GH Duisburg, Lotharstr. 65, D-40478 Duisburg. Das Fach Jüdische Studien übersiedelt zum Wintersemester 2002/03 an die Universität Düsseldorf, doch können schon begonnene Studien in Duisburg abgeschlossen werden.
Düsseldorf: Institut für Jüdische Studien, Heinrich-Heine-Universität, Universitätsstr. 1, D-40225 Düsseldorf. Web: *www.phil-fak.uni-duesseldorf.de/ijs/institut.htlm*. Das Institut vereinigt die bisherige Abteilung für jiddische Kultur, Sprache und Literatur mit den zuvor in Duisburg angesiedelten Jüdischen Studien.
Erfurt: Universität Erfurt, Lehrstuhl für Judaistik, Nordhäuser Str. 63, D-99084 Erfurt, Lehrgebäude IV. Web: *http://www.uni-erfurt.de/judaistik/index.html*. Judaistik ist hier Teil des interdisziplinären Studiengangs Religionswissenschaft.
Frankfurt: Seminar für Judaistik, Johann Wolfgang Goethe-Universität Frankfurt, Dantestr. 4–6, Postfach 11 19 32, D-60054 Frankfurt a. M. Web: *http://www.uni-frankfurt.de/fb09/judaistik/*.
Freiburg i. Br.: Orientalisches Seminar der Albert Ludwigs-Universität Frei-

burg, Philosophische Fakultät II, Werthmannplatz 3, D-79085, Freiburg i. Br. Web: *http://www2.ruf.uni-freiburg.de/aorient/judaframe.htm*. Judaistik im Rahmen der Orientalistik, Lehrangebot v. a. in rabbinischer Literatur.

Göttingen: Institut für Judaistik, Theologische Fakultät der Georg-August-Universität Göttingen, Platz der Göttinger Sieben 2, D-37073 Göttingen. e-mail: *hbecker2@gwdg.de*. Web: *http://www.gwdg.de/~utvt/ger/index.htm*. Judaistik kann im Rahmen der Theologie, aber auch an der Philosophischen Fakultät studiert werden; Schwerpunkte Rabbinica und spätantike Religionsgeschichte.

Halle: Seminar für Judaistik/Jüdische Studien, Franzosenweg 7, D-06112 Halle (Saale). e-mail: *fender@judaistik.uni-halle.de*. Web: *http://www.judaistik.uni-halle.de/*.

Hamburg: Universität Hamburg, Institut für die Geschichte der deutschen Juden, Rothenbaumchaussee 7, D-20148 Hamburg. e-mail. Homepage. *http://www.rrz.uni-hamburg.de/igdj/biblio.htm*. Spezialbibliothek und Lehrangebote zur Geschichte der deutschen Juden.

Heidelberg: Hochschule für Jüdische Studien, Friedrichstr. 9, D-69117 Heidelberg. e-mail: *info@aleph.hjs.uni-heidelberg.de*. Web: *http://www.hjs.uni-heidelberg.de/hochschule/hochschule.html*.

Köln: Martin-Buber-Institut für Judaistik der Universität zu Köln, Kerpener Straße 4, D-50923 Köln. Web: *http://www.uni-koeln.de/phil-fak/juda/*

Luzern: Institut für Jüdisch-Christliche Forschung, Kasernenplatz 3, CH-6000 Luzern. Judaistik kann hier im Rahmen der Theologischen Fakultät, aber auch der Philosophischen Fakultät (Geschichte) studiert werden. e-mail: *ijcf@unilu.ch*. Web: *http://www.unilu.ch/ijcf/index.html*.

München: Ludwig-Maximilians-Universität München, Institut für Semitistik, Veterinärstr. 1, D-80539 München. Web: *www.fak12.uni-muenchen.de/sem/infojud.htm*. Philologischer Schwerpunkt, rabbinische Literatur und Mittelalter.

Abteilung für jüdische Geschichte und Kultur, Schellingstr. 12/I, D-80539 München. Web: *www.lrz-muenchen.de/~jgk*. Schwerpunkt moderne jüdische Geschichte.

Oldenburg: Carl v. Ossietzky Universität, Seminar für Jüdische Studien, Fachbereich 3, D-26111 Oldenburg. e-mail. Web: *www.admin.uni-oldenburg.de/lehre/fb3/juedisch.html*. Jüdische Studien als Nebenfach im Magisterstudiengang.

Potsdam: Universität Potsdam, Professur für Religionswissenschaft, Philosophische Fakultät I, Postfach 60 15 53, D-14415 Potsdam. e-mail: *kgroezi@rz.uni-potsdam.de*. Web: *http://www.uni-potsdam.de/u/juedstud/*. Judaistik als Spezialbereich der Religionswissenschaft oder im interdisziplinären Rahmen der Jüdischen Studien.

Trier: Universität Trier, Fachbereich Jiddistik, Universitätsring 15, Postfach 3825, D-54286 Trier; Institut für Geschichte der Juden, FB III: Geschichte, DM-Geb. Postfach 12, D-54286 Trier. e-mail: *igj@uni-trier.de*. Web: *http://www.uni-trier.de/uni/fb2/germanistik/jidd_start.html*.

Wien: Institut für Judaistik der Universität Wien, Universitätscampus, Spitalgasse 2–4, A-1090 Wien. e-mail: *Judaistik@univie.ac.at*. Web: *www.univie.ac.at/Judaistik*.

1. WICHTIGE ADRESSEN

Instituta Judaica theologischer Fakultäten

(Lehrangebote gewöhnlich auf das Judentum des Zweiten Tempels und der rabbinischen Zeit beschränkt)
Berlin: Institut Kirche und Judentum. Zentrum für Christlich-Jüdische Studien an der Humboldt-Universität, Dom zu Berlin, Lustgarten, D-10178 Berlin. E-mail: *mail@ikj-berlin.de*. Web: *http://www.ikj-berlin.de/Frame.htm.*
Greifswald: Theologische Fakultät der Ernst-Moritz-Arndt-Universität Greifswald, Am Rubenowplatz 2–3, D-17487 Greifswald. Jüdische Studien als Magisternebenfachstudiengang. Web: *http://www.uni-greifswald.de/~theol/theolvlv.htm*.
Mainz: Seminar für Religions- und Missionswissenschaft und Judaistik, FB 02-Evangelische Theologie, Saarstr. 21, Postfach 3980, D-55099 Mainz.
Münster: Institutum Judaicum Delitzschianum, Evangelisch-Theologische Fakultät, Wilmergasse 1, D-48143 Münster. e-mail *ijd@uni-muenster.de*. Web: *http://www.uni-muenster.de/Judaicum/index.html*.
Tübingen: Evangelisch-Theologische Fakultät, Institut für antikes Judentum und hellenistische Religionsgeschichte; Institutum Judaicum. Beide: Liebermeisterstr. 12, D-72076 Tübingen.

Forschungsinstitutionen und Bibliotheken

Duisburg: Salomon-Ludwig-Steinheim-Institut für deutsch-jüdische Geschichte, Geibelstr. 41, D-47057 Duisburg. e-mail: *institut@sti1.uni-duisburg.de*; Web: *http://www.sti1.uni-duisburg.de*.
Frankfurt: Stadt- und Universitätsbibliothek, Bockenheimer Landstr. 134, D-60325, Frankfurt a. M. Web: *http://www.stub.uni-frankfurt.de/ssg/judaica.htm*. Größte Sammlung an Literatur zu Judentum und Israel in Deutschland, auch wertvolle Handschriftensammlung.
Köln: Germania Judaica. Kölner Bibliothek zur Geschichte des Judentums, Josef-Haubrich-Hof 1, D-50676 Köln. E-mail: *gj@ub.uni-koeln.de*. Web: *http://www.stbib-koeln.de/judaica/index.htm*.
Leipzig: Simon-Dubnow-Institut für jüdische Geschichte und Kultur an der Universität Leipzig, Goldschmidtstr. 28, D-04103 Leipzig. e-mail: *dubnow@rz.uni-leipzig.de*. Web: *http://www.dubnow-institut.de/de/default.asp*.
Potsdam: Moses Mendelssohn Zentrum für europäisch-jüdische Studien, Am Neuen Markt 8, D-14467 Potsdam. e-mail: *moses@mmz.uni-potsdam.de*.
St. Pölten: Institut für Geschichte der Juden in Österreich, Dr. Karl Renner-Promenade 22, A-3100 St. Pölten. E-mail: *injoest@nextra.at*. Web: *http://www.members.magnet.at/injoest/*.
Trier: Arye-Maimon Institut für Geschichte der Juden, Universität Trier, DM 220–224, D-54286 Trier. e-mail: *igj@uni-trier.de*. Web: *http://www.uni-trier.de/uni/fb3/geschichte/haverkamp/amigj/start.htm*

Hinweise zur Recherche

Die Homepages der meisten genannten Institute haben Links zu den wichtigsten Internetressourcen zu Judentum und jüdischen Themen. Wichtige Links auch über die Homepage der Hebräischen Universität Jerusalem: *http://ram1.huji.ac.il*.
Für bibliothekarische Recherchen grundlegend die Hebr. Nationalbibliothek Jerusalem: *http://ram1.huji.ac.il/ALEPH/eng/NNL/NNL/START*. Dort kann man (in lateinischem Alphabet und in Hebräisch) nach Büchern und Artikeln in Zeitschriften und Sammelwerken suchen *http://jnul.huji.ac.il/rambi/*, ebenso nach hebr. Handschriften.

2. Literatur

Allgemein

Ben-Sasson, Haim Hillel (Hg.), Geschichte des jüdischen Volkes. Von den Anfängen bis zur Gegenwart, 3 Bände, München 1978-1980; Nachdruck in einem Band 1995.
Encyclopaedia Judaica, 16 Bände, Jerusalem 1972 (ergänzt durch mehrere Year Books und Decennial Volumes; das gesamte Material mit weiteren Ergänzungen bis 1996, die jedoch nicht die Bibliographie der einzelnen Artikel betreffen: Encyclopaedia Judaica CD-ROM Edition, Jerusalem 1997).
The Encyclopaedia of Judaism, 3 Bände, Leiden 2000.
Kotowski, Elke-Vera/Schoeps, Julius H./Wallenborn, Hiltrud (Hg.), Handbuch zur Geschichte der Juden in Europa, 2 Bände, Darmstadt 2001.
Maier, Johann, Das Judentum, München ³1988.
Maier, Johann, Geschichte der jüdischen Religion, Freiburg ²1992.
Schoeps, Julius H./Wallenborn, Hiltrud (Hg.), Juden in Europa. Ihre Geschichte in Quellen, Band 1: Von den Anfängen bis zum späten Mittelalter, Darmstadt 2001 (weitere vier Bände vorgesehen).

I. Einleitung

Brenner, Michael/Rohrbacher, Stefan (Hg.): Wissenschaft vom Judentum. Annäherungen nach dem Holocaust, Göttingen 2000.
Carlebach, Julius (Hg.), Wissenschaft des Judentums: Anfänge der Judaistik in Europa, Darmstadt 1992.
Schorsch, Ismar: From Text to Context. The Turn to History in Modern Judaism, Hanover/London 1994.
Wiese, Christian: Wissenschaft des Judentums und protestantische Theologie im wilhelminischen Deutschland. Ein Schrei ins Leere?, Tübingen 1999.
Wilhelm, Kurt (Hg.): Wissenschaft des Judentums im deutschen Sprachbereich, 2 Bände, Tübingen 1967.

II. Voraussetzungen – Sprachen

Beyer, Klaus, Die aramäischen Texte vom Toten Meer, Göttingen 1984; Ergänzungsband 1994.
Glessmer, Uwe, Einleitung in die Targume zum Pentateuch, Tübingen 1995 (13-75: Aramäische Sprache).
Horbury, William (Hg.), Hebrew Study from Ezra to Ben-Yehuda, Edinburgh 1999.
Sáenz-Badillos, Angel, A History of the Hebrew Language, Cambridge 1993.
Waldman, Nahum M., The Recent Study of Hebrew. A Survey of the Literature with Selected Bibliography, Cincinnati 1989.
Kerler, Dov-Ber, The Origins of Modern Literary Yiddish, Oxford 1999.

Simon, Bettina, Jiddische Sprachgeschichte, Frankfurt 1988.
Beit-Arié, Malachi, Hebrew Codicology, Jerusalem ²1981.
Sirat, Colette, Hebrew Manuscripts of the Middle Ages, Cambridge 2002.

III. Die Zeit des Zweiten Tempels

1. Geschichte

Bickermann, Elias, Der Gott der Makkabäer. Untersuchungen über Sinn und Ursprung der makkabäischen Erhebung, Berlin 1937.
Feldman, Louis H., Jew and Gentile in the Ancient World. Attitudes and Interactions from Alexander to Justinian, Princeton 1993.
Grabbe, Lester L., Judaism from Cyrus to Hadrian, 2 Bände, Minneapolis 1992.
Grabbe, Lester L., Judaic Religion in the Second Temple Period. Belief and practice from the Exile to Yavneh, London 2000.
Hengel, Martin, Die Zeloten, Leiden ²1978.
Hengel, Martin, Judentum und Hellenismus. Studien zu ihrer Begegnung unter besonderer Berücksichtigung Palästinas bis zur Mitte des 2. Jhs. v. Chr., Tübingen ³1988.
Maier, Johann, Zwischen den Testamenten. Geschichte und Religion in der Zeit des zweiten Tempels, Würzburg 1990.
Schäfer, Peter, Geschichte der Juden in der Antike. Die Juden Palästinas von Alexander dem Großen bis zur arabischen Eroberung, Stuttgart 1983.
Schalit, Abraham, König Herodes. Der Mann und sein Werk, Berlin ²2001.
Schürer, Emil, The Jewish People in the Age of Jesus Christ, revised and edited by Geza Vermes et al., 3 Bände in 4 Teilen, Edinburgh 1973–87 (völlige Neubearbeitung von Schürer, Geschichte des jüdischen Volkes im Zeitalter Jesu Christi, 3 Bände, Leipzig ⁴1908–1911).
Stemberger, Günter, Pharisäer, Sadduzäer, Essener, Stuttgart 1991.

2. Die Bibel

Mulder, Martin J. (Hg.), Mikra. Text, Translation, Reading and Interpretation of the Hebrew Bible in Ancient Judaism and Early Christianity, Assen 1988.
Sæbø, Magne (Hg.), Hebrew Bible/Old Testament. The History of Its Interpretation. Vol. I/1: Antiquity, Göttingen 1996.
Zenger, Erich u. a., Einleitung in das Alte Testament, Stuttgart ³1995.
Fernández Marcos, Natalio, The Septuagint in Context: Introduction to the Greek Versions of the Bible, Leiden 2000.
Feldman, Louis H., Studies in Josephus' Rewritten Bible, Leiden 1998.
Hengel, Martin/Schwemer, Anna Maria (Hg.), Die Septuaginta zwischen Judentum und Christentum, Tübingen 1994.
Hezser, Catherine, Jewish Literacy in Roman Palestine, Tübingen 2001.

3. Qumran

Maier, Johann, Die Qumran-Essener: Die Texte vom Toten Meer, 3 Bände, München 1995–1996.

Maier, Johann, Die Tempelrolle vom Toten Meer und das «Neue Jerusalem»,
   München ³1997.
Stegemann, Hartmut, Die Essener, Qumran, Johannes der Täufer und Jesus,
   Freiburg ⁷1998.
Vermes, Geza, The Dead Sea Scrolls. Qumran in Perspective, London ³1994.

4. *Apokalyptik*
Collins, John J., The Apocalyptic Imagination. An Introduction to the Jewish
   Matrix of Christianity, New York 1984.
García Martínez, Florentino, Qumran and Apocalyptic, Leiden 1992.
Müller, Karlheinz, Studien zur frühjüdischen Apokalyptik, Stuttgart 1991.
Oegema, Gerbern S., Apokalypsen (Jüdische Schriften aus hellenistisch-römischer Zeit VI/1,5), Gütersloh 2001 (die Reihe enthält alle Pseudepigraphen in Übersetzung).
Sacchi, Paolo, L'apocalittica giudaica e la sua storia, Brescia 1990.

5. *Diaspora*
Barclay, John M. G., Jews in the Mediterranean Diaspora. From Alexander to
   Trajan (323 BCE – 117 CE), Edinburgh 1996.
Goodman, Martin, Mission and Conversion. Proselytizing in the Religious
   History of the Roman Empire, Oxford 1994.
Kasher, Aryeh, The Jews in Hellenistic and Roman Egypt, Tübingen 1985.
Pucci Ben Zeev, Mirjam, Jewish Rights in the Roman World, Tübingen 1998.
Williams, Margaret (Hg.), The Jews among the Greeks and the Romans. A
   Diasporan Sourcebook, Baltimore 1998.
Amir, Yehoshua, Die hellenistische Gestalt des Judentums bei Philon von
   Alexandrien, Neukirchen-Vluyn 1983.
Borgen, Peder, Philo of Alexandria: An Exegete for his Time, Leiden 1997.
Rutgers, Leonard, The Jews in Late Ancient Rome. Evidence of Cultural Interaction in the Roman Diaspora, Leiden 1995.
Schäfer, Peter, Judeophobia. Attitudes toward Jews in the Ancient World,
   Cambridge Mass. 1997.
Stern, Menahem (Hg.), Greek and Latin Authors on Jews and Judaism, 3 Bände, Jerusalem 1974–1984.

IV. Die Zeit der Rabbinen

1. *Geschichte Palästinas*
Avi-Yonah, Michael, Geschichte der Juden im Zeitalter des Talmud, Berlin 1962.
Gil, Moshe, A History of Palestine, 634–1099, Cambridge 1992.
Hezser, Catherine, The Social Structure of the Rabbinic Movement in Palestine, Tübingen 1997.
Jacobs, Martin, Die Institution des jüdischen Patriarchen, Tübingen 1995.
Levine, Lee I., The Ancient Synagogue. The First Thousand Years, New Haven/London 2000.
Linder, Amnon, The Jews in Roman Imperial Legislation, Detroit/Jerusalem
   1987.

Noethlichs, Karl Leo, Das Judentum und der römische Staat. Minderheitenpolitik im antiken Rom, Darmstadt 1996.
Rabello, Alfredo M., Giustiniano, Ebrei e Samaritani alla luce delle fonti storico-letterarie, ecclesiastiche e giuridiche, 2 Bände, Mailand 1987–88.
Schäfer, Peter, Der Bar Kokhba-Aufstand, Tübingen 1981.
Smallwood, E. Mary, The Jews under Roman Rule. From Pompey to Diocletian, Leiden 1976.
Stemberger, Günter, Das klassische Judentum. Kultur und Geschichte der rabbinischen Zeit, München 1979.
Stemberger, Günter, Juden und Christen im heiligen Land. Palästina unter Konstantin und Theodosius, München 1987.

2. *Geschichte Babyloniens*
Gafni, Isaiah M., The Jews of Babylonia in the Talmudic Era. A Social and Cultural History, Jerusalem 1990 (hebräisch).
Gil, Moshe, The Babylonian Yeshivot and the Maghrib in the Early Middle Ages, in: Proceedings of the American Academy for Jewish Research 57 (1990/1991), 69–120.
Goodblatt, David, Rabbinic Instruction in Sasanian Babylonia, Leiden 1975.
Neusner, Jacob, A History of the Jews in Babylonia, 5 Bände, Leiden 1965–1970, Nachdruck Atlanta 1999.

3. *Mischna und Tosefta*
Elman, Yaakov, Authority and Tradition: Toseftan Baraitot in Talmudic Babylonia, New York 1994.
Fox, Harry/Meacham, Tirzah (Hg.), Introducing Tosefta. Textual, Intratextual and Intertextual Studies, Hoboken, N. J. 1999.
Jaffee, Martin, Torah in the Mouth. Writing and Oral Tradition in Palestinian Judaism 200 BCE – 400 CE, Oxford 2001.
Neusner, Jacob, Judaism. The Evidence of the Mishnah, Atlanta ²1988.
Neusner, Jacob, Introduction to Rabbinic Literature, New York 1994.
Safrai, Shmuel (Hg.), The Literature of the Sages. Part 1: Oral Torah, Halakha, Mishna, Tosefta, Talmud, External Tractates, Assen 1987.
Stemberger, Günter, Einleitung in Talmud und Midrasch, München ⁸1992.

4. *Die beiden Talmude*
Kraemer, David, The Mind of the Talmud. An Intellectual History of the Bavli, New York/Oxford 1990.
Lightstone, Jack N., The Rhetoric of the Babylonian Talmud. Its Social Meaning and Context, Waterloo (Ontario) 1994.
Neusner, Jacob, Judaism in Society. The Evidence of the Yerushalmi, Chicago 1983, Nachdruck Atlanta 1991.
Neusner, Jacob, The Reader's Guide to the Talmud, Leiden 2001.
Schäfer, Peter/Hezser Catherine (Hg.), The Talmud Yerushalmi and Graeco-Roman Culture, 3 Bände, Tübingen 1998–2000.

5. *Midrasch*
Becker, Hans-Jürgen, Die großen rabbinischen Sammelwerke Palästinas. Zur

literarischen Genese von Talmud Yerushalmi und Midrash Bereshit Rabba, Tübingen 1999.
Börner-Klein, Dagmar, Der Midrasch Sifre zu Numeri. Teil I: Übersetzung. Teil II: Redaktionsgeschichte, Stuttgart 1997.
Hasan-Rokem, Galit, Web of Life. Folklore and Midrash in Rabbinic Literature, Stanford 2000.
Neusner, Jacob, Uniting the Dual Torah: Sifra and the Problem of the Mishnah, Atlanta 1988.
Reichman, Ronen, Sifra und Mishna: Ein literarkritischer Vergleich paralleler Überlieferungen, Tübingen 1998.
Stemberger, Günter, Midrasch. Vom Umgang der Rabbinen mit der Bibel, München 1989.

6. Literatur der Geonim

Brody, Robert, The Geonim of Babylonia and the Shaping of Medieval Jewish Culture, New Haven 1998.
Hoffman, Lawrence A., The Canonization of the Synagogue Service, Notre Dame/London 1979.
Schlüter, Margarete, Auf welche Weise wurde die Mishna geschrieben? Das Antwortschreiben des Rav Sherira Gaon, Tübingen 1993.
Sklare, David E., Samuel ben Hofni Gaon and his Cultural World, Leiden 1996.

V. Mittelalter

1. Geschichte

Ashtor, Eliyahu, The Jews of Moslem Spain, 3 Bände, Philadephia 1973 –78.
Assis, Yom Tov, The Golden Age of Aragonese Jewry, London 1997.
Baer, Yitzhak Fritz, A History of the Jews in Christian Spain, 2 Bände, Philadelphia 1966.
Battenberg, Friedrich, Das europäische Zeitalter der Juden. Zur Entwicklung einer Minderheit in der nichtjüdischen Umwelt Europas. Bd. I: Von den Anfängen bis 1650, Darmstadt 1990.
Burgard, Friedhelm/Haverkamp, Alfred/Mentgen, Gerd (Hg.), Judenvertreibungen in Mittelalter und früher Neuzeit, Hannover 1999.
Chazan, Robert, In the Year 1096: The First Crusade and the Jews, Philadelphia 1996.
Geisel, Christof, Die Juden im Frankenreich. Von den Merowingern bis zum Tode Ludwigs des Frommen, Frankfurt 1998.
Haverkamp, Alfred (Hg.), Juden und Christen zur Zeit der Kreuzzüge, Sigmaringen 1999.
Linder, Amnon, The Jews in the Legal Sources of the Early Middle Ages, Detroit 1997.
Lohrmann, Klaus, Judenrecht und Judenpolitik im mittelalterlichen Österreich, Wien 1990.
Stow, Kenneth, Alienated Minority. The Jews of Medieval Latin Europe, Cambridge Mass. 1992.
Toch, Michael, Die Juden im mittelalterlichen Reich, München 1998.

2. Die Auseinandersetzung mit dem Christentum

Berger, David, The Jewish-Christian Debate in the High Middle Ages. A critical edition of the Nizzahon Vetus with an introduction, translation, and commentary, Philadelphia 1979.
Chazan, Robert, Barcelona and Beyond. The Disputation of 1263 and its Aftermath, Berkeley 1990.
Cohen, Jeremy, The Friars and the Jews. The Evolution of Medieval Anti-Judaism, New York ²1986.
Cohen, Jeremy, Living Letters of the Law, Ideas of the Jew in Medieval Christianity, Berkeley 1999.
Dahan, Gilbert, Les intellectuels chrétiens et les juifs au moyen âge, Paris 1990.
Mutius, Hans Georg von, Die christlich-jüdische Zwangsdisputation zu Barcelona, Frankfurt 1982.
Ragacs, Ursula, Die zweite Talmuddisputation von Paris 1269, Frankfurt 2001.
Schreckenberg, Heinz, Die christlichen Adversus-Judaeos-Texte, 3 Bände, Frankfurt 1994–1999.
Trautner-Kromann, Hanne, Shield and Sword. Jewish Polemics against Christianity and the Christians in France and Spain from 1100–1500, Tübingen 1993.

3. Bibel- und Talmudauslegung

Sæbø, Magne (Hg.), Hebrew Bible/Old Testament. The History of Its Interpretation. Vol. I/2: The Middle Ages, Göttingen 2000.
Banitt, Menahem, Rashi Interpreter of the Biblical Letter, Tel Aviv 1985.
Gelles, Benjamin J., Peshat and Derash in the Exegesis of Rashi, Leiden 1981.
Hayoun, Maurice R., L'exégèse philosophique dans le judaïsme médiéval, Tübingen 1992.
Ta-Shma, Israel M., Talmudic Commentary in Europe and North Africa. Literary History, vol. I: 1000–1200 (hebräisch), Jerusalem 1999.

4. Philosophie

Frank, Daniel H./Leaman, Oliver (Hg.), History of Jewish Philosophy, London/New York 1997.
Frank, Daniel H./Leaman, Oliver/Manekin, Charles H. (Hg.), The Jewish Philosophy Reader, London/New York 2000.
Guttmann, Julius, Die Philosophie des Judentums, München 1933; Nachdruck Berlin 2000 (Mit einer Standortbestimmung von Esther Seidel und einer biographischen Einführung von Fritz Bamberger).
Simon, Heinrich und Marie, Geschichte der jüdischen Philosophie, München 1984.
Sirat, Colette, A History of Jewish Philosophy in the Middle Ages, Cambridge 1990.
Eisen, Robert, Gersonides on Providence, Covenant, and the Chosen People, Albany 1995.
Fontaine, Theresia A. M., In Defense of Judaism: Abraham Ibn Daud. Sources and Structures of Emunah Ramah, Assen 1990.
Fox, Marvin, Interpreting Maimonides, Chicago 1990.

Hayoun, Maurice R., Maimonides. Arzt und Philosoph im Mittelalter, München 1999.
Kellner, Menachem, Dogma in Medieval Jewish Thought. From Maimonides to Abravanel, Oxford 1986.
Kraemer, Joel L., Perspectives on Maimonides. Philosophical and Historical Studies, Oxford 1991.
Schlanger, Jacques, La philosophie de Salomon ibn Gabirol, Leiden 1968.
Silman, Yochanan, Philosopher and Prophet. Judah Halevi, the Kuzari, and the Evolution of His Thought, Albany 1995.

5. Hekhalot und Kabbala
Dan, Yoseph, Jewish Mysticism, 4 Bände, Northvale N. J. 1998–99.
Davila, James R., Descenders to the Chariot. The People behind the Hekhalot Literature, Leiden 2001.
Idel, Moshe, Kabbalah. New Perspectives, New Haven/London 1988.
Maier, Johann, Die Kabbalah. Einführung – klassische Texte – Erläuterungen, München 1995.
Marcus, Ivan G., Piety and Society. The Jewish Pietists of Medieval Germany, Leiden 1981.
Schäfer, Peter, Der verborgene und offenbare Gott. Hauptthemen der frühen jüdischen Mystik, Tübingen 1991.
Schäfer, Peter/Herrmann, Klaus, Übersetzung der Hekhalot-Literatur, Tübingen 1987–1995.
Scholem, Gershom, Die jüdische Mystik in ihren Hauptströmungen, Zürich ^{2}1967.
Scholem, Gershom, Ursprünge und Anfänge der Kabbala, Berlin 1962, ^{2}2001 (mit einem Nachwort von Joseph Dan).

VI. Neuzeit

1. Geschichte
Battenberg, Friedrich, Das europäische Zeitalter der Juden. Zur Entwicklung einer Minderheit in der nichtjüdischen Umwelt Europas. Bd. II: Von 1650 bis 1945, Darmstadt 1990.
Gartner, Lloyd P., History of the Jews in Modern Times, Oxford 2001.
Meyer, Michael A./Brenner Michael (Hg.), Deutsch-jüdische Geschichte in der Neuzeit, 4 Bände, München 1996–97.
Vital, David, A People Apart. The Jews in Europe 1789–1939, Oxford 1999.
Bauer, Yehuda, Rethinking the holocaust, New Haven 2001.
Katz, Jacob, Vom Vorurteil bis zur Vernichtung. Der Antisemitismus 1700–1933, München 1989.
Shimoni, Gideon/Wistrich, Robert S. (Hg.), Theodor Herzl. Visionary of the Jewish State, Jerusalem/New York 1999.

2. Sabbatianismus, Frankismus, Chasidismus
Brocke, Michael (Hg.), Die Erzählungen des Rabbi Nachman von Bratzlaw, München 1985.

Davidowicz, Klaus S., Jakob Frank, der Messias aus dem Ghetto, Wien 1998.
Foxbrunner, Roman A., Habad. The Hasidism of R. Shneur Zalman of Lyady, Northvale 1993.
Grözinger, Karl Erich (Hg.), Die Geschichten vom Ba'al Schem Tov, 2 Bände, Wiesbaden 1997 (hebräisch, jiddisch und deutsch mit Kommentar).
Idel, Moshe, Hasidism Between Ecstasy and Magic, Albany 1995.
Rosman, Moshe, Founder of Hasidism. A Quest for the Historical Ba'al Shem Tov, Berkeley 1996.
Scholem, Gershom, Sabbatai Zwi. Der mystische Messias, Frankfurt 1992.

3. Aufklärung, Reform, Neo-Orthodoxie

Altmann, Alexander, Moses Mendelssohn. A biographical study, London 1973.
Breuer, Mordechai, Jüdische Orthodoxie im Deutschen Reich 1871–1918, Frankfurt 1986.
Feiner, Shmuel, Haskalah and History. The Emergence of a Modern Jewish Historical Consciousness, Oxford 2002.
Gillman, Neil, Conservative Judaism: The New Century, New York 1993.
Katz, Jacob, A House Divided. Orthodoxy and Schism in Nineteenth-Century Central European Jewry, Hanover/London 1998.
Meyer, Michael A., Response to Modernity. A History of the Reform Movement in Judaism, New York/Oxford 1988.
Meyer, Michael A., Von Moses Mendelssohn zu Leopold Zunz. Jüdische Identität in Deutschland 1749–1824, München 1994.
Petuchowski, Jakob J., Prayerbook Reform in Europe. The Liturgy of European Liberal and Reform Judaism, New York 1968.
Wertheimer, Jack, A People Divided. Judaism in Contemporary America, Hanover/London 1997.

4. Philosophie und Theologie

Breslauer, S. Daniel, Mordecai Kaplan's Thought in a Postmodern Age, Atlanta 1994.
Friedlander, Albert H., Leo Baeck. Leben und Lehre, Stuttgart 1973.
Handelman, Susan A., Fragments of Redemption. Jewish Thought and Literary Theory in Benjamin, Scholem, and Levinas, Bloomington 1991.
Kaplan, Edward K./Dresner, Samuel H., Abraham Joshua Heschel. Prophetic Witness, New Haven/London 1998.
Kaplan, Lawrence J./Shatz, David (Hg.), Rabbi Abraham Isaac Kook and Jewish Spirituality, New York/London 1995.
Mendes-Flohr, Paul (Hg.), The Philosophy of Franz Rosenzweig, Hanover/London 1988.
Morgan, Michael L. (Hg.), The Jewish Thought of Emil Fackenheim: A Reader, Detroit 1987.
Mosès, Stéphane, System und Offenbarung. Die Philosophie Franz Rosenzweigs, München 1985.
Münz, Christoph, Der Welt ein Gedächtnis geben. Geschichtstheologisches Denken im Judentum nach Auschwitz, Gütersloh ²1996.

Schwartz, Dov, Faith at the Crossroads. A Theological Profile of Religious Zionism, Leiden 2002.
Schweid, Eliezer, Jewish Thought in the 20th Century. An Introduction, Atlanta 1992.
Stegmaier, Werner (Hg.), Die philosophische Aktualität der jüdischen Tradition, Frankfurt 2000.
Valentin, Joachim/Wendel, Saskia (Hg.), Jüdische Traditionen in der Philosophie des 20. Jahrhunderts, Darmstadt 2000.

3. Glossar

Apokalypse, Apokalyptik: griech. apokalypsis, «Enthüllung», endzeitlich orientierte Strömungen und Schriften im Judentum des Zweiten Tempels, aber auch später (S. 57–62).

Apokryphen: griech. apokryphos, «verborgen, geheim», Schriften ungewisser Herkunft aus der Zeit des Zweiten Tempels, zum Teil in der Septuaginta mit der Bibel tradiert und so auch Teil der christlichen Bibel (S. 51 f.). Siehe auch: Pseudepigraphen.

Chasidismus, hebr. chasid, «fromm»; kabbalistisch geprägte Frömmigkeitsbewegung Osteuropas ab 18. Jh. (S. 168–171); frühere Träger des Namens sind die Chasidim oder Hasidäer im 2. Jh. v. Chr., von denen man oft Pharisäer und Essener ableitet (S. 40), und die Chaside Aschkenas in Deutschland, 12.–13. Jh. (S. 146 f).

Gaon, gaonäisch: hebr. gaon, «erhaben» (Mehrzahl geonim), Titel der Leiter der rabbinischen Akademien Babyloniens im 6.–11. Jh., auch Bezeichnung der ganzen Periode (S. 102–105).

Geniza: hebr. ganaz, «verbergen»; Aufbewahrungsort für liturgisch nicht mehr verwendbare hl. bzw. allgemein hebräische Schriften. Die Geniza der Synagoge von Alt-Kairo enthielt zahlreiche Handschriften ab dem 10. Jh., die Ende 19. Jh. nach Europa gebracht wurden; die Texte sind eine wesentliche Quelle für alle Bereiche judaistischer Forschung (S. 30).

Halakha: hebr. halakh, «gehen», damit der Weg, den man gehen soll, verbindliche religiöse Norm, die jüdisches Leben bestimmt (S. 53. 82).

Haskala: hebr. sekhel, «Verstand», Bezeichnung der jüdischen Aufklärung im 18.–19. Jh. (S. 173 f.).

Hekhalot: himmlische «Paläste» oder «Thronhallen»; die Hekhalottexte (i. w. aus gaonäischer Zeit) schildern die Erfahrung der himmlischen Welt durch den Esoteriker (S. 144 f.).

Kabbala: hebr. für «Tradition»; Bezeichnung der jüdischen Mystik, die sich ab 12. Jh. in Südfrankreich und Spanien entwickelte und später die ganze jüdische Welt erfasste (S. 147–152).

Kanon: griech. für «Maßstab»; verbindliche Sammlung von Schriften, besonders der Bibel (S. 45 f).

Karäer: hebr. qara, «lesen», bzw. miqra, «(hl.) Schrift»; eine traditionskritische Strömung im Judentum, die sich im 8. Jh. von der rabbanitischen Richtung abspaltete und sich allein auf die «Schrift» beruft. In der Blütezeit (9.–11. Jh.) bedeutende Masoreten, Kommentatoren der Bibel und Grammatiker (S. 76 f., 81 f.).

Kaschrut: hebr. kascher, «koscher, geeignet, in Ordnung»; Gesamtheit der Speisegesetze, die normieren, was zum Verbrauch religiös geeignet ist (S. 83).

Masora, Masoreten: hebr. masora, «Überlieferung»; die überlieferte Vokalisierung und sonstige Zeichensetzung, mit der der biblische Text tradiert wird, bzw. die Gelehrten (v. a. des 8.–10. Jhs.), die dafür verantwortlich waren (S. 76).

Mischna: hebr. schana, «wiederholen, durch Wiederholung lernen», mischna

«Lehre»; um 200 n. Chr. redigierte Sammlung der Halakha, Grundschrift der rabbinischen Literatur (S. 23 f., 82–87).

Midrasch: hebr. darasch, «suchen, auslegen»; midrasch, «Auslegung» bzw. eine Schrift, die einen Bibeltext auslegt; Bibelauslegungen der rabbinischen Zeit (S. 97–101).

Pescher: paschar, «deuten, auslegen»; spezielle Form der Auslegung prophetischer Schriften in Qumran, Bezug auf die eigene Zeit des Auslegers (S. 48).

Pijjut: hebr. Lehnwort von griech. poietes, «Dichter»; liturgische Dichtung für den Gottesdienst der Synagoge seit dem 4. Jh. (S. 26).

Pseudepigraphen: Schriften aus der Zeit des Zweiten Tempels, meist mit «falscher Verfasserauschrift» (Pseudepigraphie), v. a. Apokalypsen, biblische Erzählungen usw. (S. 51 f.).

Qumran: Siedlung am Nordwestende des Toten Meers, Zentrum einer essenischen Gruppe und Fundort wichtiger Handschriften aus der Zeit des Zweiten Tempels (S. 45 f., 50–56).

Septuaginta: latein. «siebzig»; griechische Übersetzung der Tora im 3. Jh. v. Chr. durch siebzig (bzw. 72) Übersetzer; schließt dann auch die späteren Übersetzungen der übrigen Bibel ein (S. 46 f).

Talmud: hebr. «Lehre»; Kommentar zur Mischna durch die Rabbinen Palästinas (palästinischer T.) bzw. Babyloniens (babylonischer T.) (S. 89–97).

Targum: hebr. «Übersetzung»; aramäische Version der Bibel aus rabbinischer Zeit v. a. für den Vortrag im Gottesdienst der Synagoge (S. 25 f.).

Tora: hebr. «Weisung»; im engeren Sinn der Pentateuch, die fünf Bücher Mose, im weiteren Sprachgebrauch für die ganze Bibel, die «schriftliche Tora»; diese wird ergänzt durch die «mündliche Tora» der rabbinischen Tradition (S. 44–47).

Tosefta: aram. «Zufügung, Ergänzung»; rabbinische Schrift (frühes 3. Jh.), die parallel zur Mischna aufgebaut ist und traditionell als ihre Ergänzung verstanden wird (S. 87 f).

Tosafisten: hebr. tosafot, «Ergänzungen, Zusätze»; «Ergänzer», d. h. Verfasser der Tosafot zum Talmudkommentar Raschis, 12.–13. Jh. (S. 135).

Zohar: hebr. «Lichtglanz», Hauptwerk der Kabbala, Ende 13. Jh. von Mosche von Leon verfasst (S. 148–150).

4. Register

(Die jeweils erstgenannte Zahl verweist auf die Seite, die die Grundinformation bietet.)

Sachregister

Adass Jissroel 176
Adiabene 63
Akademie für die Wissenschaft des Judentums 15
Akademie von Tiberias 76
Allgemeiner Rabbinerverband Deutschlands 162
Almohaden 110
Antisemitismus 159 f., 163 f.
Apokalyptik 57–62, 30
Apokryphen 51
Arianer 108
Aschkenas 113 f.

Baraita 94

Centralverein deutscher Staatsbürger jüdischen Glaubens 161
Chabad-Chasidismus 170
Chaside Aschkenas 145–147
Chasidismus 168–171, 179
Chibbat Zion 162
Collegio Rabbinico Padua 12 f.
Constitutio Antoniniana 74
Conversos (auch Marranen) 111

Diaspora 62–69, 37, 46, 49, 75, 77, 162
Dönme 166 f.

Edikt von Mailand 74
Essener 40 f., 50–53, 55
Exilarchat 79 f.

Frankismus 167

Geniza von Kairo 52, 77, 82, 98, 102

Geonim 102–105
Gesellschaft zur Förderung der Wissenschaft des Judentums, Berlin 14
Gnosis 145 f., 152

Haggada 128
Hagiographen 44
Halakha 17, 53 f., 82, 87, 89–91, 102, 109, 130 f., 135 f., 146, 154, 166, 168 f., 172 f., 175
Hasidäer 40, 54
Haskala 171–173, 27
Hasmonäer 41
Hebräische Universität, Jerusalem 15, 163
Hebrew Union College, Cincinnati 180
Hekhalotmystik 144–147, 152
Hep-Hep-Krawalle 158 f., 126
Hochschule für die Wissenschaft des Judentums, Berlin 12 f., 177
Hochschule für Jüdische Studien, Heidelberg 19
Holocaust 69, 164

Idumäer 40
Israelitische Religionsgesellschaft Frankfurt 175
Israelitisch-theologische Lehranstalt, Wien 14

Jewish Theological Seminary, New York, 14, 180
Jews' College, London 14
«Judenzählung» 163
Jüdisches Lehrhaus, Frankfurt 180

Kabbala 147–152, 10, 17, 97,
  132 f., 180
Kalam 137
Kammerknechtschaft 116
Karäer 9, 76 f., 81
Katharer 148

Landesrabbinerseminar, Budapest
  14
Lubawitscher 170

Makkabäer 38, 40, 57, 59, 62, 64
Masada 42, 50
Maskilim 173
Mazdäismus 79
Messianismus 42 f., 166
Moses Mendelssohn Zentrum für
  europäisch-jüdische Studien,
  Potsdam 19
Mystik 30

Orthodoxie 176 f.

Parther 78
Pentateuch 44, 64
Pescher 48
Pestepidemie 117
Pharisäer 40–43, 12, 48, 54, 73
Pseudepigraphen 51 f.
Ptolemäer 38

Qumran 45–57, 23, 30, 36, 40,
  60 f., 86

Rabbinen 80–82, 62, 77 f., 126
Rabbinerseminar für das orthodoxe
  Judentum, Berlin 13 f.

Radaniten 112
Reconquista 110
Reconstructionism 180 f.
Reformation 118 f.
Responsen 102

Sabbatianismus 165–167
Saboräer 95
Sadduzäer 12, 40 f., 46, 48, 53
Safed 150 f.
Samaritaner 36
Sanhedrin 72 f.
Sassaniden 78
Schamanismus 152
Sechstagekrieg 165
Sefirotlehre 150 f.
Seldschuken 77
Seleukiden 38–40
Séminaire Israélite de France 14

Tannaiten 98
Theodizee 181
Tiqqun 151
Tobiaden 37 f.
Trauernde um Zion 77
Trennungsorthodoxie 176
Tsimtsum 151

Verein zur Abwehr des Antisemitismus 160

Wannsee-Konferenz 164
Wiener Gesera 116

Zadokiden 40
Zeloten 43
Zionismus 161–163, 18–20, 175

Büchertitel

Aleppo Codex 76
Alphabet des Ben Sira 101
Antiquitates Judaicae
  49
Arba'a Turim 136
Arukh 134
Autoemanzipation 161

Bahir 147
Baruchapokalypse 60 f.
Bellum Judaicum 42
Berakhot 94
Bereschit Rabba 100
Bereschit Rabbati 129
Bet Josef 136

Bittul Iqqare ha-Notsrim 123
Brief des Rab Scherira Gaon 78, 103

Capistrum Judaeorum 128 f.

Damaskusschrift 52, 54 f.
Daniel 57–59
De Migratione Abrahami 65

Ekha Rabbati 100
Emeq ha-Bakha 118
Escorial-Handschrift 90
Esra, viertes Buch (Esra-Apokalypse) 60 f.

Germania Judaica 15

Ha-Emuna ha-Rama 139
Halakhot Gedolot 103, 135
Halakhot Pesuqot 103
Henoch, äthiopischer 59 f.

In Flaccum 64

Jalqut 101
Jesus Sirach 22, 44, 52
Josef und Asenet 64

Klimmat ha-Gojjim 123
Kuzari 139

Legatio ad Caium 64
Liber Antiquitatum Biblicarum (Pseudo-Philo) 49
Likkute Amarim 170
Likkute Moharan 170

Me'or 'Enajjim 9
Mekhilta 99
Meqor Chajjim 138
Midrasch 97–101, 104, 127, 129–131
Midrasch ha-Gadol 101
Midrasch Ne'elam 148
Midraschim, halakhische 98
Milchamot Adonai 142

Milchamot ha-Schem 123
Miqra't Gedolot «Haketer» 133
Mischna 82–87, 13, 23, 26, 73, 77, 89–91, 94 f., 104, 132, 136
Mischne Tora 136
More Nebukhe ha-Zeman 11
More Nebukhim 11, 14, 131, 140

Or-Adonai 142

Pesiqta de Rab Kahana 100
Pesiqta Rabbati 100
Pirqe R. Elieser 101
Postilla litteralis 131
Protokolle der Weisen von Zion 163
Psalmen 44 f.
Pugio Fidei 128 f.

Qohelet Rabba 101

Sche'iltot 102
Schibche ha-Bescht 168
Schulchan Arukh 136, 150
Seder Elijahu 101
Seder Olam Zutta 78 f.
Seder Rab Amram 104
Seder Tannaim we-Amoraim 78, 103
Sefer Chasidim 146
Sefer ha-Emunot we-ha-Deot 137
Sefer ha-Halakhot 135
Sefer ha-Iqqarim 143
Sefer ha-Kabbala 139
Sefer ha-Turim 136
Sefer Hekhalot (Drittes Buch Henoch) 145
Sefer Jetsira 136, 144, 147
Sefer Nizzachon Vetus 123
Sektenregel 52
Septuaginta 28, 46 f., 64, 67
Siddur Rab Saadja Gaon 104
Sifra 98, 100
Sippure Ma'asijot 170
Sode Razajja 146
Sodot ha-Tefilla 147

Talmud 13, 25, 77, 80, 88, 98 f.,

102, 104, 118, 126 f., 136, 154,
165, 180, 182
Talmud, babylonischer (Babli)
94-97
Talmud, palästinischer (Jeruschalmi) 89-91, 100
Tanja 170
Targum Neofiti 25
Targum Onqelos 25
Targum Pseudo-Jonathan 25
Tobiadenroman 36
Toledot Jeschu 123

Tora 44-49, 35, 38, 85, 87, 98,
100-102, 130, 132, 143, 145,
148, 175, 180, 182
Tosafot 135
Tosefta 87-89, 99
Tractatus theologico-politicus 171

Wajjiqra Rabba 100

Zenonpapyri 36
Zohar 132, 150, 165

Eigennamen

Abd al Rahman I. 108
Abd al Rahman III. 108
Abrabanel, Isaak 133
Abrabanel, Jehuda ben Isaak 171
Abraham Ibn Daud 139-141
Abraham Ibn Esra 131, 133
Abulafia, Abraham 132 f., 148
Abulafia, Samuel ben Meir ha-Levi 110
Achai von Schabcha 102
Achmed Ibn Tulun 77
Agobard von Lyon 112, 120, 123
Agrippa I. 42
Albertus Magnus 140
Albo, Josef 128, 143
Alexander der Große 36
Alexander Jannai 40 f., 48
Alfasi, Isaak ben Jakob 135
Alfons VI. 109
Alfons X. 110
al-Ghazali 139
al-Hakim, Sultan 77, 113 f.
Alkalai, Jehuda 162
Amolo von Lyon 112, 120
Amram ben Scheschna Gaon 104
Antiochus III. 38, 63
Antiochus IV. Epiphanes 38, 54
Antiochus VII. 39
Antipater 41
Antoninus Pius 71
Antonius 41

Aqiba 72, 98 f., 145
Archelaus 42, 67
Arias Montano, Benito 10
Aristobul 64
Aristobul I. 40
Aristoteles 64, 137, 139, 142
Armleder 117
Ascher ben Jechiel 136
Aaron ben Mosche ben Ascher 76
Asriel von Gerona 148
Augustinus 68, 120
Augustus 41
Averroes 142
Avitus von Clermont 111 f.
Azaria dei Rossi 9

Baal Schem Tov 169
Bacher, Wilhelm 14
Baeck, Leo 178
Bahram V. 79
Balfour, Arthur 163
Bar Kokhba 24, 71 f., 78
Bartolucci, Giulio 10
Belschazzar 57
Ben-Jehuda, Elieser 27
Berkovits, Eliezer 181
Bernhard von Clairvaux 115
Bickermann, Elias 39
Birnbaum, Nathan 162
Bismarck, Otto von 160
Bloch, Joseph 161

Bodo, Hofgeistlicher 112
Borowitz, Eugene B. 182
Bruno, Giordano 143
Buber, Martin 15, 168, 178 f.
Bustanai 81
Buxtorf, Johannes, d. Ältere 10
Buxtorf, Johannes, d. Jüngere 10

Caesar 63
Caligula 66
Cardozo, Abraham Miguel 166
Celan, Paul 18
Chamberlain, Joseph 163
Chananel ben Chuschiel 134
Chasdai Crescas 123, 142 f.
Chasdai Ibn Schaprut 108
Chilperic 112
Chiwi al Balkh 137
Chmielnicki 107, 155, 166, 168
Chosroes II. 79
Cicero 67
Claudius 42, 66
Cohen, Arthur A. 182
Cohen, Hermann 177 f.
Cordovero, Mosche 150 f.

Dagobert 112
Dan, Joseph 148
David ben Amram 101
Davila, James 152
Derrida, Jacques 182
Diefenbach, Johann Georg 12
Diokletian 74, 90
Dob Bär von Meseritsch 168-170, 180
Dohm, Christian Wilhelm 157
Dreyfus, Alfred 161
Dühring, Eugen 160
Dunasch ben Labrat 108, 129
Dunasch ben Tamim 144

Efraim ben Jakob 125
Eisenmenger, Johann Andreas 128, 159
Eleasar von Worms 146
Elieser von Touques 135
Elija Gaon von Wilna 169
Emden, Jakob 167

Emicho, Graf 115
Esra 35 f., 45, 58
Esra von Gerona 148
Eybeschütz, Jonathan 166 f.

Fackenheim, Emil 181
Feldman, Louis 37
Ferdinand I. von Böhmen 118
Flaccus 66
Frank, Jakob 167
Frankel, Zacharias 13
Friedmann, Meir 14
Friedrich II., Kaiser 116, 125

Gamaliel 72, 75
Gans, Eduard 10
Geiger, Abraham 12, 39, 174 f.
Gerschom ben Jehuda 114, 134
Gobineau, Graf Joseph Arthur de 160
Goldziher, Ignaz 14
Goodblatt, David 81
Graetz, Heinrich 13
Gregor IX., Papst 126
Gregor von Tours 111
Güdemann, Moritz 162

Hadrian 71
Harnack, Adolf von 178
Harun al-Raschid 112
Heine, Heinrich 10
Heller, Jomtob Lipmann 156
Hempel, Johannes 16
Hengel, Martin 37, 39, 43
Heraklius 112
Herodes 40-42, 50, 67
Herodes Antipas 42
Hertz, Nathan ben Naftali 170
Herzl, Theodor 161-163
Heschel, Abraham 180
Hess, Moses 161
Hezser, Catherine 50
Hildesheimer, Esriel 13, 176
Hirsch, Samson Raphael 175 f.
Hiskija 82
Hitler, Adolf 164
Hoffmann, David 14, 98
Holdheim, Samuel 174

Homberg, Naphtali Herz 173
Hundt-Radowsky, Hartwig von 160

Innozenz IV., Papst 125, 127
Isaak ben Jakob ha-Kohen 148
Isaak ben Meir 135
Isaak ben Samuel von Dampierre 135
Isaak Israeli 138
Isaak Profiat Duran 123
Israel ben Elieser 168
Isserles, Moses 136

Jahn, Friedrich 160
Jakob ben Ascher 136
Jakob ben Ruben 123
Jakob I. von Aragon 127
Jason 38
Jechiel, R. 127
Jehuda al-Charizi, 140
Jehuda bar Jechezqel 81
Jehuda Halevi 138 f.
Jehuda ha-Nasi 72, 74, 82
Jehuda he-Chasid 146 f.
Jehuda Ibn Tibbon 26, 137 f., 143
Jehudai Gaon (von Sura) 103
Jesus 42 f.
Jezdegird I. 79
Jischmael, R. 98 f., 145
Jochanan ben Zakkai 72
Johannes der Täufer 42
Johannes XVIII., Papst 113
Johannes Hyrkan 39 f.
Jonatan 38, 54
Joschua ha-Lorki, (Geronimo de Santa Fe) 128
Josef Bekhor Schor 130
Josef Kara 130
Josef ha-Kohen 118
Josef ha-Nagid, 109
Josef Ibn Schamun 140
Joseph II., Kaiser 157, 173
Josephus Flavius 16, 22, 36, 41–43, 45, 49–52, 54, 63 f., 66–68
Jost, Isaak Markus 11

Judas der Galiläer 43
Julian 75, 79

Kalischer, Zwi Hirsch 162
Kaplan, Mordecai M. 180 f.
Karl der Große 112
Karl der Kahle 112
Karl V., Kaiser 119
Karo, Josef 136, 150
Kartir 79
Kaspi, Josef 143
Kaufmann, David 14
King, Martin Luther 180
Konstantin 74, 107
Krauss, Samuel 14
Krochmal, Nachman 11
Kyros, Kg. v. Persien 35, 62

Ladislaus IV. 155
Leopold I. 156
Lessing, Gotthold Ephraim 172
Levi ben Gerschom 142
Levi Isaak von Berdiczew, 169
Lévinas, Emmanuel 18, 182
Licinius 74
Lightfoot, John B. 10
Ludwig der Fromme 112
Ludwig der Heilige 127
Ludwig XIV. 156
Lueger, Karl 159, 161
Luria, Isaak 151 f.
Luther, Martin 118 f.
Luzzatto, Samuel David 12
Lyotard, Jean-François 182

Maimonides (Mosche ben Maimon) 140–144, 11, 14, 26, 110, 131, 136
Manetho 68
Mar Samuel 81
Mar Zutra 79
Margaritha, Antonius 119
Mariamne 41
Marr, Wilhelm 160
Martin V., Papst 125
Martini, Raymund 10, 128 f.
Marx, Karl 159
Maximilian, Kaiser 118

Meir ben Schim'on 123
Meir von Rothenburg 135
Menachem ben Chelbo 129 f.
Menachem ben Salomo (= ha-Meiri) 135
Menachem ben Saruq 26, 108, 129
Mendele Mokher Sefarim 27, 29
Mendelssohn, Moses 171–173, 10, 13, 15, 47, 157, 177
Menelaus 38
Milik, Jozef 60
Modena, Leone (Jehuda Arie) 171
Mosche ben Chanokh 108
Mosche ben Schem Tov von Leon 148
Mosche Narboni 143
Mosche ha-Darschan 113, 129
Mose 58, 60, 64, 73, 143
Munk, Salomon 14

Nachmanides (Mosche ben Nachman) 127, 132, 135, 148
Natan ben Jechiel 134
Natan, R. 79 f.
Nathan von Gaza 165 f.
Nebukadnezzar 57
Nechunia, R. 147
Nehemia 35
Neusner, Jacob 85 f., 95, 99
Nikolaus Donin 126
Nikolaus von Lyra 131

Odenat 74
Official, Josef ben Natan 123
Onias II. 37
Oppenheimer, Joseph Süß («Jud Süß») 156
Oppenheimer, Samuel 156
Origenes 73

Pablo Christiani 127 f.
Paltoi Gaon 134
Paulus 37, 72
Pedro der Grausame 111
Perlow, Aaron, der Große 169
Petrus Venerabilis von Cluny 126
Pfefferkorn, Johannes 118

Philipp, Sohn des Herodes 42
Philippson, Abraham 12
Philo 63–67, 22, 28, 136
Picho, Josef 111
Pico della Mirandola, Giovanni 10, 143
Pilatus 123
Pinsker, Leon 161
Plato 137
Plinius 51, 54
Plotin 137
Pompejus 41
Ptolemaios I., 36, 63

Qimchi, Josef 123

Rab 80
Rabbi 80
Rapaport, Solomo Jehuda 11
Raschi (Salomo ben Isaak) 129–135, 26, 113, 123
Rathenau, Walther 163
Reichman, Ronen 99
Rekkared 108
Reuchlin, Johannes 10, 118, 133
Robert II. 113
Rohling, August 159 f.
Rosenzweig, Franz 18, 178–180, 182
Rosheim, Josel von 118 f.
Rothschild, Meyer Amschel 162
Rubenstein, Richard L. 181
Rühs, Friedrich Christian 158

Saadja Gaon 104 f., 26, 47, 108, 131, 137 f., 144
Sabbatai Donnolo 144
Sabbatai Zwi 165 f., 152, 155
Salome Alexandra 40
Salomo Halevi von Karlin 169
Salomo Ibn Gabirol 109, 138
Samuel 109
Samuel ben Chofni Gaon 104
Samuel ben Kalonymos (= Samuel he-Chasid) 146
Samuel ben Meir 130
Samuel Ibn Nagrela (= Samuel ha Nagid) 108 f.

Samuel Ibn Tibbon 140
Schäfer, Peter 145
Schapur I. 78
Schapur II. 79
Schechter, Salomon 14
Scherira Gaon 79, 81, 104
Schim'on ben Gamaliel 72
Schim'on bar Jochai 148, 150
Schim'on Qajjara 103
Schim'on von Frankfurt 101
Schneerson, Joseph Isaak 170
Schneerson, Mendel 171
Schneur Salman von Ljadi
  169 f.
Scholem, Gershom 145, 147 f.
Schreckenberg, Heinz 119
Seneca 68
Severus von Minorca 107
Sforno, Obadia 133
Simeon 38, 54
Simon von Trient 125
Simson von Sens 135
Sina, Ibn 139 f.
Sisebut 108
Sophronius 76
Spinoza, Baruch 143, 171
Stegemann, Hartmut 55
Steinschneider, Moritz 13
Stoecker, Adolf 159
Strabo 63
Strack, Hermann L. 126
Suttner, Bertha von 160 f.

Tacitus 68
Tam, Jakob (gen. Rabbenu Tam)
  135
Thomas von Aquin 140
Thomas von Cantimpré 125
Titus 43, 50, 67
Toland, John 156
Trajan 67
Twersky, Menachem Nachum 169

Ursicinus 90
Usque, Samuel 118

Valerian 74
Varus 42
Vaux, Roland de 50, 54
Vespasian 42, 72
Vital, Chajjim 151
Vogelsang, Karl 159

Wecelin 114
Weiss, Eisik Hirsch 14
Wertheimer, Samson 156
Wilhelm der Eroberer 112
Wilhelm II., Kaiser 163
Wise, Isaac Mayer 14
Wolf, Immanuel 10
Wolf, Johann Chr. 10

Zadok 42
Zenobia von Palmyra 74
Zunz, Leopold 10–13

Günter Stemberger bei C. H. Beck

Einleitung in Talmud und Midrasch
8., neubearbeitete Auflage. 1992. 367 Seiten
Broschiert
C.H.Beck Studium

Geschichte der jüdischen Literatur
Eine Einführung
1977. 257 Seiten. Broschiert

Jüdische Religion
4. Auflage. 2002. 115 Seiten
Paperback
Beck'sche Reihe Band 2003
C.H.Beck Wissen

Midrasch
Vom Umgang der Rabbinen mit der Bibel
Einführungen, Texte, Erläuterungen
2002. 241 Seiten
Broschierte Sonderausgabe

Der Talmud
Einführung – Texte – Erläuterungen
3., durchgesehene Auflage. 1994. 324 Seiten
Leinen

Die Juden
Ein historisches Lesebuch
4. Auflage. 1995. 348 Seiten mit 3 Abbildungen
Paperback
Beck'sche Reihe Band 410

Verlag C. H. Beck München

Jüdische Geschichte bei C.H.Beck · *Eine Auswahl*

Haim Hillel Ben-Sasson (Hrsg.)
Geschichte des jüdischen Volkes
Von den Anfängen bis zur Gegenwart
Unter Mitwirkung von Shmuel Ettinger, Abraham Malamat,
Hayim Tadmor, Menahem Stern und Shmuel Safrai
3. Auflage 1995. VIII, 1404 Seiten. Leinen
Beck's Historische Bibliothek

Wolfgang Benz (Hrsg.)
Die Juden in Deutschland 1933–1945
Leben unter nationalsozialistischer Herrschaft
Unter Mitarbeit von Volker Dahm, Konrad Kwiet, Günther Plum,
Clemens Vollnhals, Juliane Wetzel im Auftrag des Instituts für
Zeitgeschichte
4. Auflage 1996, 779 Seiten mit 27 Abbildungen. Leinen
Beck's Historische Bibliothek

Michael Brenner/David N. Myers (Hrsg.)
Jüdische Geschichtsschreibung heute
Themen, Positionen, Kontroversen
Ein Schloss Ellmau-Symposion
2002. 308 Seiten. Broschiert

Michael A. Meyer (Hrsg.)
Deutsch-jüdische Geschichte in der Neuzeit
4 Broschuren in einer Kassette. Band I–IV
Herausgegeben von Michael A. Meyer unter Mitwirkung
von Michael Brenner
2000. Zusammen 1664 Seiten mit zusammen 197 Abbildungen
und 16 Karten. Broschiert
Beck'sche Reihe Band 1401

Christoph Schulte
Die jüdische Aufklärung
Philosophie, Religion, Geschichte
2002. 279 Seiten mit 8 Abbildungen. Broschiert

Verlag C.H.Beck München